정확 무오한 성경

[편역자 소개] 이 병 수

서울대학교 수의과대학 및 보건대학원 졸업
서울대학교 수의학박사, 경인여자대학 교수
한국창조과학회 부회장
안양제일교회 집사

정확 무오한 성경

초판 1쇄 발행 2011년 3월 10일
초판 5쇄 발행 2016년 1월 20일

-

옮긴이 한국창조과학회 이병수
펴낸이 이방원

-

펴낸곳 세창미디어
출판신고 2013년 1월 4일 제312-2013-000002호
주소 03735 서울시 서대문구 경기대로 88 냉천빌딩 4층
전화 02-723-8660 | 팩스 02-720-4579
이메일 sc1992@empal.com | 홈페이지 http://www.sechangpub.co.kr/

-

ISBN 978-89-5586-123-5 03230

_ 책 값은 뒤표지에 있습니다.

이 도서의 국립중앙도서관 출판시도서목록(CIP)은 서지정보유통지원시스템 홈페이지(http://seoji.nl.go.kr)와 국가자료공동목록시스템(http://www.nl.go.kr/kolisnet)에서 이용하실 수 있습니다. (CIP제어번호: CIP2011000932)

정확 무오한 성경

한국창조과학회
이병수 편역

세창미디어 MEDIA

발간사

성경은 기독신앙의 중심에 있으며, 절대적 권위를 갖고 있다. 왜냐하면 모든 성경은 성령의 감동으로 기록된 하나님의 말씀(딤후 3:16)으로 일점 일획의 오류도 없기 때문이다. 이는 창조기사와 노아 홍수를 포함한 창세기와 마지막 성경인 요한계시록 전체가 하나님의 말씀이요 진리임을 믿는다는 말이다.

그러나 현대과학은 진화론만을 과학으로 믿고 가르치고 있어 많은 사람들을 세뇌시키고 있다. 심지어 진화론은 신학에까지 침투해 유신론적 진화론이란 이름으로 성경의 권위를 추락시키고 있으며, 창세기의 역사적 사실을 창조신화, 홍수설화 등으로 왜곡하고 있다.

이에 한국창조과학회는 창립 30주년을 기념하여, 성경은 하나님의 말씀으로 정확 무오하며 어떤 오류나 모순이 없음을 과학적 증거와 고고학적 자료를 이용하여 변증하고자 저술에 착수하게 되었다. 앞으로 계속해서 노아의 홍수, 6일 창조, 창조의 신비, 진화론의 허구 등 학회 홈페이지 자료들을 분야별로 정리하여 다수의 책들을 시리즈로 출판할 예정이다.

이 책들이 앞으로 창조신앙의 회복과 성경의 권위를 회복하는데 크게 쓰이길 기도하며, 출판을 허락하신 하나님께 감사드린다.

2011년 2월

한국창조과학회 회장 **이웅상**

추천사

성경은 하나님의 말씀입니다. 그러므로 성경의 내용은 기록된 그대로 사실입니다. 예수님은 "천지가 없어지기 전에는 율법의 일점 일획도 결코 없어지지 아니하고 다 이루리라"(마 5:18)라고 말씀하셨습니다. 기독교 역사에 있어서 성경에 대한 가장 큰 도전 중의 하나는 진화론입니다. 진화론은 창조주 하나님을 거부하며 우주는 커다란 폭발로, 모든 생물들과 사람은 수억 수천만 년 동안의 돌연변이와 자연선택에 의해서 우연히 생겨났다는 무신론적 이론입니다. 오늘날 진화론은 과학계와 교육계에 큰 영향을 미쳤으며, 성경에 기록된 하나님의 창조는 오류적 · 비과학적 신화로 여겨지게 되었습니다.

2011년은 한국창조과학회가 창립된 지 30주년이 되는 뜻깊은 해입니다. 그 동안 저희 학회는 진화론의 허구성을 지적하며, 목소리 높여 창조주 하나님을 증거해 왔습니다. 이 뜻깊은 해에 그동안 저희 학회의 자료들을 몇 권의 책으로 펴내게 되어 진심으로 기쁜 마음입니다. 지금까지 저희 학회를 특별한 은혜로 붙들어주시고 사용해주신 하나님께서 이 책들이 출판되도록 역사하심에 특별히 감사드립니다. 발간되는 책들이 창조주 하나님을 증거하고 성경의 권위를 회복시키며 흔들렸던 교회와 신학을 바로 세움으로써 예수님을 떠났던 많은 사람들을 주님께로 돌아오게 하는 역할을 감당할 수 있기 바랍니다. 감사합니다.

2011년 2월

초대 한국창조과학회 회장 · 現 한동대학교 총장 김영길

추천사

성경은 과연 정확 무오한가? 이 책은 문서설과 편집설을 믿는 신학자들에게 답하는 창조과학자의 명쾌한 설명이다. 신학교에 들어가자마자 제일 먼저 부딪치는 문제는 성경의 무오설이 과연 옳은가 틀린가이다. 성경무오를 믿는 창조과학자들에 의해 저술된 명쾌한 답변을 이 책에서 발견할 수 있다. 성경은 오류투성이의 책이 아니다. 그 사실이 과학자들이나 고고학자들에 의해 하나씩 발견되고 있다.

온누리교회 담임목사 **하용조**

성경의 무오성 논란은 기독교 역사에서 매우 중요하다. 진화론과 자유주의 신학의 등장 이래로 성경은 무수한 공격을 받아 왔다. 성경은 하나님의 감동으로 쓰여졌다. 그러므로 성경은 일점 일획도 오류가 없으며, 역사적으로나 과학적으로나 진실이다. 이번 한국창조과학회에서 펴낸 책들이 성경으로 다시 돌아가게 하는 커다란 역할을 감당할 것으로 확신한다.

한이 성경연구소(KIBI) 회장 **송만석**
(전 연세대 교수, 2대 한국창조과학회 회장)

추천사

성경은 진리이신 예수님을 가리키며 성령의 감동으로 기록된 하나님의 말씀이다. 이것을 인간들의 이성의 잣대로 분석하고 판단하는 것 자체가 진리에 접근할 수 없게 되므로 하나님의 영인 성령의 조명을 받아서 믿어지고 해석되어야 할 것이다. 진화론의 등장으로 젊은이들이나 이성적 사고의 사람들에게는 하나님의 창조가 비과학적 신화처럼 되어버리는 요즘, 성령의 감동을 받아 활동하시는 한국창조과학회원들의 수고의 열매로 누구에게나 천지창조가 믿음으로 받아들여지는 귀한 축복의 길잡이가 될 것이다.

전주안디옥교회 담임목사 **박진구**

머리말

성경은 하나님의 감동으로 기록된 하나님의 말씀이다(딤후 3:16, 벧후 1:21). 그러므로 성경은 기록된 그대로 사실이다.

진화론자들, 진화론에 타협한 자유주의 신학자들, 그리고 안티 기독교인들에 의해서 성경은 오류투성이의 책으로 공격당해왔다. 하나님의 말씀인 성경은 훼손당하고 그 권위는 추락되었다. 수많은 사람들이 성경을 의심하게 되었고 신앙을 잃어버렸던 것이다. 그러나 하나님은 틀린 말씀을 하실 분이 아니시다. 이제 성경 말씀이 역사적으로도 과학적으로도 사실이며, 일점 일획도 틀리지 않는 무오한 계시된 말씀으로 믿는 믿음으로 돌아가야 한다. 거기에서부터 우리의 신앙을 시작해야 한다.

이 책의 글들은 저희 한국창조과학회와 협력하고 있는 ICR(Institute for Creation Research), AiG(Answers in Genesis) 등에서 발표한 자료들로서, 지난 10여 년 동안 학회 홈페이지(www.creation.or.kr)에 번역하여 게재되었던 3,000여 편의 글들 중 성경에 오류가 있다는 주장에 대한 명쾌한 반박글들과 최근 발견된 성경의 고고학적 증거들과 관련된 글들을 모은 것이다. 각 글들에 대한 참고문헌 및 관련 자료들을 살펴보기 원한다면 각 글 끝에 기재된 웹주소에 들어가면 찾아볼 수 있다.

한국창조과학회 창립 30주년을 맞이하여 책의 출판을 허락하신 하나님께 먼저 감사드리며 이 책을 올려드린다. 그리고 성경에 기록된 그대로 하나님이 6일 동안에 천지만물을 창조하셨으며, 노아 홍수는 전 지구적 홍수였고, 성경은 정확 무오한 하나님의 말씀임을 믿고 힘써 외쳐왔던 한국창조과학회의 모든 회원님들과, 그동안 학회를 이끌어오셨던 김영길, 송만석, 이웅상, 정계헌 회장님들, 지부장님들, 이사님들, 간사님들, 그리고 저희 학회를 기도와 물질로 후원해 주셨던 많은 목사님들과 성도님들께 감사드리는 바이다.

또한 학회 홈페이지의 초기 개설에 수고했던 장은진, 우영신, 양승원, 이만희, 양영은, 김창환 외에 많은 분들, 자료 번역으로 수고해주셨던 유종호, 김태윤, 황대규, 길소희 외에 IT사역위원회의 많은 분들, 홈페이지 운영에 늘 수고해온 김광 박사, 책의 감수를 위해 수고해주신 임번삼, 이은일, 김홍석 외에 성경위원회의 많은 분들, 책의 출판을 위해 힘써 기도해주신 김경 외에 선교위원회의 많은 분들께 감사드리며, 이 책의 출판을 함께 기뻐하리라 생각한다. 그리고 지난 10년 동안 저의 작업을 옆에서 격려해주었던 아내 김경심 집사와 두 딸 예은 여경, 기도해주셨던 안양제일교회의 목사님들과 성도님들, 그리고 출판해주신 세창미디어 이방원 사장님과 관계자분들께도 감사드린다.

이 책이 진화론적 패러다임 속에서 살아가야 하는 오늘날의 크리스천들과 수많은 교회들에게 커다란 기쁨이 될 수 있기를, 그리고 무엇보다도 하나님께서 기뻐하시는 책이 될 수 있기를 소망해 본다.

2011년 2월

이병수

차례

I 하나님의 말씀인 성경에 모순은 없다

Ⅱ 이 구절들은 성경의 오류가 아니다

Ⅲ 성경 기록의 정확성에 대한 고고학적 증거들

정확 무오한 성경

I

하나님의 말씀인 성경에 모순은 없다

01

성경은 하나님의 말씀이다

"모든 성경은 하나님의 감동으로 된 것으로…" (딤후 3:16)

뱀이 하와에게 "…하나님이 참으로 너희에게 동산 모든 나무의 열매를 먹지 말라 하시더냐" (창 3:1)라고 말했던 이래로, 하나님의 말씀은 의심을 받고, 공격을 당해 왔다. 뱀의 말은 성경의 정확성과 성경의 권위라는 두 가지 요소에 초점이 맞춰져 있었다.

성경의 정확성

오늘날 성경을 신뢰할 수 없다고 말하는 사람들이 있다. 성경은 사람에 의해 씌어졌고, 따라서 오류를 내포하고 있다고 그들은 말한다. 그들은 또한 수 세기 동안의 필사과정들을 통해 많은 오류가 생겨났다고 주장한다.

성경을 방어하는 사람들의 한 가지 중요한 목표는, 하나님이 말씀하신 것을 정확하게 우리가 가지고 있다는 증거를 제시하는 것과, 하나님이 우리가 갖기를 원하시는 것을 정확하게 가지고 있다는 증거를 제시하는 것이다.

성경이 과거에 정확하게 필사되었다는 한 가지 증거는 사해사본 Dead Sea Scrolls의 발견에서 찾아볼 수 있다. 1947년 한 목동에 의해서 발견된 이 두루마리 성경은 BC 250~150년경에 만들어진 것이다. 이 발견은 우리가 가지고 있었던 가장 오래된 성경 본문을 약 천 년 이상 거슬러 올라가게 하는 것이었다. 사해사본의 내용은 그 이후의 필사본들과 비교되었을 때, 어떠한 중요한 차이점도 발견되지 않았다. 그것은 필사가들이 거의 천 년 동안 매우 정밀하게 필사작업을 해왔음을 의미하는 것이다.

성경의 역사적 정확성 또한 이집트, 앗수르, 다른 초기 국가들에 대해 쓰여진 기록들보다 비길 데 없이 우월하다. 성경 기록에 대한 고고학적 확인 작업이 지난 세기 동안에 무수히 행해졌다. 오늘날 이스라엘 고고학의 최고 권위자인 넬슨 글루엑 박사는 다음과 같이 말했다 : "어떤 고고학적인 발견도 성경에 관한 사항들을 결코 부정하지 못했다. 20여건의 고고학적 발견들은 성경 기록의 역사적 정확성을 명확하게 확증해주거나, 분명한 윤곽을 그릴 수 있도록 해주었다. 그리고 같은 이유로 성경 기록에 대한 적절한 평가는 가끔 놀라운 발견으로 인도되었다."

성경이 하나님의 영감을 받아 기록되었다는 또 다른 충격적인 증거는 과학자들이 실험으로 확인하기 오래 전에 수많은 현대과학의 원리들이 이미 성경에 기록되어 있었다는 사실이다. 이러한 사례들 중 일부는 다음과 같다 :

> 허공에 떠있는 지구(욥 26:7), 셀 수 없이 많은 별들(렘 33:22, 창 22:17), 물의 순환(전 1:7, 렘 10:13), 엔트로피(무질서도)의 증가 법칙(시 102:26), 생명 현상에서 피의 중요성(레 17:11,14), 공룡들(욥 40:15~41장), 바닷길(시 8:8), 오로라(욥 37:22), 바다 밑의 샘(욥 38:16)…

물론 이것들은 현대 과학의 전문적 용어로 기술되어 있지 않다. 사람들이 일상적으로 사용하는 용어로 기록되었음에도 불구하고, 그것들은 현대의 과학적 사실과 완벽하게 일치한다.

또 하나 중요한 사실은 성경에는 과학이나 역사나 다른 주제들에 있어서 어떠한 실제적 오류가 없다는 것이다. 물론 성경비판가들에 의해서 성경의 오류라는 것들이 주장되어 왔지만, 성경학자들은 그러한 문제들에 대한 합리적인 해결책을 항상 찾아낼 수 있었다.

성경은 하나님께서 친히 숨을 불어넣으신(인간을 도구로 사용하여) 그분의 말씀이기 때문에 신뢰받을 수 있는 것이다. "예언은 언제든지 사람의 뜻으로 낸 것이 아니요 오직 성령의 감동하심을 받은 사람들이 하나님께 받아 말한 것임이라" (벧후 1:21). 그분은 무한한 지혜를 가지셨고, 전능하시고 거룩하시다. 그러므로 그분이 말씀하셨던 모든 것은 신뢰할 만하고, 정확하고, 무오無誤하다(오류가 없다). 성경의 정확성은 하나님의 본성을 반영하기 때문에 보증되는 것이다.

또한 성경의 정확성은 예수 그리스도를 통한 하나님의 사역을 기록 보존하기 위해서도 반드시 필요하다. 하나님은 삼위일체 하나님의 제2위격이신 그의 친아들을 구속의 목적을 위하여 인간의 모습으로 이 세상에 보내셨다. 인간에게 구원이라는 선물을 주시려고 하나님이 지불하신 비용은 무엇이었을까? 그것은 그분 아들의 목숨이었다! 성경은 예수 그리스도의 오심과 우리의 죄값을 그분이 대신 갚으셨다는 것과 그분에 대하여 우리가 알아야 할 필요가 있는 모든 진리들에 대한 기록이다.

만일 하나님께서 그의 아들을 세상에 보내셨고, 인간의 구속을 위하여 상상할 수 없는 최고의 값을 치루셨고, 모든 미래의 세대들이 알 수 있도록 기록해 놓으셨다면, 하나님은 성경의 본문에 오류가 생겨서 훼손이 되고, 메시지가 망가지도록 놓아두셨을까? 그것은 있을 수 없는 일이다! 만약 하나님이 성경의 본문이 분실되고 메시지가 혼란스럽게 전달되도록 허용하셨다면, 그분은 자신의 목적과 그분의 독생자와 십자가상에서의 희생에 대한 목적에 불성실하다고 할 것이다. 논리적으로나 이론적으로, 그리고 실제적으로 그것은 있을 수 없는 일이다.

하나님은 아들의 사역에 대한 완전한 기록을 인간들이 잃어버리는 것을 허용하지 않으셨으며, 허용하실 수도 없다. 그렇지 않다면 그분은 오는 세대들에게 독생자 예수 그리스도의 희생의 대속 사건을 무효화시킨 셈이 되는 것이다. 하나님의 본성, 특성, 속성들은 예수 그리스도의 죽으심과 장사됨 및 부활에서 절정을 이룬 그분의 뜻과 약속과 계획에 대한 신실한 증인일 것을 요구하고 있는 것이다.

성경의 권위

하나님은 모든 권위를 가지고 계시기 때문에, 성경은 권위를 가진다. 그리고 하나님이 성경의 원저자이시기 때문에(딤후 3:16), 성경은 권위가 있는 것이다. 하나님은 성경의 권위에 대한 근거이다. 하나님은 메시지의 전달을 보증하셨고, 자신의 권위로 이 메시지를 강화하셨으므로, 인간은 오직 두 가지 중 하나를 선택할 수밖에 없다. 즉 그분의 말씀에 순종할 것인가, 아니면 거부할 것인가이다. 하나님이 우리에게 성경을 주셨다는 사실은 성경이 정확할 수밖에 없는 이유이다. 그리고 하나님도 우리가 정확한 성경을 갖고 있기를 원하신다. 그리고 하나님이 그것을 말씀하셨기 때문에, 우리는 성경의 권위를 확신할 수가 있다. 성경은 진리이며, 예수 그리스도 안에서 믿음에 대한 하나님의 기준을 충족시키는 자들에게 용서와 영생을 주시겠다는 그분의 제안과 약속을 신실하게 나타내고 있는 것이다.

<Don Landis, http://www.creation.or.kr/library/itemview.asp?no=4374>

02

성경을 기록된 그대로 가르치셨던 예수님

"너희는 나를 불러 주여 주여 하면서도 어찌하여 나의 말하는 것을 행하지 아니하느냐" (눅 6:46)

모든 기독교 신자들은 예수 그리스도를 하나님의 독생자로 믿고 구주로 영접한 사람들이다. 그리고 예수님이 위임한 위대한 사역에 헌신하기를 원한다.

"그러므로 너희는 가서 모든 민족을 제자로 삼아… 내가 너희에게 분부한 모든 것을 가르쳐 지키게 하라…" (마 28:19~20).

그러므로 우리는 예수님이 분부하신 '모든 것'을 예수님이 가르쳐 주신 대로 모든 민족들에게 가르쳐야 할 의무를 지고 있다. 예수님이 우리의 권위자이신 까닭은 만물이 그에게서 창조되었기 때문이다(골 1:16).

예수님이 가르쳐주신 모든 진리 중에는 두 가지의 근본적인 가르침이 있다. 그리고 나머지 모든 가르침들은 이에 의존한다. 그 하나는 성경 말씀이 갖는 문자 그대로의 무오성이고, 다른 하나는 태초에 하나님이 이루신 특별한 창조이다.

예수님이 이 땅에 계시는 동안 그분에게는 물론 구약성경만 있었다. 복음서의 기록자들은 예수님이 성경의 말씀들을 하나님께로부터 온 오류가 없는 말씀으로 수용하셨다는 것을 명백하게 천명하고 있다. 예수님은 자주 구약의 말씀을 인용하셨고 참조하셨다. 그리고 언제나 그 말씀들이 참이고, 또한 권위가 있다고 말씀하셨다.

예컨대, 결혼과 이혼이라는 중요한 문제에 관한 질문을 받고, 최초의 남편과 아내에 대한 창세기의 설명을 인용하는 것으로 그 질문에 대답하셨다.

> "예수께서 대답하여 이르시되 사람을 지으신 이가 본래 그들을 남자와 여자로 지으시고 말씀하시기를 그러므로 사람이 그 부모를 떠나서 아내에게 합하여 그 둘이 한 몸이 될지니라 하신 것을 읽지 못하였느냐" (마 19:4~5).

여기서 주님은 창세기 1:27, 2:24절의 말씀을 인용하고 계셨다. 이 두 말씀은 최초의 남자와 여자의 창조에 대해 상호보완적인 설명으로서, 주님은 그 설명들을 진리로 그리고 서로 양립하는 것으로 수용하시고, 모든 미래의 결혼에 대한 신성한 모범으로 설정하셨다. 광야에서 사탄의 유혹을 물리치실 때, 주님은 성경 말씀들 가운데서 적절한 구절을 인용하시는 것만으로 (마 4:4, 7, 10. 사탄의 질문에 각각 신명기 8:3, 10:20, 6:16절의 말씀을 인용하시면서) 사탄을 이기셨다. "기록되었으되…"라고 성경의 말씀을 인용하는 것으로 만사가 해결되었던 것이다!

예수 그리스도는 성경을 성령의 감동에 의해서 기록된 말씀으로 문자 그대로 수용하셨다. 그냥 생각으로만 받아들이셨던 것이 아니었다. 한번은 유대인들이 예수님이 "스스로를 하나님이라" 자칭한다고 하여 돌로 치려고 했을 때, 예수님은 시편 82:6절의 말씀을 인용하여 스스로를 변호하셨던 적이 있다.

"예수께서 이르시되 너희 율법에 기록된 바 내가 너희를 신이라 하였노라 하지 아니하였느냐 성경은 폐하지 못하나니 하나님의 말씀을 받은 사람들을 신이라 하셨거든 하물며 아버지께서 거룩하게 하사 세상에 보내신 자가 나는 하나님의 아들이라 하는 것으로 너희가 어찌 신성모독이라 하느냐" (요 10:34~36).

예수님의 주장은 전적으로 시편 82:6절에 있는 한 단어, 즉 '신들'이라는 단어에 근거하고 있었다. 예수 그리스도는 성경을 성령의 감동으로 쓰인 말씀으로 믿었던 것이다! 더욱 놀라운 것은 마태복음 5:18절의 말씀이다.

"진실로 너희에게 이르노니 천지가 없어지기 전에는 율법의 일점 일획도 결코 없어지지 아니하고 다 이루리라" (마 5:18)

'일점one jot'이란 것은 히브리어 알파벳 중에서 가장 작은 글자이고, '일획one tittle'이란 것은 두 개의 유사한 모양을 하고 있는 글자들 사이를 변별하는데 흔히 사용되었던 작은 표시였다. 구약성경 안에 있는 성령으로 감동된 말씀들 가운데서도 이보다 더 강렬한 표현방법을 쓴 진술은 어디에도 보이지 않는다. 그런데 그리스도의 진술이 그런 것이었다. 모든 진실한 크리스천들은 그분의 본을 따라 성경의 권위를 높이는 자세를 가져야 할 것이다.

신약성경에 관하여 예수님은 당신의 말씀들이 정확하게 보전될 것임을 우리에게 확실히 말씀하셨다.

"천지는 없어지겠으나 내 말은 없어지지 아니하리라" (막 13:31).

사실상 신약의 모든 말씀들은 성령을 통해서 이루어진 것이다.

"그러나 진리의 성령이 오시면 그가 너희를 모든 진리 가운데로 인도하시리니 그가 스스로 말하지 않고 오직 들은 것을 말하며 장래 일을 너희에게 알리시리라" (요 16:13).

"보혜사 곧 아버지께서 내 이름으로 보내실 성령 그가 너희에게 모든 것을 가르치고 내가 너희에게 말한 모든 것을 생각나게 하리라" (요 14:26).

신약성경의 마지막 장에서 예수님은 다시 다음과 같이 말씀하셨다.

"내가 이 두루마리의 예언의 말씀을 듣는 모든 사람에게 증언하노니 만일 누구든지 이것들 외에 더하면 하나님이 이 두루마리에 기록된 재앙들을 그에게 더하실 것이요 만일 누구든지 이 두루마리의 예언의 말씀에서 제하여 버리면 하나님이 이 두루마리에 기록된 생명나무와 및 거룩한 성에 참여함을 제하여 버리시리라" (계 22:18~19).

그냥 말씀이 아니고 '이 두루마리의 말씀'이 강조되고 있다는 점을 주목하여야 한다. 혹시라도 어느 누가 이러한 경고의 말씀이 예수 그리스도한테서 온 것이 아니지 않은가 하는 의문이 생길까 염려하셨는지, 그 다음 절이 이렇게 밝혀주고 있다.

"이것들을 증언하신 이가 이르시되 내가 진실로 속히 오리라 하시거늘 아멘 주 예수여 오시옵소서" (계 22:20).

그러므로 예수 그리스도께서는 성경의 모든 말씀들을 절대무오의 말씀으로 믿고, 또 그렇게 가르치셨다는 사실은 확실하다. 따라서 그분을 믿고 또 따르기를 소망하는 우리는 마땅히 그가 행하시던 바와 같이 성경의 절대무오성을 믿고 가르쳐야 할 것이다. 구약성경에 등장하는 선지자들은 물론 그의 모든 사도들이 그렇게 행하였다. 우리도 마땅히 그렇게 행하여야 할 것이다.

성경이 성령의 감동으로 쓰였다는 점과 성경의 무오성과 권위를 믿어야 하는 데에는 이것 말고도 물론 다른 이유들이 많다. 성경의 저자들(모세, 이사야, 바울 등)은 모두 한결같이 그런 권위를 가지고 기록하고 있다고 주장했다. 성경 안에는 성취된 예언의 말씀들이 수백을 헤아릴 수 있을 만큼 많이 있다. 그리고 놀랄 만한 과학적 통찰들 또한 수없이 많다. 성경의 역사 기록들은 알려진 세속사의 모든 사실들과 일치하고 있음을 우리는 안다. 성경에 담긴 독특하고 강력한 구원의 메시지는 최소한 1,500년이라는 긴 세월을 통하여 40 여 명이 넘는 사람들의 손에 의해서 쓰여졌다. 그럼에도 불구하고 놀랍게도 모든 부분이 빠짐없이 일치되고 일관된다는 것은 성령의 감동에 의해 쓰여진 결과라고 할 수밖에 없다. 이 넓고 넓은 온 세계에서 이와 같은 책은 일찍이 없었다.

그런데 그 어떤 증거보다도 위대한 증거는 예수 그리스도(삼위일체 신격에서 두 번째)께서 성경 속의 모든 말씀에 대해 그 권위를 인정하고 그렇게 가르쳤다는 사실이다!

예수님은 창조를 설명하시면서 창세기의 역사성을 가르치셨다는 것을 앞에서 이미 살펴본 바 있다(마 19:3~8 참조). 예수님은 또한 의인 아벨의 죽음에 대해서도 언급하셨다.

> "그러므로 의인 아벨의 피로부터 성전과 제단 사이에서 너희가 죽인 바라갸의 아들 사가랴의 피까지 땅 위에서 흘린 의로운 피가…" (마 23:35)

예수님은 또한 노아시대에 전 지구적 규모의 대홍수가 있었다는 역사적 사실성을 인정하고 계셨다.

"노아의 때에 된 것과 같이 인자의 때에도 그러하리라 노아가 방주에 들어가던 날까지 사람들이 먹고 마시고 장가들고 시집가더니 홍수가 나서 그들을 다 멸망시켰으며" (눅 17:26~27).

노아 홍수 사건이 어떤 특정 지역에 제한적으로 일어난 지역적 홍수였다는 개념은 예수님이 이 사건을 예수님의 재림과 비교함으로써 부인된다.

"홍수가 나서 그들을 다 멸하기까지 깨닫지 못하였으니 인자의 임함도 이와 같으리라" (마 24:39).

그리스도께서 노아 홍수를 전 지구적 대홍수로 믿으셨던 것이 사실인 이상, 오늘날 수십억 년의 오래된 지구 연대를 믿는 '점진론적 창조론자'들도 그들이 믿고 있는 '지역적 홍수' 개념을 재고해야 할 것이다.

예수님은 아브라함 생존시에 있었던 소돔과 고모라의 파괴적 대재앙의 역사성도 가르치셨다(눅 17:29). 광야에서 이스라엘 권속들에게 기적같이 내리신 만나(요 6:32), 불타는 떨기나무 속에서 모세에게 보여주셨던 사건(눅 20:37), 모세가 광야에서 놋뱀을 든 사건(요 3:14), 특별한 솔로몬의 지혜(마 12:42), 물고기 뱃속에 있었던 요나의 경험(마 12:40), 다니엘의 놀라운 예언(마 24:15), 그리고 구약성경에 기록된 도저히 믿기 어려운 그 모든 말씀들을 예수님은 낱낱이 가르치셨던 것이다.

예수님은 창조 때로부터 인류가 만들어졌다는 사실도 가르치셨다!

"창조 때로부터 사람을 남자와 여자로 지으셨으니" (막 10:6).

다시 말해서 (그곳에 계셨던) 예수 그리스도의 말씀에 의하면 하나님은 당신의 창조사역을 시작하실 때부터 이미 아담과 하와를 지으셨음을 알 수 있다. 아담과 하와는 창조로부터 45억9천7백만년 후에 지어진 존재가 아닌 것이다. 그러나 (그때 그곳에 있지도 않았던) 현대의 많은 과학자들은 우리들에게 억지로 오래된 연대를 믿게 하려고 노력하고 있다.

또한 예수님은 최근 창조의 진실성을 이렇게 암시하셨다.

> "창세 이후로 흘린 모든 선지자의 피를 이 세대가 담당하되" (눅 11:50).

즉, 하나님의 선지자들이 창세 그 순간부터 유혈의 수난을 받고 있다는 말씀은 창세 이후 46억년이 지난 후로부터 그랬었다는 뜻이 결코 아니다.

예수 그리스도께서 다가올 마지막 날을 말씀하시면서 "… 그 날들이 환난의 날이 되겠음이라 하나님께서 창조하신 시초부터 지금까지 이런 환난이 없었고 후에도 없으리라" (막 13:19)라고 말씀하실 때, 그는 창조 이래로 세상에 있는 하나님의 권속들 위에 대소규모의 환난들이 많았다는 것을 암시하고 있는 것이다.

성경의 말씀 중에서 단 한 자라도 그 진실성에 의문을 품는 크리스천들에게, 또는 오늘날의 과학적 주장들과 보조를 맞추려고 성경을 억지로 풀어보려는(벧후 3:16) 크리스천들에게, 또는 성경의 어느 부분이라도 사사로이 풀어보려는(벧후 1:20) 크리스천들에게, 우리는 다음과 같이 제안한다. 즉, 당신들은 과연 예수님 앞에서 그러는 이유를 설명할 준비가 되어 있는지 스스로 자문해 보라고 말이다.

"이러므로 우리 각 사람이 자기 일을 하나님께 직고하리라" (롬 14:12)라고 하신 로마서의 말씀을 명심하는 것이 좋을 것이다. 그날이 왔을 때, 예수 그리스도께서 믿고 가르치셨던 것을 믿고 가르쳤다고 직고할 수 있는 입장이 최선이 아니겠는가? 창세에 관한 역사적 기록에 관한 문제라면 우리는 예수님이 이 세상에 계시는 동안 종교지도자들을 반박할 때 하신 말씀을 기억할 필요가 있다.

> "그러나 그(모세)의 글도 믿지 아니하거든 어찌 내 말을 믿겠느냐 하시니라" (요 5:47).

예수님은 "성경은 폐하지 못하나니…" (요 10:35)라고 말씀하셨다. 그러나 무신론자들과 진화론자들은 성경을 폐하려 애쓸 것이다. 새시대주의자들과 신비주의자들도 성경을 폐하려 들는지 모른다. 세속주의자들이나 쾌락주의자들도 성경을 폐하려 할 것이다. 온갖 형태의 회의론자들과 심지어 타협적 크리스천들까지도 성경을 폐하려 할는지 모른다. 그러나 성경을 폐할 수는 없다!

<Henry M. Morris, http://www.creation.or.kr/library/itemview.asp?no=666>

03

창세기 1장과 2장의 창조 순서는 서로 모순되는가?

창세기 1장과는 다르게, 창세기 2장에서의 창조 순서는 아담이 창조되고(창 2:7), 동물들이 창조되는(창 2:19) 것처럼 보인다. 이것은 성경 자체에 오류가 있다는 것인가?

아담의 창조와 하와의 창조 사이에 있었던 일로, 성경은 창세기 2:19절에서 "여호와 하나님이 흙으로 각종 들짐승과 공중의 각종 새를 지으시고 아담이 무엇이라고 부르나 보시려고…"라고 말씀하고 있다. 표면적으로 이 문장은 각종 들짐승과 새들이 아담과 하와 사이에 창조된 것처럼 보인다. 그러나 유대학자들은 아담과 하와는 각종 들짐승과 새들이 창조된 이후에 창조되었다는 창세기 1장의 설명과 전혀 모순되지 않음을 확인하고 있다. 그 이유는 무엇 때문인가?

왜냐하면 히브리어에서 동사의 정확한 시제는 문맥에 의해 결정되기 때문이다. 창세기 1장으로부터, 동물과 새들은 아담 이전에 창조되었음이 명백하다. 따라서 유대학자들은 창세기 2:19절의 동사 '지으시고(formed)'를 '지으셨던(had formed) 또는 지어오시고 있었던(having formed)'의 의미로 이해하고 있는 것이다. 만약 우리가 2:19절을 (널리 사용되는 번역본인 NIV 성경은 'had formed'로 번역되어 있음)

"여호와 하나님이 흙으로 **지으셨던** 각종 들짐승과 공중의 각종 새를 아담이 무엇이라고 부르나 보시려고"로 번역한다면, 창세기 1장과의 불일치는 완전히 사라지는 것이다.

이러한 의문은 창세기 2장은 창세기 1장의 창조와는 다른 창조를 설명하고 있다는 잘못된 가정으로부터 유래하고 있다. 명백히 창세기 2장은 창조에 대한 '또 다른' 설명이 아니다. 왜냐하면 창세기 2장에는 천, 지, 궁창, 바다, 육지, 태양, 별, 달, 바다생물 등의 창조에 대해서 전혀 언급되어 있지 않기 때문이다. 창세기 2장은 단지 아담과 하와의 창조와 직접 관련된 것들과 하나님이 그들을 위해 특별히 준비했던 에덴동산에서의 삶에 대해 언급하고 있다. 창세기 1장은 하나님 관점에서의 창조에 대한 개관으로, 전체 창조에 대한 '큰 그림'으로 이해될 수 있다. 그리고 창세기 2장은 사람의 관점에서 중요한 면들을 좀더 자세히 다루고 있는 것이다.

창세기 2:4절에는 다음과 같은 기록이 있다. "이것이 천지가 창조될 때에 하늘과 땅의 내력이니 여호와 하나님이 땅과 하늘을 만드시던 날에". 이것은 창세기 1장에 대한 하나의 단락(a break)의 표시이다. 이 어법은 다음 창세기 5:1절에서도 나온다. 그곳에서는 "이것은 아담의 계보를 적은 책이니라…"라고 되어 있다.

내력, 계보, 족보 등으로 번역된 'Generations'이란 단어는 히브리어 단어 '톨레돗toledoth'을 번역한 것이다. 이 단어는 '기원' 또는 '기원에 관한 기록'을 의미한다. 그 단어는 사건들에 대한 설명 또는 기록을 확인하는 것이다. 이 어구는 창세기에서 각 단락의 끝에서 주로 언급되었던 족장들(아담, 노아, 셈 등)을 확인하는 데에 사용되었다. 그리고 그들은 그 기록에 대한 책임을 지고 있을 가능성이 있다. 창세기에는 그러한 구분이 11군데나 있다(창 2:4, 5:1, 6:9, 10:1, 11:10, 11:27, 25:12, 25:19, 36:1, 36:9, 37:2 참조).

각 기록들은 원래에는 아마도 돌판 또는 점토판에 기록되어 있었을 것이다. 천지의 기원(창 1:1~2:4)에 대한 설명을 확인해줄 사람은 없었다. 왜냐하면 그것은 특별한 어떤 사람이 아닌 전 우주의 기원을 말하고 있기 때문이다. 또한 오직 하나님만이 창조사건을 알고 계신다. 따라서 하나님은 이 사건을 아마도 그것을 기록했던 아담에게 나타내셔야만 했다. 창세기의 저자인 모세는 성령의 감동하에 설명을 추가하면서, 여러 기록들에 대한 편집자 또는 편찬자로서의 역할을 수행했다. 톨레돗은 모세가 사용했던 역사적 기록들에 대한 출처들을 밝히고 있는 것이다. 이것에 대한 이해는 창세기와 그 기록의 지위에 대한 역사적 본질이 실제 목격되었던 역사적 사실로서 강조될 수 있는 것이다. 그러나 안타깝게도 많은 신학대학들에서 아직도 잘못된 '문서가설'이 가르쳐지고 있다(Ⅰ부 19번 참조).

창 2:4절과 5:1절의 문장에서 톨레돗의 차이는, 창세기 1장은 '천지'의 기원에 대한 개관이나(창 2:4), 창세기 2장은 아담과 하와에 관계된 것으로서 아담과 하와의 창조에 대한 자세한 설명임(창 5:1,2)을 확인해주고 있다. 또한 창세기 2:4절의 표현은 강조점이 변동되고 있음을 나타내고 있다. 2:4절의 앞부분에 '하늘과 땅(the heavens and the earth)'이라는 단어가 있는데, 절의 끝 부분에도 '땅과 하늘(the earth and the heavens)'이라는 단어로 되어 있다. 성서학자들은 4절의 앞부분에 있는 '하늘과 땅'은 우주의 기원을 기록한 돌판이나 점토판의 마지막에 있었던 단어로, 그리고 4절의 뒷부분에 있는 '땅과 하늘'은 특별히 아담과 하와를 포함한 땅의 사건을 설명하는 두 번째 점토판(창 2:4b~5:1a)의 시작부분에 해당하는 것으로 생각하고 있다.

이러한 이해를 또 다른 예에 적용해 보자. 일부 성경비판가들은 창세기 2:5절의 초목과 채소, 그리고 창세기 2:9절의 나무에 대한 문제를 제기한다. 우리는 이미 창세기 2장은 일반적인 창조가 아니라, 아담 하와와 직접적으로 관련된 주제에 초점을 맞추고 있다는 것을 살펴보았다. 주목할 것은 초목과 채소는 창세기 2장에서는 '들과 밭'과 관련되어 기술되고 있다는 것이다. 그리고 거기에는 그것들을 경작할 사람이 필요했다(창 2:5). 이것들은 분명히 일반적인 식물들이 아닌 경작될 식물들에 관한 기술이다. 또한 나무도(창 2:9) 일반적인 나무가 아닌 에덴동산에 있던 나무들이다.

창세기는 가장 관심있고 중요한 결과를 일으켰던 사건들을 개괄하는, 또는 요약하는 역사적 설명처럼 쓰여 있다. 거기에는 개괄된 사건들을 더욱 자세히 설명하기 위해 관련된 사건들에 대한 상세한 설명이 자주 뒤따라졌다. 큰 그림인 창세기 1장은 명백히 사건들의 순서에 관심이 두어졌다. 사건들은 연대기적인 순서에 따라서 첫째 날, 둘째 날, 저녁, 아침 등에 따라 기록되었다. 창세기 2장에서는 사건의 순서가 주 관심사가 아니다. 다시 보충 설명되는 사건에서 연대기적 순서는 언급될 필요가 없다. 단지 가장 집중적으로 설명하고자 하는 것을 순서대로 기술하고 있는 것이다. 예를 들면, 창세기 2장에서 동물들은 아담이 창조된 후에 2:19절에서 언급되었다. 그러나 그때는 아담이 창조된 후였다. 아담이 창조되고 그 후에 동물들이 창조된 것이 아니다.

그러므로 창세기 1장과 2장은 창조 사건에 대해서 서로 모순된 설명을 하고 있는 것이 아니다. 창세기 1장은 '큰 그림'이다. 그리고 창세기 2장은 아담과 하와의 창조와 여섯째 날에 대한 좀더 자세한 설명인 것이다.

그러나 이 문제에 대한 결정적인 것은 예수님께서 직접 하신 말씀에서 찾아볼 수 있다. 예수님은 마태복음 19:4~5절에서 결혼에 대해서 다음과 같이 말씀하고 계신다.

"예수께서 대답하여 이르시되 사람을 지으신 이가 본래 그들을 남자와 여자로 지으시고 말씀하시기를 그러므로 사람이 그 부모를 떠나서 아내에게 합하여 그 둘이 한 몸이 될지니라 하신 것을 읽지

못하였느냐" (마 19:4~5)

주목해야 할 것은, 같은 문장 안에서 예수님은 창세기 1장의 말씀(27절, "남자와 여자를 창조하시고")과 창세기 2장의 말씀(24절, "이러므로 남자가 부모를 떠나 그의 아내와 합하여 둘이 한 몸을 이룰지로다")을 같이 한 번에 인용하셨다는 것이다. 이와 같이 양쪽을 결합함으로써, 예수님은 분명히 창세기 1장과 2장이 (출처가 다른) 서로 분리된, 그리고 서로 모순된 설명으로 간주하지 않으셨다는 것이다.

<Don Batten, http://www.creation.or.kr/library/itemview.asp?no=3020>

04

태양이 창조되기 전의 빛은?

성경에 의하면 하나님은 창조주간의 첫째 날에 천지(하늘과 땅)를 창조하셨다(창 1:1). 태초에 하나님께서 "빛이 있으라"라고 말씀하시기 전까지는 모든 것이 어두웠다(3절). 둘째 날과 셋째 날에 바다, 궁창(대기), 대륙이 나타났고, 식물이 창조되어, 마치 땅이 인간의 거주를 위해 점차 준비되고 있는 것과 같았다. 넷째 날에 하나님이 "광명체들이 하늘의 궁창에 있어"(14절)라고 선언하시면서, 해, 달, 별들을 창조하셨고, 이것들의 목적은 땅에 빛을 비추기 위해서였다(15절).

이 빛은 방향성이 있었고, 특정 광원으로부터 왔다. 지구는 분명히 그 빛 아래서 회전하고 있었으므로, 빛과 어둠의 시간이 교대로 바뀌게 되었다. 그리고 하나님은 빛을 낮이라 부르시고 어두움을 밤이라 부르셨다(5절).

성경비판가들은 이 점에서 성경적 창조론의 과학성을 오랫동안 비웃어 왔다. 태양이 창조되기 전에 어떻게 지구에 빛이 있을 수 있는가? 이것은 성경의 오류임이 분명하다는 것이었다. 그러나 늘 그렇듯이, 이 명백한 오류로 보이는 구절은 우리로 하여금 관련된 과학적, 성경적 자료들을 좀더 자세히 살펴보도록 하게 한다.

실제로 태양만이 아니라, 많은 광원들이 있다. 또한 가시광선뿐만이 아니라 많은 형태의 빛들이 있다. 단파장의 빛들로서 자외선, X선, 그리고 다른 빛들이 있다. 장파장의 빛으로는 적외선, 라디오파 등이 포함된다. 빛은 마찰에 의해서, 불에 의해서, 수많은 화학반응에 의해서 만들어진다. 뿐만 아니라 태양에서처럼 원자분열 및 융합의 핵반응에 의해서도 빛은 생성된다. 하나님은 그의 목적을 이루시기 위해서 손가락 끝에 많은 선택사항들을 가지고 계신다. 빛이라면 자동적으로 태양만 생각할 필요는 없는 것이다.

더구나 우리는 창조 이야기에 사용된 히브리 단어들에서 중요한 자료를 얻을 수 있다. 하나님이 3절에서 '빛(light)'을 창조하셨을 때, 사용된 단어는 오직 빛의 존재만을 의미하는 반면에, 넷째 날에 '광명체들(lights)'을 위해 사용된 단어는 '빛을 지닌 것들(light bearers)', 또는 '영구적인 빛 근원들(pemanent light sourses)'로 번역하는 것이 가장 적절해 보인다. 그것들의 목적은 빛을 내는 것뿐만 아니라, 창조된 인간들을 위한 시간기록계로서 역할을 하는 것이다. 가장 유용한 별 창조 이론에 따르면, 넷째 날 우주의 모든 곳에서 창조된 별들로부터의 빛은 지구시간으로 이틀 내에 지구에 도착했을 것이고(또는 빛이 도달된 상태로 창조되었을 수도 있고), 여섯째 날에 아담에게 그 효과를 나타냈을 것이다.

명심해야 할 것은 창조주간은 유일하게 기적의 시기였다는 것이다. 그리고 기적적인 사건들은 오늘날의 자연법칙을 초월해서 일어났을 것이라고 추측해도 무방하다. 특히 "하나님은 빛이시라(God is light)"(요일 1:5)는 것을 우리가 깨달을 때, 지구 밖에 자연광원이 반드시 필요한 것은 아니다. 물론 하나님은 이차적인 빛의 근원 없이도 빛을 만드실 수 있다. 새 하늘과 새 땅에는 해와 달이 필요가 없을 것임을 성경은 말하고 있다(계 21:23). 창세기에서 하나님은 한낮과 한밤을 빛에 의하여 정하실 수도 있고 빛에 의하지 않고서도 정하실 수 있다.

창세기 1장의 '날(day, yom)'들이 오랜 기간들이었을 것이라고 주장하는 준창조론자(오랜 지구 연대를 믿는 창조론자)들에게는 좀더 심각한 문제들이 발생한다. 창세기는 분명히 식물들이 셋째 날에 창조되었고, 태양은 넷째 날에 창조되었다고 가르치고 있다. 지구가 창조된 후에 태양이 창조되었다는 사실은 성경을 수십억 년과 조화시키려고 시도하는 사람들에게 커다란 장애가 되고 있다. 만약 문자적 6일 창조를 비판하는 사람들의 주장처럼 창조주간의 날들이 오랜 시대라면 식물들은 생존할 수 없다. 식물들은 광합성을 위한 태양 없이 수백 수천만년 동안을 암흑 상태로 견딜 수 없기 때문이다.

그래서 그들은 이 부분을 해명하려고 애쓰고 있다. 일부 사람들은 넷째 날에 실제로 발생한 것은 짙은 가스 구름층이 수백 수천만 년 후에 흩어져 없어지면서, 태양과 다른 하늘의 천체들이 '나타났던(appeared)' 것이라고 주장한다. 이것은 공상과학일 뿐만 아니라, 히브리어에 대한 나쁜 해석이다. '아사(asah)'라는 단어는 창세기 1장을 통하여 '만들다(make)'라는 의미를 가지고 있다. 그리고 때때로 '창조하다(create, bara)'라는 뜻으로 교대로 사용되고 있다. 빅뱅과 같은 무신론적 진화이론에 꿰어 맞추기 위하여, 같은 문장 안에서 같은 문법적 구조를 가진 같은 단어들을 서로 다른 뜻으로 해석하는 것은 완전한 자포자기이다.

만약 하나님이 '나타났던' 것을 의미하셨다면, 셋째 날 물들을 한 곳으로 모으시면서 뭍이 '드러날' 때 사용되었던 것처럼(창 1:9), 하나님은 나타났다는 뜻의 히브리어 단어 라아(raah)를 사용하셨을 것이다. 조사된 20여개 이상의 주요 번역본들은 모두 태양, 달, 별들은 넷째 날에 '만들어졌다'라고 분명하게 가르치고 있다. 넷째 날에 지구의 임시적인 빛의 운반체가 만들어짐으로써 현재와 같은 시스템이 갖춰지게 되었고, 첫째 날부터 발산되던 빛은 더 이상 필요 없게 되었던 것이다.

성경이 기록하고 있는 그대로를 받아들이는 것이 얼마나 더 적절하고 만족스런 설명인가! 성경이 현대의 과학적(진화론적) 견해를 따라 이해되고 설명될 필요는 없다. 그저 성경의 말씀을 기록된 그대로 믿고 따르는 것만 필요할 뿐이다.

<John D. Morris, http://www.creation.or.kr/library/itemview.asp?no=4204>

05

아담과 하와는 하나님이 창조하셨던 최초의 사람들이 아니었는가?

– 창 1:28절의 '충만하라'는 '다시 충만하라'라는 뜻인가?

"하나님이 그들에게 복을 주시며 하나님이 그들에게 이르시되 생육하고 번성하여 땅에 충만하라 땅을 정복하라 바다의 물고기와 하늘의 새와 땅에 움직이는 모든 생물을 다스리라 하시니라" (창 1:28).
"And God blessed them, and God said unto them, Be fruitful, and multiply, and replenish the earth…" (Genesis 1:28, KJV)

어떤 사람들은 킹제임스 역본KJV에서 이 구절은 아담과 하와가 지구 행성을 '다시 채우는(refill)' 것을 가리킨다고 주장한다. 즉 아담과 하와는 하나님이 창조하셨던 최초의 사람들이 아니었으며, 그들은 '두 번째 창조'의 부분이었음을 의미한다는 것이다. '간격이론Gap theory'을 받아들인 많은 사람들은 이것을 믿고 있다. 그러나 뉴킹제임스NKJV 성경에서는 'fill'로 번역하고 있다. "Then God blessed them, and God said to them, 'Be fruitful and multiply; fill the earth and subdue it…'" (Genesis 1:28, NKJV)

킹제임스 역본에서 사용된 단어 'replenish(충만하다)'는 킹제임스 역본이 번역될 당시인 17세기에 단순히 'fill(채우다)'을 의미하는 것으로 사용되었다. 옥스포드 영어 사전에 의하면, 킹제임스 역본에 참여했던 번역가들이 살던 그 당시에 단어 'replenish'는 'refill(다시 채우다)'을 의미하지 않았다. 그 단어는 비축하다, 채우다, 공급하다, 거주하다의 의미로 사용되었다. 단어 'fill'과 'refill'의 관계처럼 'plenish'와 'replenish' 관계는 성립하지 않음을 주목하라(plenish라는 단어는 영영사전에 없다). 'Replenish'라는 단어는 'replete(충만한)'이라는 단어로부터 왔다. 행복으로 'replete'하게 되었다는 것은 행복으로 가득하게 되었다는 뜻이다.

단어 'replenish'가 '다시 채우다(to fill again)'라는 의미로 처음 사용된 기록은 1612년에 있었다. 이 해는 킹제임스 역본이 발간된 그 다음 해이다. 더군다나 그것은 하나의 시적인 의미로서 사용되었다. 그러나 창세기 1:28절은 시가 아니다. 영어 단어는 수세기에 걸쳐서 의미가 변하면서 내려오고 있다. 그래서 오늘날 'replenish'라는 단어는 일반적으로 'refill'을 의미하게 되었다.

창세기 1:28절의 'replenish'라는 단어에 대한 원래 히브리어 단어는 '마라(mala)'이다. 이 단어는 단순히 'fill'을 의미한다. 그리고 킹제임스 역본의 다른 모든 곳들에서(예로 창 1:22) 그와 같은 방식으로 번역되었다. 따라서 그 단어는 히브리 단어에서도, 그리고 킹제임스 역본 번역자들에 의해서 선택된 그 당시 단어에서도 'refill(다시 채우다)'을 의미하지 않았다. 번역가들이 'replenish'라는 단어를 선택한 것은 '가득 채우다(fill up, make replete(full))'에 가까운 의미를 전달하고자 의도했을 수 있다. 그러나 그들은 확실히 지구를 '다시 채우는' 어떤 의미를 전달하고자 의도하지 않았다.

뉴킹제임스 역본(그리고 몇몇 다른 번역본들)은 그 단어를 정확하게 오늘날의 말투인 'fill'로서 번역하고 있다. 이 명백한 것처럼 보이는 모순은 원본 사본들에서의 오류가 아니라, 단순히 번역 때문에 기인한 것이다.

<Answers, 2008. 12. 22. http://www.creation.or.kr/library/itemview.asp?no=4492>

06

가인은 어디서 아내를 얻었으며, 누구를 두려워했는가?

성경을 비판하는 사람들(특히 진화론자들) 중에는 “최초의 사람인 아담과 하와가 가인과 아벨을 낳고 가인이 아벨을 죽였는데, 가인은 그의 아내는 어디서 얻었으며, 주위에 두려워했던 사람들은 도대체 누구란 말인가? 성경은 자체적으로 모순이 있기 때문에, 하나님의 감동으로 쓰여진 책이 아니라, 사람이 지어낸 신화에 불과한 책이다.”라고 주장한다. 이 질문은 1925년에 미국 테네시 주에서 있었던 그 유명한 ‘스코프스 재판’(Scopes trial, 일명 ‘원숭이 재판’)에서 진화론측을 대변한 변호사 클러렌스 대로우가 성경을 믿을 수 없는 근거로 내걸었던 질문이기도 하다. 당신은 이러한 성경의 비판에 대해 어떻게 대답하겠는가?

이 질문에 대답하기 위해서 먼저 다음의 성경구절들을 찾아볼 필요가 있다. 창 4:1~2절에 의하면, 가인과 아벨은 첫째와 둘째 아들인 것으로 보인다. 창 4:3절을 보면 ‘세월이 지난 후에’라고 기록되어 있고, 그 후 가인이 아벨을 살해하고 유리방황하다 놋 땅에 거하게 되는 사건이 나온다. 창 4:25절을 보면 셋의 출생은 아벨의 죽음 바로 다음이며(그래서 아담이 셋을 아벨 대신 얻은 자(씨)라고 불렀다),

창 5:3절을 보면 아담이 130세에 셋을 낳았다고 되어 있다.

성경은 아담과 하와가 처음부터 출산 가능한 성인으로 창조되었음을 말하고 있고, 하나님이 아담에게 내리신 문화명령 중 "생육하고 번성하여 땅에 충만하라" (창 1:28)가 중요한 요소였음을 고려한다면, 아벨이 죽을 때 나이는 적어도 120세 이상이었을 것으로 쉽게 짐작할 수 있다. 또한 창 5:5절에 아담이 930세까지 살았음을 감안한다면, 그 120년 동안은 하나님 명령에 충실하게 많은 자녀들을 낳았을 것으로 볼 수 있다.

그 자녀들이 하나님의 문화명령을 따라 결혼하여 많은 자녀들을 낳았고, 이 과정이 120년 동안 계속되었다면, 가인이 아벨을 살해했을 당시 적지 않은 사람들이 공존하고 있었을 것이다. 만약 창 4:14절의 가인이 "나를 만나는 자마다 나를 죽이겠나이다"라고 했던 사람들이 가인이나 아벨과 전혀 관계가 없던 다른 족속이었다면, 가인이 아벨을 살해한 것을 알려고도 하지 않았을 것이고, 설사 알았다 한들 죽이려고까지 하지는 않았을 것이라는 점 등으로 미루어 본다면, 아마도 그들은 아벨과 깊은 관계가 있던 사람들이었을 것이라고 쉽게 짐작할 수 있다.

그러면 성경에서는 왜 구체적으로 다른 자녀들에 대해서는 말하지 않고 있는 것일까? 실제로 창 5:4절 "아담은 셋을 낳은 후 팔백 년을 지내며 자녀들을 낳았으며"를 보면 아담에게 많은 자녀가 있었다는 것 외에는 구체적으로 말하고 있지 않다. 성경은 하나님께서 우리에게 꼭 필요한 내용만 선택하여 주신 메시지이다. 아마 창조에 관한 기사만 해도 하나님께서 미주알 고주알 다 쓰셨다면 백과사전 전체의 분량도 모자랐을 것이다. 요 21:25절이 이를 잘 설명해주고 있다. "예수께서 행하신 일이 이 외에도 많으니 만일 낱낱이 기록된다면 이 세상이라도 이 기록된 책을 두기에 부족할 줄 아노라" (요 21:25)

성경에는 이러한 원리로 꼭 필요한 사람들만 기록되어 있다. 그러므로 가인과 아벨 출생 후 120여 년 동안 아무도 태어나지 않았다가 셋이 태어났다고 해석한다면, 오히려 더 무리가 있는 것이다.

크리스천들 중에는 "하나님께서 아담과 하와 이외에도 동시다발적으로 다른 사람들을 만든 것이 아니냐?"라고 생각하는 일부 사람들이 있다. (유신론적 진화론자 또는 진화론자들은 여러 곳에서 동시다발적으로 진화한 사람들이 있었다고 생각한다). 그렇지만 성경 전체의 가르침은 분명히 우리들은 아담과 하와의 후손이며, 그 첫째 아담의 불순종으로 인하여 죄와 사망이 시작되었고(그 때문에 그 후손들은 영적으로 눈먼 상태로 태어남), 이 문제를 해결하기 위하여 하나님께서 둘째 아담(예수)으로 피의 언약을 완결하시러 오신 것이다. 그러므로 그러한 관점은 대단히 비성경적인 것이다.

가인의 아내는 아담과 하와의 많은 자녀들 중의 한 사람(여동생)이었을 것이다. 그리고 가인이 두려워한 사람들도 아담과 하와의 후손들이거나 아마도 아벨의 직계 후손들이었을 것이다. 그렇기 때문에 아벨의 죽음에 대해서 그토록 흥분하고 가인을 죽이려고까지 한 것이다. 만일 그들이 가인과 아벨과 전혀 관계가 없는 동시다발적으로 진화된 사람들이었다면, 오히려 자기와는 별로 상관없는 일이니 알려고 하지도 않았을 것이고, 가인이 두려워 떨 만큼 그토록 흥분하지도 않았을 것이다. 쫓겨난 가인은 에덴 동편 놋 땅에 거하면서 에녹 성을 쌓았는데(창 4:16~17), 이것은 자기를 해칠 자들을 두려워하여 방어책을 강구하는 것이라고 추정된다. 한두 명의 공격을 막고자 성을 쌓을 필요는 없었을 것이다. 또한 성을 쌓을 만큼 가인의 후손들도 상당히 있었음을 알 수 있다.

그러나 이러한 논리가 1925년 스코프스 재판에서 창조론측 변호를 맡았던 윌리엄 제닝스 브라이언에 의해서 제시되지 못했다. 그 이후 성경은 불신자들이나 진화론자들에게 아주 우스꽝스러운 책으로 여겨지게 되었던 것이다.

성경은 하나님의 감동으로 된(God breathed words) 책이다.(딤후 3:16). 진화론에 세뇌되어 함부로 “이러한 성경구절은 상식이나 과학에 맞지 않아!”라며 성경의 기록이나 권위를 가볍게 판단해서는 안 될 것이다.

<김정훈, http://www.creation.or.kr/library/itemview.asp?no=2530,
김무현, http://www.creation.or.kr/library/itemview.asp?no=2321>

07

어떻게 아담은 단 하루 만에 모든 동물들의 이름을 지었을까?

창세기를 기록된 그대로 받아들이기를 거부하는 성경비판가들과 타협적 교인들은 몇몇 유언비어들을 만들어내고 있다. 하나는 만약 창조주간의 6일이 일상적인 날들(days)이었다면, 창세기 1장과 2장에 기록된 사건들이 모두 완료되기에는 시간이 부족했을 것이라는 것이다. 특히 그러한 짧은 시간에 아담이 모든 동물들의 이름을 짓는 것은 불가능했다는 것이다. 회의론자들은 말한다. 어떻게 아담은 12시간보다도 적은 시간 내에 수백만 종의 이름을 지을 수 있었단 말인가?

중요한 점은 지구상에 존재하는 실제 동물 종들의 수를 독단적으로 결정해서는 안 된다는 것이다. 메이는 다음과 같이 말하고 있었다. "사실적 단계에서, 오늘날 지구상에 분류된 2백만 종species의 동식물 중에서 생물 분류상 하나의 목order 안에 얼마 정도의 생물 수가 속하는지를 알지 못한다."

무심결에 읽는 독자들에게 즉각적으로 분명하게 드러나지 않는 몇 가지 요소들이 있는데, 이것들을 살펴볼 필요가 있다.

첫째, 아담은 동물들의 이름을 짓기 위해 밖으로 나가 찾아다니지 않았다. 창 2:19절에는 분명히 하나님이 아담에게 동물들을 이끌어 가셨다고 기록되어 있다.

둘째, 많은 성경비판가들이 주장하고 있는 것처럼, 생물 종들의 수가 수백만이라 하더라도, 아담이 이름을 지어야하는 실제 생물 수는 이들의 단지 일부분인 소수에 불과했을 것이다. 성경은 아담이 모든 가축(livestock), 공중의 새(birds of the air), 들의 모든 짐승들(beasts of the field)에게 이름을 주었다고 기록하고 있음에 주목하라.

이것은 아담이 바다물고기, 다른 바다생물, 곤충, 딱정벌레, 거미들에게 이름을 주지 않았다는 것을 가리킨다. 사실, 알려진 2백만의 생물종 중의 98%는 무척추동물이다. 여기에는 해면동물, 벌레, 연체동물, 곤충 등의 다양한 생물종들이 포함된다. 남은 2%가 척추동물이고, 이들의 수는 대략 4만 종이다. 이 숫자에서도 25,000종의 바다척추동물과 4,000종의 양서류는 제외되어야 한다. 왜냐하면 그들은 창 2:20절에 기록된 동물의 범주에 분명히 적합하지 않기 때문이다.

게다가 생물종의 분화가 창조 이후부터 빠르게 진행되어 왔다고 가정한다면, 남은 11,000종의 육상 척추동물들은 훨씬 적은 수의 원래 생물종들에서 분화된 후손들일 수 있는 것이다. 이들 각각은 분류학자들이 속genus이라 부르는(더 위의 그룹인 과family일 수도 있다) 각 그룹의 조상이 되는 동물들일 수 있다. 그리고 이것들은 창세기에서 '종류kind'라고 불려지고 있다. 많은 속들은 수십 또는 수백의 종species들을 포함하고 있다. 아마도 아담은 단지 2천여 종류의 이들 원래 생물종들의 이름을 지었을 것이고, 이 일은 몇 시간이면 쉽게 처리할 수 있는 일이었다(아담이 2,500여의 원래 생물종(종류, kind)에게 5초마다 하나씩 이름을 지었다면, 그 일을 끝마치는 데 매시간 5분씩의 휴식시간을 포함하여서 대략 3시간 45분이 걸렸을 수도 있다).

아담 앞에 모든 동물들을 이끌어내신 하나님의 목적은, 단지 아담으로 하여금 동물들의 이름을 짓기 위함만이 아니었다는 것을 주목하는 것이 중요하다. 그것은 아담은 이들 창조된 동물들과는 근본적으로 다르며, 그래서 어떠한 동물도 그의 육체적, 정서적, 지적, 영적 동반자로서 역할을 할 수 없다는 것을 강조하시기 위함이었을 것이다.

<Andrew Kulikovsky, http://www.creation.or.kr/library/itemview.asp?no=1756>

08

왜 아담과 하와는 선악과를 먹은 즉시 죽지 않았는가?

이 질문은 창세기 2:17절로부터 생겨난다. 거기서 아담은 하나님으로부터 선악을 알게 하는 나무는 먹지 말라는 명령을 듣게 된다.

> "선악을 알게 하는 나무의 열매는 먹지 말라 네가 먹는 날에는 반드시 죽으리라 하시니라" (창 2:17)

성경비판가들은 아담과 하와가 선악과를 먹은 즉시로 죽지 않았기 때문에, 창 2:17절에서 하나님이 말씀하셨던 것은 일종의 잘못된 것이라고 주장한다. 그들은 그 구절이 "반드시 죽으리라(surely die)"가 아니라, 아담과 하와는 그 날로 죽었어야만 했음을 뜻하는 "죽으리라(die)"를 의미한다고 주장한다.

그 날로 즉시 죽는 것인가, 아니면 죽기 시작하는 것인가?

일부 사람들이 생각하고 있는 창 2:17절의 의미처럼, 아담과 하와가 선악과를 먹은 그 날로 죽지 않았다는 것은(창 5:4~5) 사실이다. 그렇다면 하나님이 잘못 말씀하셨든지, 아니면 사람의 해석이 잘못되었든지 둘 중에 하나이다. 그러나 하나님은 거짓말을 하실 수 없는 분이시다(히 6:18). 그렇다면 오류투성이의 인간들이 실수를 하고 있음에 틀림없다. 혼란이 발생하기 시작하는 곳을 좀더 자세히 살펴보자. 히브리어를 영어로 문자 그대로 직역해보면 다음과 같다. "Tree knowledge good evil eat day eat die(dying) die"

히브리어는 두 개의 다른 동사 시제(dying and die)를 가지는 "die die(muwth muwth)"로 되어 있다. 이 단어는 "반드시 죽으리라(surely die)" 또는 글자 그대로 "반드시 죽도록 죽어가는(dying you shall die)"으로서 번역될 수 있다. 이것은 죽음에 들어섰다는 의미로 죽음의 시작을, 그리고 마침내 죽을 것임을 가리킨다. 아담과 하와는 선악과를 먹었던 시점에서 죽기 시작했고, 흙으로 돌아갈 것이었다(창 3:19). 만약 그들이 즉시로 죽을 것임을 의미했다면, 하나님은 단지 한 번만 '무트(muwth)'를 사용하셨을 것이고, 그것은 죽기 시작하는 또는 반드시 죽으리라가 아니라 죽는, 죽다, 죽었고 등을 의미했을 것이다. 구약의 저자들은 이것을 이해하였다. 그리고 적절한 용어를 사용하였다. 그러나 우리들은 번역하는 과정에서 이러한 의미들을 잃어버릴 때가 간혹 있다.

성경을 번역하는 데에는 두 가지의 방법이 있다. 하나는 문자적으로 또는 단어 대 단어로 번역하는 것이다. 그리고 다른 하나는 내용의 동등성 또는 생각 대 생각으로 번역하는 것이다. 만약 이 구절이 단어 대 단어로 번역되었다면, "dying die" 또는 "die die"로 번역되었을 것이다. 이것은 단어가 반복 사용될 때 의미가 달라지지 않는 문법적 구조를 가지는 영어권 독자들에게는 어려울 수 있다. 그러한 문법적 구조를 허락한 제롬의 라틴어 번역본 성경Latin Vulgate은 이것을 "dying die" 또는 "dying you will die"(morte morieris)로서 번역하고 있었다. 그래서 대부분의 영어 번역본들은 더 동적인 의미를 갖는 'surely die'(개역개정은 '반드시 죽으리라')로 번역하였다. 이것은 즉각적으로 죽지는 않지만, 확실히 죽음이 발생할 것이라는 것을 의미한다.

날이 언급하고 있는 것은?

창 2:17절의 네가 먹는 '날day에는'에서 사용된 날이라는 뜻의 히브리어 단어 욤yom에 관해 말하면, 그 단어는 나중에 나오는 단어 '반드시 죽으리라'와 관련이 있는 것이 아니라, 먹는 행동과 직접적으로 관련이 있는 것이다. 예를 들면, 열왕기상 2:37절에서 솔로몬이 시므이에게 말할 때, 거의 동일한 구조를 사용하고 있다. "… 네가 나가서 기드론 시내를 건너는 날에는 반드시 죽임을 당하리니 네 피가 네 머리로 돌아가리라" (왕상 2:37).

여기서도 창 2:17절처럼 '날(yom, day)에는' '죽임을 당하리니(dual muwth)'가 사용되었다. 창 2:17절에서 욤이 행동(먹는 것)과 관련한 것과 똑같이 여기에서도 행동(나가서 건너는 것)과 관련되어 있다. 두 경우에서 그것은 그들이 죽을 특정한 날을 의미하지 않는다. 그러나 앞으로 죽을 것이라는 것이다. 솔로몬도 시므이가 기드론 시내를 건너는 그 날에 즉시 죽는다고 이해하지 않았다. 그러나 그날부터 시므이의 날은 카운트되고 있었다. 바꾸어 말하면, 그 날에 그들(아담과 시므이)의 행동은 마지막 죽음을 가져오는 것이었다. 죽음은 시작되었다. 그들의 행동의 결과로서 그들은 반드시 죽을 것이었다. 그러므로 창 2:17절에 나오는 날은 죽는 날에 관한 것이 아니고, 먹었던 날에 관한 것이다.

<Bodie Hodge, http://www.creation.or.kr/library/itemview.asp?no=4452>

09

창조시에 모든 동물들이 초식을 했다면, 송곳니는 왜 있는가?

성경에 의하면 모든 동물은 식물을 먹도록 창조되었고, 죽음과 죄는 아담이 범죄하기 전까지는 없었으며, 모든 것들은 보시기에 심히 좋았더라고 기록되어 있다(창 1:31). 그러나 많은 동물들은 육식을 위한 여러 신체적 특징을 갖고 있으며, 치명적인 독을 가지고 있기도 하며, 고안된 방어시스템을 갖추고 있다. 이것은 어떻게 된 것일까? 성경은 우리에게 모든 것들을 상세히 말해주고 있지는 않지만, 여러 상황들을 종합하여 합리적인 추론을 해볼 수는 있다.

첫째, 하나님은 앞으로 일어날 일들을 이미 아시고 동물들을 창조하실 때 육식에 필요한 기능들을 미리 만들어 놓으셨을 수 있다.

둘째, 육식에 필요한 기관들은 원래에는 다른 어떠한 양성의 기능을 가지고 있었을지도 모른다. 실제 날카로운 송곳니는 단단한 열매를 자르거나 껍질을 벗기는 데도 효과적으로 사용되고 있다.

셋째, 천사장이었던 루시퍼가 타락하여 쫓겨난 후 하나님의 아름다운 창조물들을 파괴하기 시작하면서 변형되었을 수 있다. 아담과 하와를 유혹하여 범죄케 한 후, 하나님의 형상대로 지음 받은 인간의 모습이 바뀌고, 하나님의 창조능력을 흉내낸 사탄에 의해서 사람과 동물과 식물에 유전적 변형이 일어나고 서로 물어뜯고 죽이는 형상으로 바꾸어 놓았을 가능성이다.

넷째, 아담의 범죄 이후 유전적 변화가 일어나 만들어졌을 수 있다. 최초의 동물들은 초식동물로 만들어졌으나, 땅이 저주를 받아 거친 환경 속에서 변화와 적응이 일어나 육식동물로 변화되었을 수 있다는 것이다. 창세기 3장에는 사람과 동식물이 저주를 받아 강력한 유전적 변형이 일어났음을 잘 보여주고 있다. 모든 가축과 들의 모든 짐승이 저주를 받았고(14절), 뱀은 더욱 저주를 받아 배로 다니게 되었고(14절), 땅은 가시덤불과 엉겅퀴를 내게 되었고(18절), 하와의 신체도 변화되어 임신하는 고통이 크게 더하게 되었고(16절), 땅도 황폐해져 평생 수고를 해야 그 소산을 먹을 수 있는 엄청난 변화가 일어났던 것이다. 하나님 보시기에 심히 좋았던 세상은 이제 죽음과 고통의 모습으로 바뀌어졌고, 아담은 자기의 잘못으로 저주받은 세상을 바라보면서 하나님의 말씀을 거역했던 일을 뼈저리게 후회했을 것이다.

호랑이와 돼지가 함께?

호랑이와 돼지가 함께 평화롭게 누워 있다. 여기서는 무슨 일이 일어난 것일까? 호랑이는 잔인한 육식성 동물이 아닌가? 이 돼지들이 그렇게 태연한 이유는 무엇일까?

태국의 스리라차 동물원에서는 호랑이 새끼들이 돼지로부터 우유를 먹기 위해 모여 있다. 마찬가지로 새끼 돼지들은 어미 호랑이의 등에 올라가 평화롭게 낮잠을 자고 있다.

태국의 스리라차 동물원은 호랑이 새끼들의 성장 속도를 빠르게 하기 위한 독특한 기법을 사용하고 있다. 그것은 매우 간단한데, 호랑이의 성장시에 돼지의 젖을 먹이는 것이다…. 즉, 사육된 암돼지에게 호랑이 새끼들을 데려가 직접 젖을 빨리게 하는 것이다! 이 혁신적인 시도로 성공한 동물원은, 호랑이 새끼들이 돼지의 젖을 먹음으로써 호랑이의 젖을 먹을 때보다 훨씬 빠르게 성장함을 보여주었다. 1997년 이후 동물원이 호랑이들을 이와 같은 방법으로 기르기 시작하면서, 300여 마리의 벵갈호랑이들이 이 사육프로그램을 졸업한 것으로 보고되었다. 어느 누가 이러한 난폭한 육식성 동물이 돼지 어미로부터 돌보아질 수 있을 것이라고 상상할 수 있었겠는가? 동물원 관계자들의 말에 의하면, 사실 이러한 방법으로 자라난 호랑이들은 자연적인 어미 호랑이로부터 자라난 호랑이들보다 훨씬 온순하다는 것이다. 방문자들은 동물원 안에 있는 몇 개의 지역에서, 호랑이 새끼들이 어미 돼지를 따라다니며 다른 돼지새끼들과 뒤섞여서 놀고 있는 모습을 분명히 볼 수 있다. "놀랍게도 그들은 서로가 매우 친한 친구처럼 즐겁게 놀고 있었습니다."

사람들은 스리라차 동물원에서 약육강식의 동물 세계와 맞지 않는 이러한 장면을 보면서 '놀랍다', '믿을 수 없다'는 등의 반응을 보이고 있다. 즉, 사자와 호랑이 같은 강하고 민첩한 동물들은 어린 가젤이나, 영양, 통통한 돼지 같은 약한 동물들을 잡아먹으며 살아가는 것이 '자연적' 인 것이라고 생각하고 있는 것이다.

그러나 아담이 범죄하기 이전에, 육식과 고통과 죽음이 들어오기 이전에, 호랑이와 새끼돼지가, 사자와 송아지가, 그리고 이리와 양이 (또는 홍수 이전에 각각의 종류를 대표했던 동물들이) 평화롭게 함께 지냈던 시기가 잠시였지만 있었던 것이다. 그리고 그것은 저주의 결과로 고통당하는 세계에 익숙해진 사람들에게 매우 놀라운 일로 보여지는 것이다. 성경은 그러한 때가 다시 올 것이라고 말하고 있다.

> "그 때에 이리가 어린 양과 함께 살며 표범이 어린 염소와 함께 누우며 송아지와 어린 사자와 살진 짐승이 함께 있어 어린 아이에게 끌리며 암소와 곰이 함께 먹으며 그것들의 새끼가 함께 엎드리며 사자가 소처럼 풀을 먹을 것이며 젖 먹는 아이가 독사의 구멍에서 장난하며 젖 뗀 어린 아이가 독사의 굴에 손을 넣을 것이라" (사 11:6~8)

<David Catchpoole, http://www.creation.or.kr/library/itemview.asp?no=3046>

10

아벨은 양을 제물로 드렸으므로 육식을 하고 있었는가?

이러한 주장되는 모순은 성경이 기록하고 있지 않은 행동을 아벨이 하고 있었다는 주장으로부터 온다. 관련된 구절은 다음과 같다 :

> "하나님이 이르시되 내가 온 지면의 씨 맺는 모든 채소와 씨 가진 열매 맺는 모든 나무를 너희에게 주노니 너희의 먹을 거리가 되리라" (창 1:29)

> "그가 또 가인의 아우 아벨을 낳았는데 아벨은 양 치는 자였고 가인은 농사하는 자였더라 세월이 지난 후에 가인은 땅의 소산으로 제물을 삼아 여호와께 드렸고 아벨은 자기도 양의 첫 새끼와 그 기름으로 드렸더니 여호와께서 아벨과 그의 제물은 받으셨으나" (창 4:2~4)

이것이 하나의 모순이라고 주장하는 사람들은 하나님으로부터 식물을 먹으라고 명령받았던 아벨이 제물(고기)을 먹었다고 가정하고 있다. 마태복음에는 아벨이 의인이었다고 기록되어 있다. 그러므로 그는 창 1:29절에서 채식을 하라는 하나님의 명령에 불순종하지 않았음에 분명하다.

"그러므로 의인 아벨의 피로부터 성전과 제단 사이에서 너희가 죽인 바라갸의 아들 사가랴의 피까지 땅 위에서 흘린 의로운 피가 다 너희에게 돌아가리라" (마 23:35)

그러므로 아벨이 고기를 먹었다고 가정할 이유가 없다. 따라서 이것은 성경의 모순이 아니다.

그러면 왜 아벨은 양들을 치고 있었을까? 우리는 양들로부터 털, 우유, 가죽, 죄를 위한 희생제물 등과 같은 많은 다른 것들을 얻을 수 있다는 것을 고려할 필요가 있다.

예를 들면, 영양상태가 좋은 살찐 양은 다른 동물들보다 훌륭한 털을 제공할 수 있었을 것이다. 그것은 매우 귀중한 것일 수 있다. 그래서 아벨이 살찐 양을 희생하였을 때, 그는 가장 좋은 것을 드렸던 것이다. 그리고 그것은 하나의 피의 제물이었다. 이 제물은 하나님이 받으셨다. 그것은 하나님이 아담과 하와에게 했던 피의 희생을(창 3:21), 그래서 그들의 죄를 덮으셨던 일을(히 9:22) 따라했던 것처럼 보인다.

그 구절은 아벨이 제물을 먹었다고 말하고 있지 않다. 그래서 아벨이 육식을 했다고 가정할 아무런 이유가 없는 것이다. 하나님이 아담과 하와의 죄를 덮으시기 위하여 (가죽옷을 입히시기 위해) 동물들을 희생하셨을 때, 아담과 하와가 그들을 먹었다고 볼 수 없다. 아벨은 하나님이 하셨던 일을 따라했기 때문에, 그가 희생 제물을 먹었을 것이라고 믿을 아무런 이유가 없다.

최초로 고기를 먹게 되었던 때는 노아와 그의 가족들이 홍수 직후에 방주에서 나와서 하나님께 희생 제물을 드리고 나서였을 것이다. 그때 하나님은 그들에게 육식도 허락하셨다(창 8:20~9:3). 비록 홍수로 멸망해버린 홍수 이전의 사람들 중 일부가 하나님의 명령에 불복종하고 일찍부터 육식을 했을 수도 있지만 말이다.

<Bodie Hodge, http://www.creation.or.kr/library/itemview.asp?no=4451>

11

사랑의 하나님은 왜 독을 가진 생물들을 창조하셨는가?

크리스천들이 설계자(하나님)가 계시다는 증거로서 살아있는 생물체들의 복잡성을 지적할 때, 조롱하는 사람들은 이것을 반박하기 위해서 설계된 모습들 중에서 많은 부분들이 먹이를 사냥하고 사로잡으며 포식자를 무력화시키기 위해서 사용된다는 것을 즐겨 제시하고 있다. 예를 들면 가장 유독한 바다생물 중 하나인 상자해파리의 경우에 대해서, 한 반창조론자는 "만약 하나님이 선하시다면, 그리고 그가 사랑의 법칙에 의해서 지배되는 모든 생물종들을 창조하셨다면, 왜 그러한 쓸데없는 그리고 정교한 잔학성을 가지는 생물들을 창조하셨는가?"라고 질문한다. 그리고 "어떤 동물이 해파리에 의해서 죽기를 원하겠는가?" 그는 "이것보다 하나님이 없다는 것을 가리키는 증거는 더 없을 것이다"라고 결론짓고 있다.

일반적으로 생물체들이 갖고 있는 방어·공격 구조에 대한 유사한 도전들에 대해 답을 할 때, 성경은 사람과 동물 모두 태초에는 채식을 했었음을 말하고 있다는 것을 크리스천들은 기억해야만 한다(창 1:29~30). 따라서 히브리어 성경에서 네페쉬 하야nephesh chayyah라 불리는 척추동물이나 사람에게 죽음은 처음에는 없었다. 그러나 식물과 무척추동물은 그렇게 기술되어 있지 않다. 따라서 그것들은 성경적 의미에서는 '살아있는 창조물'들이 아니다. 오직 하나님이 전체 피조물을 저주하셨던 아담의 타락으로 인해, 이 세상에 죽음과 고통이 들어오게 되었던 것이다(창 3:19, 롬 8:20~22).

성경적 구조 틀로부터 답을 한다면, 크리스천들은 어떠한 조롱자의 도전에도 논리적으로 대답할 수 있다. 어떠한 특별한 경우도 다음과 같은 일반적인 범주 내에서 설명될 수 있다.

1) 생물들의 현재 방어·공격 구조로서 사용되는 것들은 그러한 목적을 위해서 설계되지 않았으며, 타락 이전에 다른 기능을 가지고 있었을 수 있다. 그것들은 퇴화, 즉 돌연변이에 의해서 현재의 기능을 가지게 되었다.

2) 방어·공격 구조를 위한 설계 정보는 이미 타락 이전에 아마도 잠재적이거나 숨겨진 형태로 존재했을 수 있다. 하나님은 타락을 미리 알고 계셨기 때문에, 타락된 세상에서 생존하는 데에 필요한 정보들을 창조물들에 미리 프로그램해 놓으셨을 수 있다.

해파리는 약간의 거리에서도 특별한 먹이를 독으로 공격하는 메커니즘을 시발하는 극적인 효율성을 가진 자세포stinging cells를 가지고 있다. 따라서 첫 번째 가능성은 없어 보인다. 하나님은 아마도 이 자세포에 대해서 타락 이후에 스위치가 켜질 복합적인 정보를 설계해 놓으셨을 것이다. 그러면 해파리는 타락 이전에는 무엇을 먹었을까? 아마도 오늘날의 해파리들에서 관찰되는 다음과 같은 것들은 우리들에게 타락 이전 세계에 대한 통찰력을 제공해주고 있다.

- 일부 해파리들은 식물성 플랑크톤으로부터(즉 동물이 아니라 식물로부터) 자양분을 얻는다.

◦ 많은 물고기들은 해파리의 갓 아래에서 촉수 사이를 자유롭게 수영하면서 피난을 한다. 그들의 접촉은 자포의 발포를 일으키지 않는다.

◦ '독'의 개념은 양에 달려 있다는 것에 주목하라. 대부분의 독은 적은 양에서는 유익하다. 예를 들면 치명적인 보툴리눔 독소도 현대 미용술(보톡스)에서 사용되고 있다.

<David Catchpoole, http://www.creation.or.kr/library/itemview.asp?no=2996>

12

하나님은 콜레라균 같은 병원균도 창조하셨는가?

콜레라균*Vibrio cholerae*은 사람에게서 장질환인 콜레라를 일으킨다. 세균이 분비하는 독소 때문에 감염은 치명적이다. 타락 이전에 이 독소는 다른 기능을 가지고 있었던 것일까?

창조과학자들은 오늘날의 병원성 세균과 기생충들은 사실 타락 이전의 세계에서는 유익하거나 적어도 중립적이었다고 제안하고 있다. 때때로 유해한 것들이 있지만, 우리의 대장에 있는 대장균과 같은 것들은 유익한 세균이다. 이 복잡한 유기체는 비타민을 만드는 것을 도와주고, 질병을 예방하기까지 한다. 또한 분선충이라고 불리는 실처럼 생긴 벌레가 있다. 그것은 독립생활과 기생생활을 같이 할 수 있다. 바꾸어 말하면, 벌레는 사람 밖의 환경에서 잘 살아간다. 그러나 그것이 사람에게 감염되었을 때 나쁜 결과를 초래할 수 있다. 기생충 감염과 질병을 일으키는 세균은 타락과 우주적 저주의 결과였다고 제안되어지고 있다.

하와이산 짧은꼬리 오징어에 공생하고 있는, 기묘한 빛을 내고 있는 발광박테리아*V. fischeri*들은 콜레라 독소와 매우 유사한 독소를 만든다. 짧은꼬리 오징어는 먹이가 있는 맑은 물에 사는 포식자를 피하기 위해 박테리아의 발광 특성을 사용하고 있다. 오징어는 좋은 사냥꾼이지만, 커다란 야행성 포식자들에게는 맛있는 간식이 된다. 포식자들이 물 아래에서 오징어를 바라보면, 어두운 오징어는 달빛에 의해 신체가 드러나기 때문에 쉽게 목표물이 될 수 있다. 그러나 오징어는 배 쪽에 발광박테리아를 포함하고 있는 먹물주머니에 의해서 둘러싸인, 카메라의 조리개와 매우 유사하게 작동되는 빛을 내는 장기를 가지고 있다. 세균이 내는 빛은 반사체에 의해서 증강되고 달빛과 같이 아래쪽으로 비춰지게 되면서, 오징어는 은밀한 잠행을 할 수 있게 되는 것이다. 세균들이 배가 고파지면, 그들은 콜레라균과 비슷한 독소를 분비한다. 이 독소는 오징어를 병들게 하지 않으며, 오히려 먹이가 필요하다는 것을 알리고 있다. 그러면 오징어는 먹이를 제공한다.

한 진화론자는 제안했다. “아마도 우리가 콜레라의 병인을 연구해오고 있었을 때, 정상적인 의사소통이 잘못되어 가고 있다는 것을 연구하고 있었을지도 모른다.” 창조과학자들은 이것은 창세기 3장의 저주의 결과일 것으로 제안하고 있다.

이것은 생물학자인 조 프란시스에 의해서 제안된 한 창조이론을 생각나게 한다. 그는 창조론적 관점에서 바이러스와 미생물의 세계를 바라보았다. “미생물들은 화학적으로 풍부하지만 생명이 없는 물질 환경과 거대 유기체 사이의 연결 고리로서 하나의 유기적 기질(organosubstrate)로서 창조되었다. 이들은 다세포 생물체들이 생명을 유지하고 번성할 수 있도록 기본물질들을 제공하고 있는 것이다….”

정말로 많은 박테리아 세포들은 하나의 공생적 군집으로서 의사소통을 하고 기능을 한다. 그리고 이러한 관계들은 점점 더 많이 발견되고 있다. 따라서 병원성은 최초에 창조하신 의도로부터 벗어난 것일 수 있다. 미생물 발광박테리아와 콜레라균이 그 예이다.

<Frank Sherwin, http://www.creation.or.kr/library/itemview.asp?no=2998

13

900년의 수명이 어떻게 가능할 수 있었는가?

오늘날 극소수의 사람들만이 100년 이상의 수명을 가진다. 우리가 수명에 관해 많은 것들을 알아가고 있지만, 과연 새로운 연구들을 통하여 사람의 수명을 연장할 수 있을까? 노화에 관한 놀라운 새로운 정보들은 노아 홍수 이전 사람들의 긴 수명에 관하여 새로운 해석을 가능하게 하고 있다.

창세기는 오늘날의 경험에 비추어 비합리적인 것처럼 보이는 인간의 긴 수명을 반복적으로 기록하고 있다. 아담은 930년을 살았고, 노아는 더 긴 950년을 살았다. 그러나 이러한 긴 수명은 아무렇게나 나타나 있는 것이 아니라, 규칙적으로 노아의 홍수 이전에는 길었고, 홍수 이후에 급격히 줄어들고 있다.

많은 사람들은 그러한 긴 수명은 생물학적으로 불가능하다고 주장하며, 성경의 기록을 쉽게 비웃는다. 모든 치명적인 질병을 피한다고 해도, 오늘날의 인간은 대부분 100세를 넘기지 못하고 죽는다. 아주 특별한 경우라 하더라도 120세를 넘기기 힘들다.

그러나 노화에 관한 증거에 의하면, 오늘날 평균 수명의 상한선은 사람이나 다른 다세포 생물의 예에서 보듯이 생물학적으로 불가능한 어떤 것 때문은 아님을 제시하고 있다. 물론 질병, 음식, 부상, 여러 환경 요인들이 수명에 영향을 미친다. 그러나 이런 요소들의 저변에 우리의 유전자들 속에 기록되어 있는 유전자정보가 수명의 상한선을 결정하고 있는 것처럼 보인다. 어떤 가계는 대부분이 고령까지 살며, 또 어떤 가계는 그 반대임을 우리는 알고 있다.

그리고 비록 평균 수명의 상한선이 각 생물종마다 프로그램되어 있는 것처럼 보이지만, 육종 실험은 이러한 한계가 바뀔 수 있음을, 심지어 극적으로도 바뀔 수 있음을 보여주고 있다. 초파리와 벌레들을 대상으로 실시된 한 실험은 개체군에 수명 연장을 발현시킬 수도 있고 제거시킬 수도 있음을 보여주었다. 그 결과 같은 종류의 초파리 군에서 한 개체군이 다른 개체군보다 평균 몇 배나 더 오래 살 수 있었다. 심지어 수명과 관련되는 유전자 스위치가 있음이 한 종의 벌레에서 확인되었다.

우리는 왜 노쇠해 가는가?

왜 모든 다세포생물들은 (인간처럼) 결국 노쇠하여 죽게 되는가? 모든 고정된 구조들은 결국 마모되어 없어진다는 물리법칙을 단순히 인용하는 것으로는 부족하다. 이것은 사실이지만 생물학적 조직체는 그 자체를 스스로 수리하는 능력인 내재된 지능(DNA에 들어 있는)을 가지고 있다.

그것이 바로 박테리아와 같은 단세포 동물들은 노쇠로 죽지 않는 이유이다. 그들은 단지 2개의 복제품으로 분화되고 각각이 다시 두 개로 분화되는 과정을 반복한다. 인간과 같은 생물체는 수많은 세포들로 이루어진 기관(간, 신장 등)이 있다. 이 세포들은 왜 계속해서 나누어지며, 수리되고, 영원히 그 장기를 새롭게 하지 않는가? 만일 노쇠한 세포가 새 세포로 교체되어 새로운 기관이 만들어진다면, 인간의 신체도 노쇠하지 않을 것이다. 사람이 사고로 죽거나 감염으로 죽을 수는 있겠지만, 늙어 죽지는 않을 것이다.

물론 그렇게는 되지 않고, 우리의 각 기관은 노쇠하게 된다. 기관 내의 세포들은 일정기간 동안은 증식하지만 영원히 계속하지는 않는다. 몇 번의 분화를 거친 후에 이 세포들은 분화를 멈춘다. 보통 인간의 세포는 단지 약 80~90회 분화하면 그 이상은 분화하지 않는다.

우리 염색체들 각각의 끝에는 텔로미어telomere라고 불리는 구조가 있다. 이것은 끝에 많은 구슬들이 달려 있는 일종의 계수장치라고 할 수 있다. 세포가 둘로 나누어질 때마다 구슬 하나가 잘라져 나가서 텔로미어가 짧아진다. 구슬이 모두 없어지면 세포분열이 더 이상 발생할 수 없다. 그때부터는 각 세포는 쇠약해지더라도 새 세포로 교체되지 않는다. 그래서 사람이 치명적인 사고나 질병을 피하더라도 결국은 어느 기관의 고장으로 죽게 된다.

세포분열은 DNA에 기록되어 있는 유전정보의 지시에 의해 통제된다. 그래서 노화를 결정하는 전부는 아니더라도 미리 정해진 유전적 한계가 큰 영향을 미치는 것처럼 보인다. 요컨대, 만일 그 유전적 한계가 다른 수명으로 정해져 있다면, 900년 이상의 수명이 불가능할 것으로 생각할 어떠한 알려진 생물학적 이유도 없다.

노아 홍수 이후의 새로운 환경

노아 홍수 이후의 수명 감소를 보면, 그것이 현저하게 변화된 세계와 관계있을 것이라고 생각하는 것은 자연스럽다. 화석기록의 증거들은 홍수이전 세계에서 탄산가스(아마 산소도) 농도가 더 높았음을 시사하고 있다. 많은 학자들은 홍수 이전 세계에 있었던 수증기층이 해로운 우주방사선으로부터 생물들을 보호했을 것이라고 생각하고 있다. 그러나 이것이 사실이든 아니든 간에, 이로 인해 노화가 크게 영향을 받았으리라는 증거는 아무 것도 없다.

홍수 이후의 환경이 엄청나게 유해하게 변화되어 수명이 800년이나 줄어들어 1/9로 되었다고 보는 것은 한 가지 중요한 점을 놓치고 있다. 노아가 방주에서 나왔을 때에 그는 벌써 600세가 넘었다. 그러나 훨씬 유해한 환경으로 인해 그가 빠르게 노화하여 20~30년 만에 죽지는 않았다. 대신 그는 350년을 더 살아 심지어 그의 조상 아담보다도 더 오래 살았다.

우리는 환경적 요인들이 인간 삶의 발달 단계에서만 문제를 초래하는지는 알지 못한다. 그러나 노아가 여전히 그렇게 오래 살 수 있었는가에 대한 하나의 쉬운 설명은 노아의 유전적 구성상태가 그에게 긴 수명을 가능하게 했다는 것이다. 그리고 아마도 전부는 아니더라도 홍수 이전의 사람들 대부분은 그런 식으로 우리에게 정해진 수명보다 매우 긴 수명을 가지도록 미리 정해져 있었다고 보는 것이다. 그리고는 어떻게 되었는가? 전 세계의 인구가 단지 몇 사람으로 줄어버린 점을 상기해 보자. 긴 수명을 결정하는 정보가 포함되었을지 모르는 특정 유전자가(대립형질로 알려짐) 인류가 사실상 8명만 남고 멸절되는 과정에서 제거되었을 수 있었다는 것이다.

예를 들어, 1991년 연구자들이 스칸디나비아 동물원에서 사육된 늑대들의 가계 자료를 분석한 결과, 이들 포획되어 근친교배된 늑대들은 새끼 무게, 번식력, 수명 등에서 쇠퇴를 가져오는 부정적인 영향을 발견했다고 보고했다. 이것은 인간 유전자들이 노아홍수 이후 8명으로 줄어드는 극적인 개체수 감소에 기인하여 결손되었을 가능성과, 근친결혼으로 인한 후생유전학적 요인에 의해서 손상받았을 가능성을 가리키고 있는 것이다.

다른 요인들

비록 그런 유전자 정보들의 손실이 수명감소의 원인이었다고 할지라도, 그것만이 유일한 이유는 아닐지도 모른다. 유해한 돌연변이가 더 많이 발생한 것도 역할을 했을 것이다. 예를 들면 이 돌연변이의 일부는 텔로미어 길이의 손실을 초래했을 수도 있다. 홍수 이후에는 음식물로 사용 가능한 식물군이 급격히 줄어들었을지도 모르고, 어쩌면 이것이 하나님께서 그 시점에 사람에게 고기를 먹도록 허락한 하나의 이유일지 모른다. 그러나 우리가 단순히 음식을 바꿈으로써 오늘날 다시 950년이나 살 것으로는 생각되지 않는다. 아마도 여러 요인들이 수세기 동안 계속된 지속적인 수명 감소의 이유였을 것이다. 이삭은 180세까지 살았고, 모세는 120세, 다윗은 단지 71세까지 살았다. 흥미로운 것은 오늘날 우리는 환경요인으로 인해 수명이 약간 증가하는 것을 경험하고 있다. 그렇지만, 우리가 노아의 수명에 가깝게 살기 위해서는 과거 사람들의 일부 유전자들이 있어야 될 것이다.

물론 모든 노화와 죽음의 궁극적인 이유는 창세기 3장에 기록된 모든 피조물들에 대한 저주이다. 아담이 하나님께 불순종하면 죽게 될 것이라는 경고가 있었다. 아담은 영적으로는 즉시 죽었고, 육적으로는 오늘날 우리들처럼 바로 그날부터 죽어가기 시작했다.

현대의 유전학 연구는 우리 모두가 노쇠와 죽음의 필연성을 타고났다는 것을 보여주고 있다. 거울로 우리 얼굴에 생기는 주름살을 볼 때, 신성한 하나님의 눈에 우리의 죄가 참으로 무거움을 상기해야 한다. 그리고 그의 아들 예수 그리스도를 통하여 하나님이 정죄함으로부터의 피할 길을 주셨음을 한없이 감사해야 할 것이다.

<Carl Wieland, http://www.creation.or.kr/library/itemview.asp?no=3101>

홍수 이전 사람들의 긴 수명에 대한 논란

많은 사람들은 창세기 앞부분의 족장들의 긴 수명은 역사적인 것이 아니었을 것이라고 주장해왔다. 그러나 :

1) 그들이 역사적이지 않다고 주장할 만한 근거가 본문에 전혀 없다.

2) 그들 숫자의 자릿수는 수메르인의 기록에 의해서 지지된다.

3) (단어로) 숫자들을 기록하는 히브리인의 방법은 필사 오류로 보기 너무 어렵다.

4) 한 해가 실제는 한 달을 의미한다는 주장이 있었다. 그래서 예를 들어 므두셀라는 80세에 죽었다는 것이다. 그러나 이 문제에 국한한 가정은 본문의 다른 곳에서 지지받지 못한다. 그렇다면 다른 일부 족장들은 어린이였을 때 아버지가 되어 버린다.

5) 여러 내부적인 일관성이 있다. 죽을 때의 나이로부터, 므두셀라는 정확하게 홍수가 나던 해에 죽은 것으로 계산된다. 극적인 수명 단축이 홍수 이후부터 시작된다. 이것은 전 세계적인 격변적 영향과 인구수와 일치된다.

6) 긴 수명에 대한 어떠한 생물학적 장벽이 없다. 그리고 연속적인 수명 저하에 대한 유전적 설명(환경적인 요소들을 더하여)이 설득력을 얻고 있는 중이다.

14

다른 피부색의 사람이 한 세대 만에도 태어날 수 있었다

믿거나 말거나 흑백 쌍둥이가 태어났다. 사진 속의 두 예쁜 작은 소녀들은 쌍둥이다. 2005년 4월 영국 노팅햄에서 태어난 파란 눈의 레미는 백인이라 할 수 있고, 반면에 갈색 눈을 가진 키안은 흑인이라 할 수 있다. 이 쌍둥이는 곧 많은 언론 매체들의 초점을 받았다. 뉴스 기자들은 그들의 부모인 호드슨과 호더 둘 다 백인 어머니와 흑인 아버지를 가지고 있음을 보도하고 있었다.

이들 두 작은 소녀들은 성경에 대해서 많은 사람들이 가졌던 한 의문에 대한 답을 주는 데에 도움을 주고 있다. 그 의문은 이것이다. 만약 태초에 단지 한 남자와 한 여자가 있었다면, 모든 '인종'들은 어떻게 생겨났으며, 백인, 흑인, 황인과 같은 다른 피부색을 갖는 사람들이 어떻게 생겨날 수 있었을까? 하는 것이다. 레미와 키안은 그것이 단순히 유전자들에 의한 유전학적 문제임을 입증하였다. 다른 피부색들을 가진 인종들이 단지 한 세대만에도 나타날 수 있었던 것이다.

따라서 만약 아담과 하와가 (레미와 키안의 부모와 유사하게) 하얀 피부색과 검은 피부색을 나타내는 모든 유전정보들을 가지고 있으면서, 그 혼합에 의해서 중간색인 갈색의 피부색을 가지고 있었다면, 가장 어두운 피부색(흑인)부터 가장 밝은 피부색(백인)까지 모든 피부색의 인종들이 그들의 자녀와 후손들에서 나타날 수 있었을 것이라는 것이다.

키안과 레미는 또한 인류 모두가 친척이라는 성경적 기록이 사실임을 보여주고 있다. 성경이 말하고 있는 것처럼, 우리 모두는 아담과 하와의 후손이요, 노아와 그의 자녀들의 후손인 것이다.

abc NEWS
ABC Ne
Register
Home | News Summary | World | U.S. | Blotter | Politics
BREAKING NEWS: SIGNIFICANT SETBACK FOR BUSH ADMIN
BEING HELD AS AN ENEMY COMBATANT I
GOOD MORNING AMERICA
Home > GMA

One Twin's White, the Other's Black
Twins' Parents Both Have White Mothers, Black Fathers

Twins Kian and Remee Hodgson are a genetic -- and adorable -- fluke. (ABC News)

April 7, 2006 From GMA

Kian and Remee Hodgson are British fraternal twins who are about to celebrate their first birthday.

There's a twist, though. Kian has the genes from the Jamaican-Caribbean side of the family. With dark skin, hair and eyes, she looks black. Remee has light skin, blond hair and blue eyes, and looks white.

Font Size
A A A
E-mail
Print

흑백 쌍둥이를 보도하고 있는 2006. 4. 7. abc NEWS (덧붙여서 2008. 12. 31. The Sun 지는 영국에서 흑백 쌍둥이들이 연속해서 태어났음을 보도하고 있었다.)

<Creation, 2007. 3. http://www.creation.or.kr/library/itemview.asp?no=3935>

15

노아 홍수 이전의 지명들이 홍수 이후에도 나타나는 이유는?

창세기 6~9장을 읽을 때, 노아의 홍수는 전 지구적인 홍수였음이 분명하다. 그렇다면, 홍수 이전의 지명들이 홍수 이후에도 지명이나 인명으로 등장하는 것은 성경의 모순인가? 예를 들어 아래의 표는 가장 흔한 사례들을 제시한 것이다.

지명 및 강 이름	홍수 이전	홍수 이후	인명 및 강 이름
하윌라(Havilah)	창 2:11	창 10:7,29	노아 – 함 – 구스 – 하윌라(노아의 증손자) 노아 – 셈 – 아르박삿 – 셀라 – 에벨 – 욕단 – 하윌라(노아의 증손자의 증손자)
구스(Cush)	창 2:13	창 10:6	노아 – 함 – 구스(노아의 손자)
앗수르(Asshur)	창 2:14	창 10:22	노아 – 셈 – 앗수르(노아의 손자)
힛데겔(Tigris)	창 2:14	단 10:4	오늘날 이라크의 티그리스 강
유브라데(Euphrates)	창 2:14	창 15:18, 신 11:24, 수 1:4, 사 11:15…	오늘날 이라크의 유프라테스 강

이 수수께끼에 대한 답은 꽤 간단하다. 몇몇 실례를 사용하여 보면 더 잘 이해할 수 있다.

1. 자주 지명들은 전해져서 사용되고 있다. 예를 들어 미국 일리노이 주의 베르사유는 정착민들이 켄터키로부터 일리노이로 이주하여 왔을 때, 켄터키 주의 베르사유로부터 이름을 따왔다. 그리고 이전의 켄터키의 베르사유는 프랑스의 베르사유로부터 따왔다. 만약 어떤 사람이 당신에게 베르사유에서 만난 적이 있었죠? 라고 묻는다면, 어느 베르사유입니까? 라고 물어봐야 할 것이다.

2. 지명들은 자주 사람의 이름으로부터 붙여지곤 한다. 가나안이라는 지명은 노아의 손자인 가나안에서 유래하였다. 미조리 주의 세인트 루이스는 프랑스의 왕 루이 9세로부터 그 지명이 유래했다.

3. 간혹 사람들의 이름은 지명으로부터 유래했다. 오늘날에도 많은 사람들의 이름에 런던이 들어간다. 이 이름은 영국의 수도 런던으로부터 유래했다.

이러한 점들을 생각해볼 때, 어떻게 홍수 이전 지명들이 홍수 이후에도 쉽게 나타날 수 있었는지를 이해할 수 있다. 함의 손자인 하윌라는 하윌라 땅의 이름을 따라 지어진 것으로 보인다. 구스는 함의 아들의 이름이 되었고, 앗수르는 셈의 아들의 이름이 되었다. 노아, 함, 셈은 홍수 이전에 살았다. 그래서 이들 지역에 대해서 잘 알고 있었을 것이다. 그리고 물론 이 이름들은 바벨탑 분산 이후에 일부 사람들이 정착했던 곳의 지명으로 불려졌을 것이다. 구스는 오늘날의 에티오피아 지역이고, 앗수르는 앗시리아 제국이 발원했던 지역이다.

예를 들어, 만약 내가 템즈 강을 언급했다면, 많은 사람들은 즉시 영국 런던에 있는 유명한 강을 생각할 것이다. 그러나 미국 코네티컷 주와 캐나다 온타리오 주에도 같은 이름의 템즈 강이 있다. 정착민들이 유럽으로부터 미국으로 건너왔을 때, 만나게 된 강들을 그들이 친숙했던 강의 이름을 붙여서 불렀던 것이다. 노아와 그의 후손들도 이와 비슷했을 것이 예상되지 않겠는가? 오늘날 이라크의 티그리스 강과 유프라테스 강도 에덴동산에 있었던 유명한 강들을 따라 이름 붙여졌을 것이다.

여기에 성경의 어떠한 모순도 없다. 새로운 장소, 강, 민족들의 이름을 전에 사용했던 이름들을 다시 사용하여 불렀던 것이다.

<Bodie Hodge, http://www.creation.or.kr/library/itemview.asp?no=4608>

16

애굽의 열 가지 재앙 : 기적인가, 자연현상인가?

출애굽기 7장~11장에 걸쳐 기록되어 있는 애굽의 열 가지 재앙은 모두 하나님께서 일으키신 명백한 기적인가? 그렇다. 모세의 기록에 따르면 그것은 명백히 하나님이 행하신 기적이었다. 그러나 그레타 호르트의 주장에 의하면, 그것은 기적이 아니라 자연적 원인에 의한 자연현상들이었다는 것이다. 그녀의 이러한 주장은 1957~58년에 처음 출판되었고, 오늘날 성경 참고서적들과 백과사전 등에 광범위하게 인용되고 있다. 그러나 호르트의 생각은 2003년 브라드 스파크의 조사가 이루어질 때까지 독립적인 과학적 연구의 주제가 결코 되지 않았었다.

호르트의 주장에 따르면, 애굽의 첫 번째 재앙인 피의 재앙은 대량으로 번식한 붉은 색의 조류red algae 때문이었으며, 아비시니안 고원에 내린 폭우로 붉은 색의 토사들이 씻겨져 나일강으로 유입되면서 더 색깔이 붉게 되었다는 것이다. 그리고 이들 조류들은 물속에 산소 농도를 낮추어, 물고기들을 죽게 했으며, 어찌 해서 탄저균이 증식하도록 했다는 것이다. 그래서 개구리들이 병을 앓기 시작했고, 강을 떠나서(두 번째 재앙) 죽게 됐다는 것이다. 호르트에 의하면, 이의 재앙인 세 번째 재앙은 홍수 물에서 번식한 모기들이었다는 것이다. 네 번째 재앙은 무는 파리에 의한 재앙이었는데, 파리들은 나일강의 홍수가 물러가면서 남겨진 부패한 식물들에서 생겨났다는 것이다. 다섯 번째 재앙인 생축들에서 발생한 악질은 그녀의 주장에 의하면 죽은 개구리들로부터 전파된 탄저병이라는 것이다. 여섯 번째 재앙인 사람과 동물들에서 발병한 독종은 무는 파리에 의해서 전파된 피부 탄저라는 것이다.

또한 일곱 번째 재앙인 우박과 우렛소리(뇌성)의 재앙은 지역적으로 이상 기후 현상이 우연히 일치하여 일어난 것으로, 여덟 번째 재앙인 메뚜기의 재앙을 촉진시켰다는 것이다. 아홉 번째 재앙인 흑암의 재앙은 '캄신'으로 알려진 사막의 모래폭풍에 의해서 야기되었는데, 모래폭풍은 첫 번째 재앙에서의 붉은 색의 미세한 토사들을 대기 중으로 유입시켜 태양빛을 차단시켰고, 광범위했던 나일강의 홍수가 감퇴될 때 땅에 남겨지게 되었다는 것이다. 그리고 호르트가 주장하는 열 번째 재앙은 장자의 죽음이 아니라는 것이다. 그것은 '성경의 오기에서 기인'하였는데, 추수하고 남아 있던 마지막 첫 열매들이 손상됐던 것이라는 것이다.

호르트 이론의 치명적 결점들

1. 그녀의 조류 호르트 이론에서 중요한 요소는 '*Haematococcus pluvialis*'와 '*Euglena sanguinea*'라는 이름의 붉은 색의 두 조류algae이다. 그녀의 주장에 의하면, 이들 조류들은 흙탕물이었던 나일강물의 색깔을 '피 같이 붉게' 만드는 것을 증진시켰다는 것이다. 그러나 이들 두 조류는 혼탁하고 흐르는 물에서는 보통 붉은 색이 아니고, 녹색을 띤다. 그러므로 당시 이집트 사람들이 그것을 피의 재앙으로 오해하여 받아들이지 않았을 것이다.

100여 년이 넘는 연구기간 동안, 과학자들은 나일강에서 서식하는 400여종의 조류들 중에서 호르트가 말한 조류는 발견하지 못했고, 나일강 뿐만 아니라 동부 아프리카 전체에서 발견된 1,000여종의 조류들 중에서 위의 두 종은 발견되지 않았다. 그 조류들은 매우 드물고, 쉽게 죽으며, 얼음물에 사는 종들로서 아북극의 추운 기후에서 서식하며, 눈과 얼음물의 온도에 대한 '산업화의 지표'로서 사용되곤 한다. 또한 이들 조류들은 독성이 있거나 탄저병의 원인과는 거리가 멀다. 이들 조류들은 전 세계적으로 인간과 동물의 식량 공급원으로 사용된다.

2. 물고기들 물고기들이 호르트가 주장한 두 종류의 무독한 조류들 때문에 죽었을 가능성은 없다. 그들은 조류 증식으로 인한 산소결핍으로도 죽지 않았다. 왜냐하면 산소결핍은 조류들이 과도하게 번식한 후에 나타나는 현상인데, 흙탕물에서는 조류들의 과도한 번식이 일어날 수 없기 때문이다. 물고기들은 핏물 속에서는 살 수 없기 때문에 죽은 것이다.

3. 그녀의 붉은 진흙 나일강의 진흙은 붉은 색이 아니라, 갈색이다. 만약 호르트가 주장한 것처럼 흙먼지가 아홉 번째 재앙인 흑암의 재앙에서처럼 하늘을 뒤덮을 만큼 두꺼웠다면, 그것이 나일강 물에서 농축되었을 때는 수면 아래는 매우 어두웠을 것이다. 그때에 그녀가 주장하는 조류들은 즉시 죽어갔을 것이다. 왜냐하면 조류들은 식물이므로, 광합성을 위해서 햇빛이 꼭 필요하기 때문이다. 그러나 대기 중에 떠있는 흙먼지들은 이것을 방해했을 것이다. 마찬가지로 현탁되어진 진흙 입자들은 조류들에 달라붙어 응집을 유발했을 것이고, 조류들은 가라앉게 되었을 것이다. 이와 같은 이유로 인해서, 홍수의 정점에서 미사silt를 함유한 나일강의 홍수 물은 모든 종류의 조류들을 깨끗하게 청소했을 것이다. 스파크에 의하면 "호르트의 이론은

조류와 조류를 죽이는 미사들을 같이 필요로 한다." 그녀의 이론은 논리적으로 과학적으로 스스로 파멸되는 자멸이론인 것이다.

4. 그녀의 탄저병 탄저균은 강물에서 발생하는 것이 아니라, 토양에서 발생한다. 또한 이 균은 물고기(죽은 것이든, 살아있는 것이든)나 개구리 같은 물에 사는 수생생물에게는 감염을 일으키지 않는다. 탄저균은 수생생물이 아니라 포유류에 감염을 일으킨다.

5. 그녀의 무는 파리 무는 파리는 동물이나 사람에게, 그리고 죽은 동물에서부터 탄저병을 옮기지 않는다. 탄저병에 관한 의학 · 수의학 역사에서, 파리가 인간이나 소, 양 등을 물어서 탄저병을 감염시킨 사례는 지금까지 전 세계 어디에서도 보고 된 사례가 없다.

6. 나일강의 홍수 호르트는 어둠의 재앙을 가져왔던 땅을 뒤덮은 붉은 진흙/먼지를 일으킨 원인으로, 그리고 모기들과 무는 파리들의 번식을 가능하게 한 것으로 홍수 물을 주장하고 있다. 그러나 출애굽기에는 재앙이 있던 기간 동안에 홍수가 있었다는 어떠한 언급도 없다. 오히려 모세는 바로를 나일 강 가에서 만나고(출 7:15), 애굽인들은 마실 물을 구하기 위해 강 가를 두루 팠었다(출 7:24). 이것은 홍수가 난 강에 대한 기술이 아니다.

7. 그녀가 주장하는 사막의 붉은 먼지 폭풍 호르트는 개구리, 파리, 메뚜기 재앙들을 홍수에 기인한 것으로 주장하고 있다. 이 홍수는 또한 우박으로 인해 더욱 불어났다는 것이었다. 그리고 그녀는 캄신 폭풍으로 주장되는 사막의 붉은 먼지 폭풍을 주장한다. 홍수로 인해 물로 포화되었던 진흙들이 어떻게 건조되었는지, 그리고 어떻게 먼지로 바뀌어졌는지, 그리고 단지 짧은 시간 안에 대기 중으로

높이 올라갈 수 있게 되었는지를 설명하지 않고 있다. 애굽인들은 종종 사막의 폭풍을 경험하곤 했을 것이다. 바로는 사막 폭풍이 3일 정도 지속됐다 할지라도, 그것에 의해서 크게 영향받지 않았을 것이다.

8. '장자' 대신 '처음 난 열매' 이것은 호르트의 명백히 부정직한 해석으로, 그녀의 자연주의적인 이론을 실증하기 위해서 성경에 기록되어 있는 한 히브리어 단어를 완전히 틀리게 해석하고 있는 것이다. 그녀의 이와 같은 주장은 애굽 장자들의 죽음과 이스라엘 장자들의 구원에 대해 매우 자세히 설명하고 있는 두 장 반에 걸친 이후 출애굽기의 기록들(출 11:1~13:16)을 모두 무시해 버려야 한다는 주장인 것이다.

애굽의 열 가지 재앙을 '설명될 수 있는 자연현상들'로서 과소평가하고 있는 호르트(다른 모든 성경비판가들)는, 왜 이러한 '자연현상'이 그 당시 있었던 재앙과 비슷한 어떠한 것으로도 다시 반복되지 않았는지를 설명해야만 한다. 재앙들에 대한 자연주의적 해석은 심판주로서의 하나님의 역할을 없애 버리는 것이다. 또한 호르트는 지난 3,500여 년 동안, 왜 유대인들이 출애굽시 그들의 장자들이 살아남은 것을 기념하여 유월절을 지켜왔는지 숙고해야만 할 것이다.

기적과 관련하여, 기적을 일으킬 수 없는 신은 따를 가치가 없는 신이고, 행한 일들을 정확히 후대에 전할 수도 없는 신이다. 성경을 믿는 크리스천들은 오직 유일하시고 진정한 신이신 하나님만을 경배하여야 한다. 그분은 기적을 행하실 수 있는 창조주이실 뿐만 아니라, 우리에게 지켜야 할 법을 주시고, 심판하시는 분이시다. 그리고 무엇보다도 기쁜 소식은 그분을 믿고 신뢰하는 모든 사람들에게 구세주가 되신다는 것이다.

<Russell Grigg, http://www.creation.or.kr/library/itemview.asp?no=2525>

17

근친 간의 결혼 금지는 창세기의 내용과 모순되는가?

하나님은 근친 간의 결혼을 허락하셨는가, 금지하셨는가?

"아브라함이 이르되 이 곳에서는 하나님을 두려워함이 없으니 내 아내로 말미암아 사람들이 나를 죽일까 생각하였음이요 또 그는 정말로 나의 이복 누이로서 내 아내가 되었음이니라" (창 20:11~12)

"그의 자매 곧 그의 아버지의 딸이나 어머니의 딸과 동침하는 자는 저주를 받을 것이라 할 것이요…" (신 27:22) (또한 레 18:6~9 참조)

이 두 구절은 일부 사람들에게 명백히 모순처럼 보인다. 창세기에는 하나님의 축복을 받은 사람인 아브라함은 이복 누이와 결혼했었음이 기록되어 있다. 반면에 신명기에서 모세는 이스라엘 백성들에게 자신의 누이와 동침하는 자는 저주를 받을 것이라고 말하고 있다. 그렇다면 이것은 성경의 모순인가? 전혀 아니다.

그 이유를 이해하기 위해서, 우리는 태초의 아담과 하와에서 출발해야 할 필요가 있다. 아담과 하와가 몇 명의 자녀들을 두었는지 우리는 알지 못한다. 그러나 성경은 아담이 가인, 아벨, 셋 외에도 다른 자녀들을 낳았다고 기록하고 있다. "아담은 셋을 낳은 후 팔백 년을 지내며 자녀들을 낳았으며" (창 5:4). 따라서 사람의 수를 증가시키기 위해서, 그리고 생육하고 번성하여 땅에 충만하라는 하나님의 명령을 수행하기 위해서, 여동생들과 결혼을 했어야만 했다. 왜냐하면 주변에 다른 사람들이 없었기 때문이다! 그렇다면 이것이 근친 간의 결혼을 금지하신 하나님의 명령을 어긴 일일까? 확실히 아니다.

모세의 율법을 BC 1440년경까지 주어지지 않았다는 것을 명심할 필요가 있다. 이 시기는 창조 이후로 2,500년 이상이 지난 시기이며, 아브라함의 시대로부터도 400년 이상이 지난 시기였다. 그렇다면 하나님이 근친 간의 결혼을 금지시키신 이유는 무엇일까?

남녀 두 사람의 친족 관계가 가까우면 가까울수록, 그들의 부모들로부터 물려받은 유전자들에 유사한 오류들이 더 많아진다. 그러므로 근친 간에는 그들의 유전자에 유사한 오류들이 존재할 가능성이 높다. 만약 그들 두 사람이 결혼하여 아이를 낳는다면, 그 아기는 그들 부모들로부터 각 한 세트의 유전자들을 물려받게 된다. 이 유전자들은 유사한 오류를 가지고 있기 때문에, 그 오류가 합쳐져서, 그 아이는 장애를 유발할 가능성이 높다.

그러나 아담과 하와에게는 오늘날의 이러한 일이 적용되지 않았다. 처음 두 사람이 창조되었을 때, 그들은 완벽했다. 하나님은 지으신 그 모든 것들을 보시고 보시기에 "심히 좋았더라(very good)"라고 말씀하셨다(창 1:31). 그러나 아담의 범죄함으로 인하여(창 3:6) 죄가 이 땅에 들어왔고, 하나님은 이 세상을 저주하셨다. 그래서 완벽했던 창조 세계는 쇠퇴되기 시작했고, 고통과 죽음과 붕괴가 시작되었다(롬 8:22). 오랜 시간이 흐른 후에 이러한 쇠퇴는 살아있는 생물들의 유전자에서 발생되는 모든 종류의 오류들을 초래했던 것이다.

모세의 시대에 이르러(2,500여 년이 지난 후), 쇠퇴된 유전적 오류들은 사람들에게 상당한 양으로 축적되었고, 하나님은 모세의 율법을 통해서 남매(그리고 근친) 간의 결혼을 금지시키실 필요가 생겨나게 되었던 것이다(레위기 18~20장).

적절한 역사적 · 신학적 문맥으로 성경을 연구해 볼 때, 성경에 어떠한 모순도 없다는 것을 다시 한번 알 수 있는 것이다.

<Gary Vaterlaus, http://www.creation.or.kr/library/itemview.asp?no=4872>

18

신명기를 모세가 썼다면, 어떻게 그의 죽음이 기록될 수 있었는가?

신명기의 마지막 장인 34장(비교적 적은 12절로 되어 있음)에는 모세의 죽음이 기록되어 있다. 그렇다면 어떻게 자신의 죽음을 기록하고 있는 신명기의 저자가 모세가 될 수 있는가?

> "모세가 모압 평지에서 느보 산에 올라가 여리고 맞은편 비스가 산 꼭대기에 이르매 여호와께서 길르앗 온 땅을 단까지 보이시고… 이에 여호와의 종 모세가 여호와의 말씀대로 모압 땅에서 죽어 벧브올 맞은편 모압 땅에 있는 골짜기에 장사되었고 오늘까지 그의 묻힌 곳을 아는 자가 없느니라 모세가 죽을 때 나이 백이십 세였으나 그의 눈이 흐리지 아니하였고 기력이 쇠하지 아니하였더라 이스라엘 자손이 모압 평지에서 모세를 위하여 애곡하는 기간이 끝나도록 모세를 위하여 삼십 일을 애곡하니라…" (신 34:1~12)

모세는 성경의 처음 다섯 권인 모세오경의 저자로 간주되고 있다(신 31:24). 그러나 자유주의 신학자들은 모세가 이들 책의 진정한 원저자라는 주장과 풍부한 증거들을 거부해왔다. 모세오경에는 우주 만물의 창조와 아브라함, 이삭, 야곱(이스라엘)을 통하여 택하신 민족의 부르심과 함께 모세의 삶과 죽음이 포함되어 있다.

출애굽을 하고 광야 생활의 방황 끝에, 이스라엘의 자녀들은 약속의 땅을 눈앞에 두게 되었다. 이 시점에서 모세가 가지고 있던 지도자의 권위는 여호수아에게 넘겨졌다(신 31:23). 여호수아는 모세 없이 이스라엘 백성들을 그들의 새로운 땅으로 이끌고 들어갔다.

> "여호와께서 그에게 이르시되 이는 내가 아브라함과 이삭과 야곱에게 맹세하여 그의 후손에게 주리라 한 땅이라 내가 네 눈으로 보게 하였거니와 너는 그리로 건너가지 못하리라 하시매" (신 34:4)

모세는 약속의 땅을 본 후에 죽었고, 하나님에 의해서 묻혔다(신 34:5~6). 만약 모세가 죽었다면, 어떻게 그의 죽음을 기록하고 있는 신명기가 그가 쓴 책으로 간주될 수 있을까?

구약의 책들이 기록되던 시기에 책들은 두루마리scrolls로 쓰여졌다. 한 책의 끝과 다음 책의 시작은 명확히 구분되지 않았다. 구약에 대한 현대 번역본들에서, 어떤 장의 마지막 구절이 다음 장의 첫 구절로 간주되는 많은 예들이 있다. 이것은 실수를 의미하는 것이 아니라, 그 경계 구분이 달랐다는 것을 의미한다.

마찬가지로, 텍스트의 완전성을 손상시키지 않고, 신명기의 마지막 장은 쉽게 여호수아의 첫 장으로 간주될 수 있다. 이것이 추론되는 모순에 대한 하나의 가능성 있는 설명이다.

또 하나의 가능성은 신 33:29절에서 모세의 마지막 축복의 말들을 기록했던 또 다른 저자가 모세가 죽은 이후에 그의 이야기를 완성시켰다는 것이다. 하나님의 감동으로 영감받은 그는 이 모세의 마지막 활동들을 기록하였고, (모세의 마지막 책인) 신명기에 적어 넣었다는 것이다. 정확하게 그 사람이 누구인지는 논란이 되고 있다. 그 사람이 여호수아일지, 에스라일지, 엘르아살일지, 아니면 어떤 다른 사람일지 모르지만, 그가 모세의 삶을 간단한 설명으로 마무리했다는 것이다.

장들을 재조정하거나(신명기의 마지막 부분을 여호수아로), 또 다른 저자가 신명기의 마지막에 작은 부분을 추가했다고 생각한다면, 성경에 어떠한 모순도 없다. 성경의 진실성은 이 문제에 관한 이러한 설명으로 흔들리지 않는다. 만약 당신이 어떤 책을 쓰고 있던 도중에, 또는 개인적 메모들을 남기고 있다가 죽었다면, 그리고 어떤 이가 그 원고들을 책으로 출간하면서 당신의 죽음에 대한 기록을 마지막으로 추가하였다면, 그 책의 저자는 당신으로 간주될 것이다.

<Roger Patterson, http://www.creation.or.kr/library/itemview.asp?no=4723>

19

성경을 훼손하고 있는 사기적인 문서가설 (JEDP 가설)

위조된 학문에 의거하여, 모세의 창세기 관련성을 부정하는 치명적인 가설이 미래에 기독교 지도자들이 될 사람들에게 아직도 널리 가르쳐지고 있다.

거의 모든 자유주의 기독교대학 및 신학교, 그리고 보수적인 복음주의적 교리신앙을 고백하는 일부 대학들조차 안타깝게도 'JEDP 가설'로서 알려져 있는 '문서가설(documentary hypothesis, 문서설)'에 동조하여 이것을 가르치고 있다.

문서가설이란 무엇인가?

이 가설은 모세가 창세기로부터 신명기까지(모세오경) 기록했다는 것을 부정하는 자유주의적 · 비판적 견해이다. 이 가설은 여러 익명의 저자들이 모세 생존(모세가 실존인물인 것도 의심하지만) 이후 최고 900년에 이르기까지 몇 세기 동안 구전으로 내려온 것들 중에서, 이 다섯 권의 책들을(다른 구약성경 부분들도) 편집했다고 가르친다. 이 가설에 의하면 그들 편찬자들은 다음과 같이 지명된다 :

◦ J(문서가설을 세운 사람들이 이 편찬자를 야위스트Jahwist라고 명명한 것을 상징)는 아마 대략 BC 900~850년에 살았을 것으로 추정한다. 그(그녀/그들)는 바벨론과 다른 국가들의 신화와 전설들을 모으고, 그것들에 히브리 사람들이 '모닥불 가에서 들려주던 이야기'를 추가하여, 하나님의 이름으로 옛 히브리어 문자인 YHWH('여호와', 'Jehovah')를 사용하는 성경 구절들을 썼다.

◦ E(엘로히스트Elohist를 상징)는 아마도 북왕국 이스라엘에서 대략 BC 750~700년경에 살았고, 하나님의 이름으로 '엘로힘Elohim'이 사용된 성경 구절들을 썼다.

◦ D는 아마도 BC 621년에 예루살렘 성전에서 발견된(왕하 22:8) 신명기의 대부분을 썼다.

◦ P는 바벨론 포로시절에 살았던 한 제사장(또는 제사장들)을 나타내며, 백성들을 위한 신성한 법전으로 구성되었다고 주장된다.

◦ R(독일어 문필가Redakteur로부터 따옴)은 아마도 그것을 모두 집대성했을 것으로 추정하는 여러 편집자들이다.

이 책들의 원저자들이 다수라는 생각은 최초로 1753년에 파리의(의사였던) 쟌 아스트룩에 의해 제안되었다. 그러나 가장 대표적 인물은 "그 당시 철학연구 모임들에서 만연되어 있던, 역사를 진화론적 시각에서 바라보았던… 문서가설을 재차 말했던" 율리우스 벨하우젠(Julius Wellhausen, 1844~1918)이었다. 그는 정통적 교리(유일신 하나님, 십계명, 성막 등)를 다루었던 구약성경의 일부를 살아계신 하나님에 의해 계시된 진리가 아니라, 다신교, 정령설, 조상숭배 등 낮은 상태의 사고 수준으로부터 발전된 것이라고 주장했다. 따라서 모세 이후의 저자들을 찾거나 이들을 날조해낼 '필요'가 있었다. 주된 주장들 중 하나는 모세시절에 아마도 이 성경구절들은 아직 창작되지 않았다는 것이었다.

따라서 문서가설은 창세기의 창조/타락/홍수 이야기뿐만 아니라, 이스라엘 족장들 전체의 역사적 사실성을 훼손하고 있다. 그것은 구약성경 전체가 하나의 거대한 문학적 사기임을 전제로 하고, 모세의 온전함뿐만 아니라, 예수님의 신성과 진실성을 의심하도록 만들고 있었다. 성경비판가들이 이 가설을 그토록 따뜻하게 받아들였던 것은 놀라운 일이 아니다!

모세는 J, E, D, P 또는 R이었는가?

아니다. 모세는 위의 어느 것도 아니었다. 오히려 모세 자신이 오경(Pentateuch. 창세기, 출애굽기, 레위기, 민수기, 신명기)의 저자이자 편집자였다. 이 다섯 권의 책들은 알려지지 않은 사람들에 의해서 바벨론 포로기에 만들어진 것이 아니라, BC 1400년 경에 모세에 의해서 저술된 것들이었다. 이 말은 모세가 입수 가능한 문서들을 사용하지 않았다거나, 그의 죽음을 기록한 신명기 34절의 마지막 몇 구절들을 그가 썼다는 것을 의미하지는 않는다. 그 구절들을 신의 영감에 의해 여호수아가 추가했다고 탈무드 전승에 전해져오고 있다.

J, E, D, P 또는 R 가설을 지지하는 어떠한 외부적 증거도 없다. 도대체 그들의 이름은 무엇이었는가? 이 의심스러운 문학자들이 쓴 기록이 그 밖에 무엇이 있었는가? 전혀 없다. 세속적 역사나 이스라엘 역사 모두에서 그들에 대한 어떠한 기록도 알려져 있지 않다. 그들은 단지 문서가설의 발명자들만이 품고 있었던 풍부한 상상 속에서만 존재하는 인물들인 것이다.

모세가 오경의 원작자라는 증거

성경에서 '율법'('the Law', Hebrew torah)으로 자주 언급되어 있는

오경을 모세가 썼다는 증거는 압도적이다:

1. 벨하우젠과 기타 다른 사람들의 견해와는 반대로, 고고학적 연구들은 모세 시대에도 기술된 문서들이 정말로 잘 알려져 있었음을 입증하고 있다. JEDP 가설은 인근 국가들이 모세 시대 이전부터 그들의 역사와 종교를 문서 기록으로 남겼음에도 불구하고, 유독 이스라엘 민족만이 국가 수립 후 몇 세기가 지날 때까지도 그들의 역사와 법률을 문서화하지 못했다는 근거 없는 추정을 하게 한다.
2. 저자는 분명히 그 지역의 지리학과 동식물상에 익숙했으며, 분명히 이집트로부터의 출애굽을 한 목격자였다. 그는 여러 이집트 단어들을 사용하였고, BC 2천년 전의 풍습들을 언급하고 있었다.
3. 오경은 모세가 저자임을 여러 곳에서 주장하고 있다. 예를 들면, 출 17:14, 24:4~7, 34:27, 민 33:2, 신 31:9, 22, 24 등이다.
4. 구약성경의 나머지 부분에서도 모세가 저자였음이 자주 언급되어 있다, 예를 들면, 수 1:7~8, 8:32~34, 삿 3:4, 왕상 2:3, 왕하 14:6, 21:8, 대하 25:4, 스 6:18, 느 8:1, 13:1, 단 9:11~13 등의 기록이 그것이다.
5. 신약성경에서도, 예수님은 모세의 집필 혹은 모세의 법에 대해 자주 말씀하셨다. 예를 들면, 마 8:4, 19:7~8, 막 7:10, 12:26, 눅 24:27, 44, 요 5:46~47, 7:19 등이다. 예수님은 **"모세와 선지자들에게 듣지 아니하면(즉, 거부하는 사람들은) 비록 죽은 자 가운데서 살아나는 자가 있을지라도 권함을 받지 아니하리라"**고 말씀하셨다(눅 16:31). 따라서 모세가 집필했다는 역사적 확실성을 부인하는 교회와 신학교들은 역시 종종 예수 그리스도의 문자 그대로의 몸의 부활도 부인하는 것을 보게 된다.
6. 신약성경의 다른 저자들도 같은 말을 하고 있다. 예를 들면, 요 1:17, 행 6:14, 13:39, 15:5, 고전 9:9, 고후 3:15, 히 10:28 등이다.

이것은 모세가 이전의 어떠한 정보도 참조하지 않고 창세기를 썼다는 것을 의미하는가? 반드시 그렇지는 않다. 창세기는 모세 출생 이전에 발생했던 역사적 사건들의 이야기를 포함하고 있다. 모세는 아마도 족장들의 기록과 또는 이 사건들의 신뢰할 만한 구전들을 매우 잘 입수했었을지도 모른다. 그 경우에 이런 기록들은 이미 문자화되어(아마도 점토판에) 확실히 보존되었을 것이고, 아담－셋－노아－셈－아브라함－이삭－야곱 등을 경유하여 부자간에 대대로 전해져 내려왔을 것이다.

창세기에는 "족보(내력, 계보)는 이러하니라"라는 구절이 11번이나 등장한다. (KJV 참조: 창 2:4, 5:1, 6:9, 10:1, 11:10, 11:27, 25:12, 25:19, 36:1, 36:9, 37:2). '족보generations'로 번역된 히브리 단어 '톨레돗toledoth'은 또한 '기원', '역사' 또는 심지어 '가족사'를 의미할 수 있다. 그리고 각 구절은 호명되는 사람이 연루된 역사적 사건들의 앞이나 뒤에 따라 나온다. 가장 가능성 있는 설명은 아담, 노아, 셈 등 각 사람들이 그들의 생애 동안 또는 이전에 발생했던 사건들을 기록했고, 모세는 성령의 확실한 영감으로 이 기록들을 선택하고 모으고 편집하여 현재 일맥상통한 상태의 창세기를 만들어냈다는 것이다.

창세기는 벨하우젠의 진화론이 요구하는 것처럼 우상숭배로부터 유일신으로의 진행을 보여주지 않는다. 오히려 성경은 처음부터 하나님의 계시로 시작하고, 이후에 이스라엘 민족이 우상숭배에 빠져 하나님을 거부하고, 결국 하나님에 의해 바벨론에게 포로로 넘겨지게 되는 것이다.

하나님에 대한 호칭으로 다른 단어들이 사용된 것은 무엇인가?

창세기 1장과 2장에서 이 점에 대해 생각해 보자. 단어 'Elohim(엘로힘)'은 창세기 1:1절에서 2:4a까지 하나님에 대한 호칭으로 25번 사용되었다. 이 호칭은 만물을 창조하시고 다스리시고 권능과 주권을 가지신, 창조했던 물질세계보다 상위에 계시는 전능하시고 경외스럽고 신실하신 존재라는 개념을 가지고 있다. 이것은 매우 높은 호칭(=하나님, God)이며, 하나님의 창조적 활동에 대한 최초의 실제적 기록을 위해 모세가 사용했던 적절한 단어였다.

창세기 2:4절부터, 하나님을 언급할 때는 히브리어로 문자 'YHWH(야훼, YAHWEH)'를 사용한다. 때때로 이것은 'Jehovah(여호와)'로 번역되며, 더 자주 'Lord(주)'로 번역되는데, 이것은 구약성경에서 하나님을 나타내는 가장 일반적으로 사용되었던(6,823번) 용어이다. 그 단어는 '항상 계셨고, 현재도 계시며, 앞으로도 계실 분'을 뜻하며, 하나님의 매우 개인적인 이름이시다. 그러므로 사람들과의 개인적이고 계약적인 관계를 나타낼 때 사용된다.

창세기 2:4b 이후에는 하나님이 아담과 하와를 지으셨던 방법과 그가 그들을 위해 준비했던 배경이 상세하게 설명되고 있다. 여기에서 아담과 하와는 하나님과 그리고 서로 간에 사랑의 계약적 교제 가운데 살아가야 하는 것을 의미한다. 그러므로 모세가 창세기의 이 부분에서 하나님의 호칭으로 야훼를 사용했던 것은 매우 적절했다.

창세기 2장에서 야훼는 엘로힘에 연결되어 합성 이름인 YHWH-Elohim(= 여호와 하나님, Lord God)을 형성한다. 이 이름은 유일신으로서 약속의 하나님 야훼가 전능하신 창조자인 엘로힘과 동일하다는 것을 확인하는 것이다. 따라서 이 구절을 서로 다른 저자들의 것이라고 주장할 어떠한 논리적인 이유(하나님의 호칭으로 사용된 단어에 의거하여)도 없는 것이다.

같은 원리가 창세기의 나머지 부분과 구약성경 전체에 적용된다. JEDP 가설 체계는 자기 모순적이다. 그 가설의 옹호자들은 하나 이상의 하나님 호칭을 사용하는 절들을 항들로 분할하고, 심지어 한 문장 안에 있는 호칭이 다른 부분들을 다른 저자들의 것이라고 인정해야만 하게 되었다. 이러한 뒤죽박죽은 고대 중동의 문헌들에서 찾아보기 힘든 유일한 것이다.

만일 이 문서가설이 다른 어느 고대 책에 적용되었다면, 이 가설을 장려하기 위한 '학문'은 일고의 가치도 없는 웃음거리가 되었을 것이다!

결론

결국 창세기의 저자는 모세를 사용하신 하나님이었다. 이 말은 하나님이 '타자수'로서 모세를 사용했다는 것을 의미하지는 않는다. 오히려 모세가 출생하던 날부터 하나님은 그의 작업을 위해 모세를 준비시키셨던 것이다. 때가 되었을 때, 모세는 모든 필요한 자료들을 가지고 있었고, 창세기에 포함시켜야 할 것과 버려야 할 것들에 대하여 실수 없이 성령의 도움을 받았다. 이것은 알려진 역사와 일치하며, 더불어 성경의 주장과 원리(딤후 3:15~17, 벧후 1:20~21)에도 일맥상통한다.

반면에 사기적인 JEDP 가설에는 어떠한 역사적 증거도 없으며, 영적, 신학적 기반도 없다. 이 가설의 내용은 완전히 틀렸으며, 그것을 장려하는 '학문'은 전적으로 가짜이다. 진화론에 기대어, 이 가설은 오직 하나님 말씀의 권위를 훼손하기 위해 존재할 뿐이다.

<Russell Grigg, http://www.creation.or.kr/library/itemview.asp?no=3249>

컴퓨터는 창세기를 1명의 저자가 쓴 것을 지지한다

1982년 8월의 옴니 잡지에는 다음과 같은 글이 실렸다.

"이스라엘 테크니온 대학의 연구진들은 창세기에 등장하는 20,000개의 히브리 단어들을 컴퓨터에 입력한 후에, 6개 문자 이상으로 구성된 동사들과 많은 단어들로 끝나는 많은 문장들을 발견했다. 이 프로젝트의 책임자인 예후다 라다이는 이러한 특유한 패턴들이 몇 번이고 거듭 나타나기 때문에, 창세기의 저자는 단일 저자인 것 같다고 말한다. 이스라엘에서 실시된 그들의 철저한 컴퓨터 분석을 통해서 창세기는 82%의 확률로 단일 저자가 쓴 것으로 제안되었다."

이와 같은 점토판clay tablets들은 장기적으로 문서를 기록하는 데에 있어서 이상적인 수단이었다. '딱딱한 큰 돌'과는 달리, 이 점토판들은 한 손으로도 잡을 수 있었다. 족장의 기록들이 노아의 방주에 실리었고, 그 후에 모세가 창세기를(영감에 의해) 편집할 때 사용되었을지도 모른다.

20

사랑의 하나님은 왜 여리고 성 사람들의 진멸을 명하셨는가?

여리고 성에 거주했던 사람들에 대한 대량학살은 주의 깊은 독자들에게 여러 의문을 불러일으킨다. 고등비평가들은 오랫동안 성경과 고고학적 자료들 사이에 충돌이 있다고 주장해왔다. 그래서 성경에 기록된 내용들은 역사적 사실이 아니라, 단지 과장되고 포장된 신화에 불과하다는 것이다. 또한 일부 자유주의 사상가들은 신약성경의 신은 사랑, 관용, 인내의 신인 반면에, 구약성경의 여호와는 변덕스런 욕망을 만족시키기 위하여 회유와 피의 희생을 요구했던 신이라고 주장하고 있다. 그리고 무신론자들은 만약 신이 존재한다면, 성경에 기록된 하나님은 전쟁광이고, 여성들과 천진난만한 아이들까지도 죽이는 잔인한 살인자라고 주장하면서, 자신들의 주장이 옳다는 것을 기독교인들에게 '입증'하기 위해서 성경의 이 부분을 사용한다. 그래서 성경의 하나님은 자신의 커다란 자아를 만족시키기 위하여 예배와 존경을 강요하는 경배할 만한 가치가 없는 신이라는 것이다.

심지어 많은 신실한 기독교인도 이 성경 구절의 부끄러움 없는 적나라한 기록에 대해서 약간의 불편함을 느끼고 있다. 이 부분은 선하시고 자비로우신 하나님과 이 세상의 존재하는 악 사이에 관계를 정립하는 데에 갈등을 야기시키고 있다. 특별히 여자들과 아이들까지 진멸하라는 말씀 부분에서 그러하다.

> "그 성 안에 있는 모든 것을 온전히 바치되 남녀 노소와 소와 양과 나귀를 칼날로 멸하니라" (수 6:21)

비록 우리가 여러 면으로 해석해 보려고 노력해보지만, 약탈을 일삼는 유목민인 이스라엘 군대를 이끄는 여호수아의 발 아래 짓밟히고 있는 여리고성 사람들이라는 딜레마를 피할 수 없어 보인다. 그리고 그것은 하나님을 직접적인 범죄로부터 피할 수 있게 해드리는 어떤 종류의 변형된 허락 또는 금지로 여길 수도 없어 보인다. 사실 그러한 행동은 특별한 목표를 가진 주의 깊게 계산된 행동이었다. 하나님은 그것을 명령하셨고(신 7:2), 여호수아는 그것을 수행했다(수 6:21).

이 이야기의 배경은 "아모리 족속의 죄악"으로 표현된 창 15:16절과 관련 있는 것처럼 보인다. 가나안 땅을 점령했던 민족들은 문화와 관습에 있어서 끔찍할 정도로 타락하고 부패해서 하나님의 심판이 즉각적으로 임하게 되었다. 우리는 모세의 기록으로부터 하나님이 오랜 인내를 끝내시고 이제 행동을 하시기 위하여 준비하고 계시는 중이셨음을 알 수 있다.

> "그 땅도 더러워졌으므로 내가 그 악으로 말미암아 벌하고 그 땅도 스스로 그 주민을 토하여 내느니라" (레 18:25)

모세의 글들 여러 곳에서 아모리 족속은 팔레스타인(블레셋) 전체를 대표하는 족속으로 여호와께서 여기고 계시는 것으로 나타난다. 더군다나 그들은 너무도 타락하여 마치 땅도 스스로 토하여낼

정도로 부패했다고 표현하고 있었다.

최근 우가릿에서 발견된 문서들은 그곳이 우상숭배, 남색, 수간, 마법, 아이제물 등으로 가득했다는 것이 밝혀져 성경 기록을 확증해 주고 있었다. 따라서 여리고의 각 세대는 다음 세대에게 우상숭배, 타락한 문화, 성병이나 전염병 등을 전해줄 수 있었다. 우리는 신명기 18:9~12절의 말씀을 어제 뉴스를 읽는 것처럼 무감동과 무관심하에 읽어서는 안 된다.

> "네 하나님 여호와께서 네게 주시는 땅에 들어가거든 너는 그 민족들의 가증한 행위를 본받지 말 것이니 그의 아들이나 딸을 불 가운데로 지나게 하는 자나 점쟁이나 길흉을 말하는 자나 요술하는 자나 무당이나 진언자나 신접자나 박수나 초혼자를 너희 가운데에 용납하지 말라 이런 일을 행하는 모든 자를 여호와께서 가증히 여기시나니 이런 가증한 일로 말미암아 네 하나님 여호와께서 그들을 네 앞에서 쫓아내시느니라" (신 18:9~12)

부모들은 그들의 아이를 몰록(몰렉) 신에게 불로 태워 드렸다. 유아를 희생제물로 드리는 행위는 고대의 한 종족에 있었던 불행한 관습 이상의 것이다. 그것은 자신들 스스로를 짐승으로 여기며 타락했던 사람들에 의해서 저질러지던 비틀린 의식이었다. 가나안의 문화는 오늘날 여성의 낙태할 수 있는 권리를 주장하는 그러한 수준의 종교적 행사가 아니었다.

여리고의 문제는 쉽게 풀려질 수 있다. 하나님은 성경을 통해 그분 자신을 우리에게 나타내고 계셨다. 모세에게 스스로 나타나신 하나님은 그분의 성품을 이렇게 말씀하셨다 :

> "여호와께서 그의 앞으로 지나시며 선포하시되 여호와라 여호와라 자비롭고 은혜롭고 노하기를 더디하고 인자와 진실이 많은 하나님

이라 인자를 천대까지 베풀며 악과 과실과 죄를 용서하리라 그러나 벌을 면제하지는 아니하고 아버지의 악행을 자손 삼사 대까지 보응하리라" (출 34:6~7)

오래 참으심, 공평, 자비, 인내 등에서 하나님의 성품을 볼 수 있지 않은가? 하나님은 반사적인, 그리고 변덕스러운 행동을 결코 하지 않으시는 분이다. 그러나 동시에 하나님은 그의 창조물에 대한 우주적 권위를 가지고서, 그분이 하시고자 하는 때에 그분의 뜻을 행하시는 창조주로서의 권리를 남겨두고 계신다. 아브라함이 소돔과 고모라의 백성들을 용서해달라고 하나님께 탄원하면서, "… 세상을 심판하시는 이가 정의를 행하실 것이 아니니이까" (창 18:25)라고 주장했을 때 그랬다. 따라서 그 문제의 답은 성경에 나타나 있었던 것처럼 하나님의 특성에 달려 있는 것이었다. 하나님에 의한 대량학살이 정당성이 있었던 때가 일찌기 있었는가? 대답은 틀림없이 '예'이다. 왜냐하면 전 지구적인 홍수 심판이 있었기 때문이다. 하나님의 경고가 전혀 받아들여지지 않는다면, 하나님의 오랜 참으심은 언젠가 심판하심으로 바뀌게 된다는 것을 성경은 분명히 보여주고 있다.

「하나님을 바로 알자」에서 토저(A.W. Tozer)는 이렇게 말하고 있다 :

"어느 곳에서든지 기독교 교회가 소멸되어가기 전에, 먼저 교회의 가장 근본적인 신학에 있어서 부패가 일어난다. 교회가 "하나님은 어떠한 분이신가?"라는 질문에 잘못된 대답을 하기 시작하는 것이다. 비록 교회가 건전한 명목상의 교리를 고수하고 있을지라도, 실제적인 행동 교리들은 잘못될 수 있다. 그래서 대부분의 교회 신도들이 실제의 하나님과 다른 하나님을 믿게 되는 것이다. 이것이 가장 음흉하고 치명적인 종류의 이단이다."

여기 바울 사도의 말씀은 우리에게 성경적인 하나님의 특성과 성품을 생각해보도록 하는 데에 도전이 되고 있다 :

> "그러므로 하나님의 인자하심과 준엄하심을 보라 넘어지는 자들에게는 준엄하심이 있으니 너희가 만일 하나님의 인자하심에 머물러 있으면 그 인자가 너희에게 있으리라 그렇지 않으면 너도 찍히는 바 되리라" (롬 11:22)

<Steve Fazekas, http://www.creation.or.kr/library/itemview.asp?no=4463>

21

여호수아의 긴 하루

난해한 성경 구절의 의미에 관한 토론이 있을 때마다 핵심적인 문제는 성경 기자가 전달하고자 했던 진정한 의도가 무엇이었을까를 파악하는 데로 귀결된다. 여호수아서는 BC 1400년경, 이스라엘 민족의 가나안 정복과 열두 지파들의 땅 분배 사건을 상세히 기록하고 있다. 그래서 저자는 그때의 일을 명백한 역사적 사건으로 설명하고 있다. 그것은 아모리족 다섯 왕의 연합군과 이스라엘 군과의 사이에 벌어졌던 전투 중에 태양이 운행을 멈췄다는 사건이었다. 여호와 하나님의 도움으로 이스라엘 군은 싸움에서 이기고 있었으나, 완전한 승리를 위하여 낮 시간을 더 많이 필요로 했다.

여호수아 10:12~13절을 보면,

"여호와께서 아모리 사람을 이스라엘 자손에게 넘겨 주시던 날에 여호수아가 여호와께 아뢰어 이스라엘의 목전에서 이르되 태양아 너는 기브온 위에 머무르라 달아 너도 아얄론 골짜기에서 그리할지어다 하매 태양이 머물고 달이 멈추기를 백성이 그 대적에게 원수를 갚기까지 하였느니라 야살의 책에 태양이 중천에 머물러서 거의 종일토록 속히 내려가지 아니하였다고 기록되지 아니하였느냐"

그것은 정오 또는 정오를 조금 지난 시점으로 생각된다. 그리고 성경 기자는 태양이 완벽한 하루 동안 머물러 있었다고는 말하지 않는다. 그러나 많은 주석가들은 하루 한 나절을 뜻하기보다는 대략 24시간을 뜻한다고 보고 있다.

여러 다른 문화권이 이 사건에 근거를 둔 것처럼 보이는 전설들을 가지고 있다. 예를 들어, 그리스 신화에 따르면, 아폴로의 아들인 파에톤은 태양의 행로를 하루 동안 방해한 적이 있었다. 여호수아 10장이 역사적인 사실이라면, 지구의 반대편에 있는 문화권에서는 '긴 밤'에 관한 전설들이 전해져 내려와야 마땅할 것이다. 사실상, 뉴질랜드의 마오리 사람들은 그들의 영웅 마우이가 태양이 뜨기 전에 일출 시간을 멈췄다는 전설을 가지고 있다. 다른 한편, 멕시코의 쿠아우티틀란 연대기에는 밤 시간이 연장되었다는 기록이 나타나 있다.

이 대목에서 간과해서는 안 될 점은 아모리 족속은 태양과 달을 숭배했다는 사실이다. 그들의 신이 어쩔 수 없이 이스라엘의 하나님에 복종한다는 사실은 아모리 족속한테는 말도 안 되는 경험이었음에 틀림없었을 것이다. 이것은 왜 하나님께서 그때 즉, 이스라엘 민족이 가나안 땅을 정복하기 시작한 초기에 그러한 특별한 기적을 행하셨는지에 대한 합당한 이유가 될 것이다.

지구중심설(천동설)과 상황 언어

여호수아가 태양의 운행을 멈추라고 말했다고 해서 그의 명령이 지구중심설(즉 태양이 지구 주위를 돈다는 설)을 지지하고 있는 것은 아니다. 왜냐하면 성경은 상황과 관측의 언어를 사용하기 때문이다.

오늘날에도 사람들은 이와 꼭 같이 말하고 있다. '일출과 일몰' 시간을 알리는 TV 아나운서의 일기예보를 준비하는 과학자들이 그런 예다. 사실, 태양뿐만이 아니라 달에게도 멈추라고 명한 사실은 움직이는 것은 지구라는 것에 대한 사실성과 그 근거의 신성한 출처를 우리에게 확증시켜주는 것처럼 보인다. 이는 여호수아가 원했던 것이 오로지 긴 낮 시간뿐이었기 때문이었고, 당대의 고대인들은 움직이는 것이 지구가 아니고 태양이라고 믿고 있었으므로, 만약 어떤 상상의 이야기를 지어내려고 하는 사람이라면 태양이 멈췄다고만 말하면 되었을 것이기 때문이다.

NASA와 잃어버린 하루

NASA 과학자들이 컴퓨터를 사용하여 행성들의 위치를 조사했을 때 역사상 하루가 빠져 있다는 사실을 발견했다는 이야기들이 떠돌곤 한다. 그러나 그 이야기는 하나의 '도시의 신화'로 여겨지는 잘못 전해진 이야기로 보인다. 이 근거가 분명치 않은 연구는 결코 발표되지 않을 것이다. 그러한 계산을 하려한다면, 우선 그 잃어버린 어떤 날이 실제로 있기 이전의 행성들의 위치는 물론이고, 그 이후의 위치도 알고 있어야 할 필요가 있기 때문이다. 그런데 그것은 불가능한 일이다.

1890년 찰스 토튼은 나름의 계산도 없이 하루가 사라졌다는 것을 증명하기 위해 「여호수아의 긴 하루」라는 책을 썼는데, 여기에서도 이와 비슷한 생각을 하고 있었다. 그 모든 계산들은 단지 태양과 달이 과거 어느 때에 실제로 어디에 있었느냐가 아니라 (태양과 달의 운행속도가 변함없다는 전제하에서 현재의 운행 위치에 근거를 두고 계산하여), 그 때 태양과 달이 어디에 있었어야만 했는가를 제시할 수 있었을 뿐이다.

그러면 실제로 무엇이 일어났었는가?

이 질문에 대한 대답은 3가지 주된 범주로 나누어 제시될 수 있을 것이다.

1. 태양과 달로부터 발원하여 지구에 도달되는 빛의 굴절 형태 이 관점은 하나님께서 기적을 행하셔서 '대략 하루 동안' 가나안 땅에 태양빛과 달빛이 계속 비치도록 하셨다고 생각하는 것이다. 이 의견을 지지하는 사람들은 다음과 같은 점들을 지적하고 있다.

a. 여호수아가 필요로 했던 것은 빛이지 지구운행이 지연이 아니었다.

b. 하나님께서 노아에게 언약하시기를 "땅이 있을 동안에는 …낮과 밤이 쉬지 아니하리라" (창 8:22) 하셨다. 이 말씀은 인간역사의 종말까지 지축중심의 지구자전을 멈추게 하지 않으시겠다는 하나님의 언약으로 해석될 수 있다. (그렇지만 지구 자전속도에 대한 일시적인 지연까지 배제시킨 것 같지는 않다.)

c. 히스기야의 통치 당시 아하스의 일영표의 해 그림자를 10도 물러나게 하셨던(왕하 20:11) 기적은 어떤 형태의 빛의 굴절로 보인다. 이것은 팔레스타인 땅에서만 있었던 하나의 사건처럼 보인다 ("바벨론 방백들이 히스기야에게 사신을 보내어 그 땅에서 나타난 이적을 물을 때에…" (대하 32:31).)

2. 지구 자전축 방향의 흔들림 이 대목은 지구의 자전축이 흔들려 궤도가 천천히 S자 형태로, 또는 원의 형태로 운행했던 것을 뜻한다. 그런 사건은 어떤 관측자한테는 태양과 달이 운행을 멈춘 것처럼 보일 수도 있었을 것이다. 그렇다고 해서 반드시 지구자전의 회전속도가 실제로 감소되는 것을 뜻할 필요까지는 없다.

또 이런 의견도 있다. 즉, 지구와 화성의 궤도가 바로 그 날 근접했던 까닭에 일어난 사건일 수 있다는 것이다. 그런데 이것은 문제가 있다. 이런 의견을 제시하는 사람들은 고대의 화성 궤도가 현재의 궤도와는 사뭇 다르다는 가정을 전제하여야만 한다는 것이다. 그런데 이런 일이 실제로 있었다는 증거는 없다. 그밖에 몇 가지 제시된 원인들로는 지구에 소행성들이 충돌했을 가능성에 관한 것들이다.

3. 지구자전의 지연 이 의견은 하나님께서 지구의 자전을 지연시키신 결과로 24시간이 아니라, 48시간 동안 일대 변혁을 일으키셨다는 것이다. 동시에 하나님께서는 이로 인해 당연히 일어날 수 있는 거대한 파도의 격랑과 같은 자연계의 격변을 멈추셨다는 것이다. 그러나 몇몇 사람들은 다음과 같은 잘못된 가정들을 주장하면서 이 의견에 반대하였다. 즉, 만약에 지구자전의 속도가 늦춰지면 사람은 물론, 땅 위에 고착되어 있지 않은 모든 사물들은 공간 속으로 내동댕이쳐질 것이라는 것이다. 그러나 얼핏 보아 사물들을 지구 밖으로 내동댕이치려는 경향을 가지고 있을 것 같은 원심력의 힘은 지구중력의 약 300분의 1에 불과하다는 사실이다. 만약 지구 자전이 (갑자기 또는 천천히) 멎는다면, 그 외부로 향하려는 '힘(원심력)'은 멈추게 되어, 실제 우리들은 중력으로 더욱 단단히 붙잡혀지게 될 것이다.

적도상에서 측정되는 지구자전의 속도는 1,600km/h이다. 지구중력을 벗어나는 데 필요한 속력은 약 40,000km/h이다. 만약에 지구의 자전속도가 이렇게 빠르다면, 지구자전이 갑자기 또는 천천히 멈추는 것과는 상관없이 우리들은 그냥 그대로 대기권으로 내동댕이쳐질 것이다.

지구상에서 1,600km/h로 달리는 사람들이나 사물들의 운동량은 어떨까? 100km/h로 달리는 자동차의 제동시간이 수초 이내라면, 차는 안에 타고 있는 사람들이 안정한 상태로 멈출 것이다. 그리고 1,600km/h로 달리는 물체에 타고 있는 사람들도 제동시간이 수분 이내라면, 이 물체가 멈출 때 안정된 상태를 유지할 것이다.

이 시나리오만으로도 하나님께서는 대기권과 대양, 그리고 지구의 회전을 지연시킬 때 뒤따라 일어날 수 있는 격변적인 해일이나, 지구 중심부 액체층의 완만한 회전마찰이 유발할 그 어떤 지열상승의 효과까지도 동시에 멈추게 하실 수 있다는 것을 유추해볼 수 있다. 여호수아의 긴 하루가 끝난 후에, 모든 자연현상의 운행이 재시동이 되어야할 필요가 있었을 것이다.

하나님께서 창세기 1장에서 세우신 지구상의 모든 사물의 자연질서들 가운데 몇 가지 주요 부분들을 재정립하신다는 것이 마냥 불가능한 것만은 아닐 것이다.

기독교는 창세기 1장에 기록된 하나님의 창조행위로부터 요한계시록 22장에 기록된 그 불가사의한 사건들까지를 망라한 기적의 종교이다. 성경은 그런 일이 어떻게 일어났는지에 대해서는 언급이 없다. 그냥 하나님께서 그런 기적을 의도하시자, 그런 기적은 일어났다는 것이다. 하나님께서는 몇 가지 기존의 자연법칙(노아의 홍수와 같은)을 사용하실 수도 있고, 또는 자연법칙의 그 어떤 개입도 배제하실 수 있다(예수님의 부활에서와 같이). 때로 하나님의 기적은 자연현상의 시간대에 맞추신 하나님의 의도일 수도 있다(밤새도록 불어대던 큰 동풍을 이용하시어 홍해를 갈라놓으신 하나님의 솜씨).

기적은 과학적인 분석으로 드러나지 않고 간증하는 믿음 속에 나타난다. 하나님께서 어떻게 성경에 기록된 것과 같은 기적들을(여호수아가 태양의 운행을 멈추게 하였던 사건까지 포함하여) 행하실 수 있었을까 하고 이리저리 추측해보는 것도 흥미있지만, 예수 그리스도의 제자(성경을 신성한 기록으로 인정하는 사람)임을 주장하는 사람들이라면, 모두가 궁극적으로는 믿음으로 그 기적들을 받아들여야 할 것이다. 우주를 6일 만에 창조하신 하나님의 능력을 인정한다면, 여호수아의 "긴 하루의 기적을 행할 수 없다"고 주장하는 것은 논리적이지도 못하고, 과학적으로도 이치에 맞지 않는다. 이 설명을 주저하는 사람들은 거의가 진화론의 허구적 우주연대와 타협하고, 6일 동안의 우주창조를 부인하는, 결과적으로 성경의 권위를 거부하는 사람들이다.

<Russell Grigg, http://www.creation.or.kr/library/itemview.asp?no=522>

22

요나와 큰 물고기

'요나를 삼킨 큰 물고기' 이야기는 성경을 믿는 크리스천들이 주장하는 것처럼 실제로 일어났던 역사적 사실인가? 아니면 자유주의 신학자들이 말하는 것처럼 하나의 비유인가? 아니면 성경비판가들이 말하는 것처럼 터무니없는 이야기인가?

성경은 요나의 이야기를 진실된 역사로서 간주하고 있다. 요나서는 실제의 역사로서 기록되어졌다. 요나는 실제 있었던 선지자였고, 열왕기하 14:25절에도 언급되었으며, 예수님 자신도 요나의 이야기를 믿고 계셨다. 예수님은 니느웨 사람들이 요나의 전도를 듣고 회개하였다고 말씀하셨을 뿐만 아니라, 예수님도 자신의 죽으심과 부활하심을 요나의 경우에 비유하셨다(마 12:39~41, 눅 11:29~30). 헨리 모리스 박사는 "그러므로 요나 이야기가 사실이 아니라면, 예수님이 무지하셨든지 아니면 잘못 알고 계셨든지 둘 중에 하나이다. 이것은 그 어느 쪽도 예수님의 신성을 부정하는 것이다"라고 하였다.

요나를 삼킨 바다생물은 무엇이었을까?

요나서에서 바다생물에 대한 히브리어 단어인 '다그(dag)'는 '물고기'를 의미한다. 신약성경에서 마태에 의해 사용된(마 12:40) 그리스어는 'kētos'로서 '바다괴물'을 의미하며, 개정된 번역판에서도 그렇게 표기되었다. 킹제임스 성경에서 번역가들은 이 단어를 고래로서 번역했는데, 고래는 그들이 알고 있던 가장 큰 바다생물이었기 때문이었을 것이다.

그러나 요나서 1:4절 "여호와께서 큰 바람을 바다 위에 내리시매 바다 가운데에 큰 폭풍이 일어나 배가 거의 깨지게 된지라"라는 구절을 고려해 볼 때, 일반적으로 고래보다는 사나운 상어가 당시의 긴박한 주변 상황에 더 적합한 것으로 생각된다. 200년 전 학명을 처음으로 사용한 스웨덴의 생물학자 린네 또한 요나서의 상황을 고려하여, 요나를 삼킨 물고기는 고래가 아닌 상어라고 주장한 바 있다.

현재 지구상에 살고 있는 약 400여 종의 상어 가운데서 몸의 크기만을 고려해 볼 때 사람을 삼킬 수 있는 큰 상어는 고래상어, 돌묵상어, 큰입상어, 백상아리, 뱀상어, 기타 흉상어 등 약 10종 정도가 있다. 고래상어, 큰입상어, 돌묵상어는 플랑크톤과 작은 물고기 등을 먹이로 하므로 생태적으로 사람을 삼킬 가능성은 매우 적다. 백상아리의 먹이는 고래, 물개, 바다사자, 바다표범 등 해산포유류이다. 백상아리는 매우 난폭한 상어로 영화 「죠스」의 주인공으로도 잘 알려져 있고, 세계적으로 바다에서 희생자를 내고 있는 사나운 상어이다. 따라서 백상아리와 뱀상어, 일부 흉상어류가 사람을 삼킬 수 있는 상어에 포함된다. 그러나 상어의 세계적인 분포로 볼 때 뱀상어와 흉상어류는 북위 40도 미만의 열대해역에 분포하는 어종이다. 요나가 욥바에서 배를 타고 가려던 다시스는 오늘날의 스페인이다. 따라서 요나가 타고 있던 배는 지중해를 항해하고 있었음을 알 수 있고, 사람을 삼킬 수 있는 상어 가운데 지중해 연안에 서식하는 대형 상어는 백상아리이기 때문에 요나를 삼킨 물고기는 백상아리일 가능성이 크다.

상어의 위는 J자 모양으로 아래 부분이 왼쪽으로 굽어 있다. 상어는 다른 동물과 달리 먹이를 자주 먹지 않으며, 위 속은 음식물이 있을 때보다 비어 있을 때가 더 많다. 백상아리는 일반적으로 큰 먹이를 먹기 때문에 위의 용량이 매우 크다. 또 일부 상어는 거북이의 등이나 무엇인가 소화되지 않는 것을 먹었을 때 토해내는 것이 목격되기도 한다. 몸길이가 5m 이상인 사육된 뱀상어가 먹이를 1개월 이상이나 소화시키지 않은 채로 위 속에 저장하고 있었던 일이 있었고, 뱀상어뿐만 아니라 다른 대형 상어들도 위가 단순히 소화만 시키는 기능 외에, 먹이를 저장하는 기능이 있는 것으로 알려져 있다. 상어는 먹이를 씹지 않고, 상당히 큰 먹이도 통째로 삼키는 경우가 많다. 또 오늘날 화석으로 발견되는 백상아리류인 메갈로돈은 그 이빨 크기로 볼 때 몸의 크기가 13m에 달할 것으로 추정되고 있으며, 이러한 크기의 백상아리의 위라면 어른 2~3명은 충분히 들어갈 공간을 가지게 된다.

다른 설명?

1952년 헤리 림머 박사는 그의 책 「성경과 과학의 조화」에서 영국 해협에서 트롤어선으로부터 바다로 떨어졌다가 거대한 상어에 의해서 삼켜졌던 한 선원을 직접 만난 이야기를 말하고 있었다. 전체 트롤어선 선단은 상어를 잡기 위해 출항했다. 사고가 나고 48시간이 지난 후 그 상어가 목격되었고, 갑판에 있던 1파운드의 작살총으로 살해되었다. 사체는 너무 무거워서 배의 갑판에 있던 윈치로 끌어올리기에도 힘들었다. 그래서 선원들은 그의 동료를 기독교식으로 장례해주기 위해 그 상어 사체를 해안으로 끌고 왔다. 상어의 배가 열렸을 때, 그 사람은 의식은 없었지만 살아 있었다. 그는 병원으로 급히 후송되었고, 충격으로 한동안 고통을 당하였지만 후에 퇴원하였다는 것이다. 그의 사진과 이야기는 1실링의 입장료를 내야 하는 런던의 한 박물관에 전시되었고, '20세기의 요나'로 광고되었다.

사흘 밤낮은 무엇인가?

고대 히브리인들은 관용적으로 하루의 한 부분도 하루로 간주했다(우리나라에서도 장례시 3일장을 이런 방식으로 계산한다). 그래서 사흘 밤낮은 38시간 정도의 짧은 기간도 될 수 있다(Ⅱ부의 22번 참조). 이것은 예수님이 무덤에 계셨던 기간(금요일 늦은 오후에서 일요일 이른 아침까지)을 요나의 경우를 비유로 들며 밤낮 사흘이라고 말씀하셨던(마 12:40) 것을 설명해주고 있다. 마가복음 8:31절에 예수님께서 다음과 같이 말씀하신 것을 주목하는 것은 흥미롭다. "… 사흘 만에 살아나야 할 것을 비로소 저희에게 가르치시되" 따라서 예수님은 두 가지의 시간 척도를 교대로 사용하셨다. 성경비판가들이 주장하는 것처럼, 요나가 물고기 뱃속에 있었던 시간과 비교된 예수님이 무덤에 계셨던 시간은 아무런 오류나 모순이 없는 것이다.

요나의 이야기의 많은 놀라운 부분 중의 하나는 그가 물고기 뱃속에서 하나님께 기도하고(욘 2:1) 꽤 긴 시간을 기다려야만 했었던 이유이다. 아마도 그는 기절을 했었고, 하나님이 마치 요나의 사건을 통해 예수님의 죽으심과 부활을 예표하시기 위한 의도인 것처럼, 그를 사흘 만에 다시 살아나게 하셨던 것이다.

그러면 우리들이 생각하고 믿어야만 하는 것은 무엇인가?

그 사건이 기적이었다는 것은 의심할 여지가 없다. 사실 요나의 이야기는 하나님에 의해서 일어난 6가지 기적적인 사건들로 이루어져 있다. 그 사건들의 일부는 자연현상까지도 하나님에 의해서 조절되고 있음을 보여주고 있다.

"여호와께서 큰 바람을 바다 위에 내리시매 바다 가운데서 큰 폭풍이 일어나…" (욘 1:4)

"여호와께서 이미 큰 물고기를 예비하사 요나를 삼키게 하셨으므로…" (욘 1:17)

"여호와께서 그 물고기에게 말씀하시매 요나를 육지에 토하니라" (욘 2:10)

"하나님 여호와께서 박넝쿨을 예비하사 요나를 가리게 하셨으니…" (욘 4:6)

"하나님이 벌레를 예비하사 이튿날 새벽에 그 박넝쿨을 갉아먹게 하시매 시드니라" (욘 4:7)

"…하나님이 뜨거운 동풍을 예비하셨고…" (욘 4:8)

이러한 기적들은 성경에 기록된 노아의 대홍수 사건, 바벨에서의 언어의 혼잡, 출애굽시 애굽 땅에 내려졌던 재앙들, 홍해의 갈라짐, 엘리사에 의해서 이루어진 기적적인 치유들, 예수님의 동정녀 탄생, 예수님이 행하신 기적들, 예수님의 부활 등과 같은 기적들보다 더 믿을 수 없어 보이지 않는다. 기독교 신앙은 성경에 기초하고 있으며, 성경을 믿지 못한다면 무너지는 것이다. 기독교는 기적의 종교라는 것을 결코 잊어버리거나 변명해서는 안 된다.

인간적으로 말해서, 왜 하나님은 요나에게 그토록 긴 시간 동안을 물고기 뱃속에 있도록 하셨어야만 했을까? 그에 대한 정당하고 충분한 이유가 되는 대답은 니느웨 백성들에게 구원의 메시지를 전하시기 위한 하나님의 필요성에서 찾아볼 수 있다. 정말로, 요나의 이야기는 하나님이 인간들을 구원하시기 위해, 당신의 독생자이신 예수 그리스도를 보내시고, 갈보리 십자가에서 죽게 하시고, 사흘 만에 죽음에서 부활하셔서, 우리들이 하나님과 화목할 수 있도록 하신(벧전 1:18~19) 사건을 예표하고 있는 것이다.

<Russell Grigg, http://www.creation.or.kr/library/itemview.asp?no=2515>
<최윤, http://www.creation.or.kr/library/itemview.asp?no=2458>

23

다윗이 골리앗을 죽인 것은 살인하지 말라는 계명과 모순되지 않는가?

"살인하지 말라" (출 20:13)

"사람을 쳐죽인 자는 반드시 죽일 것이요" (레 24:17)

"도둑이 뚫고 들어오는 것을 보고 그를 쳐죽이면 피 흘린 죄가 없으나" (출 22:2)

"다윗이 이같이 물매와 돌로 블레셋 사람을 이기고 그를 쳐죽였으나…" (삼상 17:50)

이 명백해 보이는 모순에 대답하기 위해서, 우리는 사람을 죽이는 것과 살인하는 것 사이의 차이를 구별할 수 있어야만 한다. 살인은 생명을 불법적으로 취하는 것이다. 이에 반해 죽이는 것은 불법적일 수도 있고, 합법적일 수도 있다. 사형의 확립은 사실 창세기 9장에서 하나님이 노아에게 약속하시면서 선언하셨을 때로 거슬러 올라간다.

"내가 반드시 너희의 피 곧 너희의 생명의 피를 찾으리니 짐승이면 그 짐승에게서 사람이나 사람의 형제면 그에게서 그의 생명을 찾으리라 다른 사람의 피를 흘리면 그 사람의 피도 흘릴 것이니 이는 하나님이 자기 형상대로 사람을 지으셨음이니라" (창 9:5~6).

심지어 이 이전에도, 가인은 동생 아벨을 살해한 후에 그를 죽이려는 다른 가족 구성원들을 두려워하였다(창 4:13~15). 이 경우에서 성경은 정의의 이름으로 다른 사람의 생명을 취하는 것은 살인이 아니라는 것을 암시하고 있다. 사람을 죽이는 것이 항상 옳지 않은 것인지, 또는 악한 사람을 죽이는 것이 항상 옳은 것인지에 관한 질문은 딜레마가 될 수 없다. 그 결정의 기준은 하나님이 제공하시는 것이다.

사람은 하나님의 형상대로 만들어졌기 때문에, 인간의 생명을 가볍게 취해서는 안 된다. 모세를 통하여 이스라엘에 주어진 율법에서, 죽어야만 하는 죄들은 상세히 기술되어 있다. 레위기 19장에는 그러한 명령들이 기록되어 있다. 그것은 하나님으로부터 직접 내려진 명령이기 때문에, 그리고 하나님은 거짓말을 하시는 분이 아니시기 때문에, 우리는 그 명령에 어떠한 모순도 없다고 이해해야 한다. 성적인 범죄를 행한 사람들은 반드시 죽이게 되어 있었다. 그러나 그 범죄가 증인들에 의해서 분명히 확인되었을 때만이다.

성경의 처음 5권 책들의 저자로서, 모세는 모순적인 개념을 기록하지 않았을 것이다. 만약 사람을 죽이는 일이 어떠한 경우에도 잘못된 것이라면, 한 사람이 사형을 집행했을 때나, 하나님의 명령에 의해 어떤 사람을 죽이게 되었을 때, 그도 사람을 죽였으므로 그도 역시 죽임을 당해야만 할 것이다. 그리고 그를 사형시킨 다른 사람도 또한 다시 죽어야할 것이고, 인류가 한 명이 남을 때까지 계속 그렇게 해야 할 것이다. 논리적으로 생각해보면, 성경의 모순이라는 주장이 실제로는 매우 불합리하다는 것을 알 수 있다.

성경은 생명을 취하는 것이 합법적으로 허락된 많은 상황들을 제시하고 있다. 자기 방어를 위해 다른 사람을 죽이는 것은(출 22:2) 문제가 되지 않고 허락되었다. 하나님이 어떤 민족의 죄를 벌하시기 위해서 그 민족과의 전쟁으로 사람들을 부르시는 경우가 있다. 여호수아가 약속의 땅으로 이스라엘 백성들을 인도하고 있을 때, 하나님은 우상숭배에 빠져 있는 그 땅에 거주하는 민족을 완전히 진멸하라고 이스라엘 자손들에게 명령하셨다. 그들의 범죄 목록은 근친상간, 아이제물 등을 포함하여 레위기 18장에서 발견할 수 있다. 하나님이 약속의 땅으로 들어가는 것을 막는 자들에 대한 전쟁으로 이스라엘 백성들을 부르셨을 때에, 사형을 집행하는 집행관처럼, 하나님의 정의를 대행하는 자로서 그 상황에서 사람을 죽이는 것은 허락되었던 것이다.

마찬가지로 젊은 다윗이 골리앗을 죽인 것은 하나님의 눈으로 볼 때 정당한 것이었다. 사실, 다윗은 골리앗이 하나님을 모독한 것으로 인해 분노하였고, 전투에서 그와 마주치게 되었다. 다윗은 자기 자신을 믿고 있지 않았으며, 하나님이 골리앗을 자신의 손에 부치실 것을 믿고 있었다. 이것은 이스라엘 백성이 하나님이 지시하신 약속의 땅으로 들어가서 거주 민족들과 벌이는 계속되는 전쟁들 중의 한 사례이다.

하나님은 엄청난 죄악들을 범하면서 하나님의 뜻에 도전했던 민족들과 개인들을 심판하시는 하나의 방법으로 반복적으로 전쟁과 사형을 선택하셨다. 하나님은 이 세상에서 그분의 목적을 완성시키시기 위해 하나의 처벌로서 죽이는 것을 정하셨다.

이것은 죄의 심각성에 대해 다시 한번 숙고하게 한다. 완전하시고 거룩하신 하나님의 눈으로 볼 때, 단 하나의 죄도 죽을 만큼 큰 것이다(창 2:17). 우리는 모두 죄인이기 때문에, 이미 모두 사형선고를 받은 것이다. 예수님의 대속의 은혜가 없었다면, 본질적으로 우리는 모두 사형장에 길게 나있는 죽음의 행렬에 줄서 있는 것이다. 살인이나 성경에 기록된 악한 죄들을 저지른 자들은 단지 그 줄의 앞쪽에 서있을 뿐인 것이다.

하나님은 죄를 미워하신다. 특히 사람의 생명을 잃어버리게 하는 어떤 상황으로 이끄는 죄들을 미워하신다. 그분의 거룩하신 본성과 그에 따른 죄에 대한 미워하심은 매우 드문 경우에만 사람의 생명을 취하는 것을 허락하셨다. 우리는 생명을 취하는 것을 최소화하려고 모색해서도 안 된다. 사람은 하나님의 형상을 따라 만들어졌기 때문이다. 정의로운 이유들이 있을 때에만 생명을 취하는 것이 필요하다는 것을 기억하라. 왜냐하면 우리는 죄악 된 세상에서 살고 있기 때문이다. 완전한 창조시에는 어떠한 이유로도 죽음은 필요하지 않았다.

<Roger Patterson, http://www.creation.or.kr/library/itemview.asp?no=4532>

24

성경의 기록자들은 지구가 평평하다고 믿었는가?

아니다. 이러한 잘못된 생각은 성경에서 가르치고 있는 것이 아니다. 일부 성경비판가들은 요한계시록 7:1절에서 네 천사가 땅 '네 모퉁이'에 서있다고 말하는 것을 근거로 성경은 지구가 평평한 것으로 가정하고 있다고 주장해 왔다. 사실 이 구절은 동, 서, 남, 북의 방위를 나타내고 있는 것이다.

오늘날에도 비슷한 어법으로 지구가 자전하는 것임에도 불구하고 '태양이 뜨고(일출) 태양이 진다(일몰)'라고 말한다. 성경의 기록들은 일반인들이 말하는 것처럼 '보이는 대로 말하는 언어(상황언어)'를 사용했다. 그렇지 않았다면, 의도한 메세지가 잘 전달되지 않으며 어색하고 잘 이해되지도 않았을 것이다.

욥기 26:7절 "그는 북쪽을 허공에 펴시며 땅을 아무 것도 없는 곳에 매다시며"라는 말씀에 의하면, 지구는 아무 것도 없는 공간에 매달려 있다고 설명하고 있는데, 이것은 구형의 태양, 구형의 달과 함께 지구가 구형이라는 것을 가리키고 있는 분명한 예시이다. 욥기 26:10절 "수면에 경계를 그으시니(He described a circle upon the face of the waters) 빛과 어둠이 함께 끝나는 곳이니라"라는 말씀을 문자 그대로 해석하면 "수면에 둥근 경계를 그으시니…"이다. 만일 바다를 공중에서 바라본다면 수평선은 둥글게 보일 것이다. 이사야 40:22절에서도 구형의 지구를 다음과 같이 묘사하고 있다. "그는 땅 위 궁창(the circle of the earth)에 앉으시나니 땅에 사는 사람들은 메뚜기 같으니라 그가 하늘을 차일 같이 펴셨으며 거주할 천막 같이 치셨고". 잠언 8:27절의 "그가 하늘을 지으시며 궁창을 해면에(a circle on the face of the deep) 두르실 때에 내가 거기 있었고"라는 구절에서도 circle(원)이라는 단어를 사용해서 둥근 지구임을 성경은 말하고 있었다.

욥기는 성경에서 가장 오래 된 책 중의 하나이다. 그런데 이미 지구는 구형이라는 사실이 나타나 있는 것이다. 역사학자들은 일반적으로(잘못되게) 구형의 지구를 주장했던 최초의 사람들이 그리스인들이라고 말하고 있다. BC 6세기에 피타고라스는 지구가 둥글다고 주장했다. 알렉산드리아의 에라스토테네스는 지구의 둘레를 '현재 추산되는 것의 80km 이내'의 오차 안에서 계산해냈다. 그리스인들은 또한 위선과 경선도 그렸다. 그들은 극점, 적도, 회귀선 등을 확인했다. 그러나 이러한 둥근 지구에 대한 개념은 아직 널리 보급되지는 않았다.

배가 수평선 너머로 사라지는 것을 지켜보는 것과, 일식(또는 월식)의 그림자 관측을 통해서 지구의 둥근 모양은 쉽게 추론할 수 있는 결론이므로, 이러한 정보가 성경의 기록자들에게는 잘 알려져 있었을 것이라고 추정할 수 있다. 지구의 둥근 모양은 당연히 크리스토퍼 콜럼버스도 잘 이해하고 있었다.

또한 구형의 지구에 대한 암시는 누가복음의 예수님께서 그분의 재림을 설명하고 있는 부분에 나타나 있다. 누가복음 17:31절에서 예수님은 "그 날에(on that day)"라고 말씀하시고, 다시 34절에서 "그 밤에(on that night)"라고 말씀하신다. 이것은 지구의 한쪽은 낮이고 동시에 반대편은 밤인 것에 대한 암시인 것이다.

<ChristianAnswers.net, http://www.creation.or.kr/library/itemview.asp?no=3208>

정확 무오한 성경

II

이 구절들은 성경의 오류가 아니다

01

성경에 모순이나 오류가 있다는 주장은 타당한가?

성경에 모순이나 오류가 있다는 주장은 자주 성경을 믿지 않기 위한 하나의 구실이 되고 있다. 그러한 주장을 하는 사람들 중 많은 수는 성경을 읽지 않았거나, 실제로 그것이 모순인지 아닌지를 세밀하게 분석해보지 않은 사람들이다.

성경에서 명백한 모순으로 보이는 구절을 읽게 될 때, 기독교인은 어떻게 반응해야 하는가? 성경의 모순이나 오류라고 주장되는 것들은 대개 1)모순이 아니거나 2)잘못된 번역이거나 3)세속적 과학(진화론)에 근거한 소위 과학적 오류에 속하는 것들이다.

성경은 비록 오랜 기간에 걸쳐서 다양한 그룹의 저자들에 의해서 다양한 형식으로 기록되었지만, 하나님이라는 진정한 한 분의 저자를 가지고 있다. 하나님은 완전하시고 거룩하시고 진실하시기 때문에, 처음에는 모순되어 보인다 하더라도 그분의 말씀은 진실로 모순되는 점은 없다는 것이다. 따라서 우리는 좀더 깊이 살펴보아야만 한다.

한 전문가가 말한 것처럼, "성경이 진실로 하나님으로부터 온 것이라면, 그리고 하나님이 진리의 하나님이시라면… 성경의 두 부분이 서로 반대되고 모순되는 것처럼 보일 때, 이 두 부분 또는 한 부분에 대한 우리의 해석에 오류가 있음에 틀림없는 것이다."

많은 추정되는 불일치들은 두 구절을 서로 잘못된 반대로 위치시킬 때임을 유념해야 한다. 예를 들면, 전도서 7:29절은 "… 하나님은 사람을 정직하게 지으셨으나…"라고 기록되어 있다. 그러나 시편 51:5절은 "내가 죄악 중에 출생하였음이여…"라고 기록되어 있다.

그러나 본문을 좀더 자세히 살펴본다면, 전도서 7:29절의 말씀은 원래 정직하도록 창조되었던 아담과 하와에 관해 말하고 있는 것이고, 시편 51편에서 다윗 왕은 아담의 타락한 후손들 중 하나로서 그의 개인적인 상황을 이야기하고 있는 것이다. 따라서 거기에 모순이 있는 것이 아니다.

성경을 공격하는 주장들은 자주 번역작업 동안에 생겨난 일과 관련되어 있다. 이러한 문제들의 대부분은 당신이 원문 성경의 히브리어와 그리스어를 직접 찾아보거나, 그 언어들을 다룰 수 있는 동료를 가지고 있다면, 매우 간단하게 해결될 수 있는 것들이다. 예를 들면, 레위기는 박쥐를 '새'로서, 곤충의 다리를 네 개로 기록했다는 것이다(Ⅱ부의 8, 9번 참조).

또한 4복음서는 십자가에 붙어 있었던 팻말에 대해 서로 다른 4가지의 설명을 하고 있는 것처럼 보인다.

> "그 머리 위에 '이는 유대인의 왕 예수'라 쓴 죄패를 붙였더라" (마 27:37)
>
> "그 위에 있는 죄패에 '유대인의 왕'이라 썼고" (막 15:26)
>
> "그의 위에 '이는 유대인의 왕'이라 쓴 패가 있더라" (눅 23:38)
>
> "빌라도가 패를 써서 십자가 위에 붙이니 '나사렛 예수 유대인의

왕'이라 기록되었더라" (요 19:19).

그러므로 모순점을 찾고 있는 사람들은 "보라, 성경은 오류로 가득하다!"라고 말할지 모른다. 그리고 성경을 신뢰할 수 없는 것으로서, 전적으로 거부하기로 결정할지 모른다. 그러나 하나님을 신뢰하는 사람들은 4복음서들을 조화시키는 데 아무런 문제가 없다. 만일 그 팻말이 단순하게 "이는 유대인의 왕 나사렛 예수"라고 쓰여 있었다면 전혀 모순이 없다.

"모든 성경은 하나님의 감동으로 된 것으로…"(딤후 3:16)라는 말씀에 근거하여 하나님의 말씀은 신뢰될 수 있다. 그리고 하나님은 교만한 자들을 '가려내기' 위해서, 그의 말씀인 성경에 외견상의 모순들을 포함시키셨다는 것이다. 예수님께서는 다음과 같이 말씀하셨다 :

> "… 아버지여 이것을 지혜롭고 슬기있는 자들에게는 숨기시고 어린 아이들에게는 나타내심을 감사하나이다 옳소이다 이렇게 된 것이 아버지의 뜻이니이다" (눅 10:21).

> "그러나 하나님께서 세상의 미련한 것들을 택하사 지혜 있는 자들을 부끄럽게 하려 하시고…" (고전 1:27).

만일 어떤 불경건한 사람이 스스로 교만하여져서 복음에 순종하기를 거부한다면, 그리고 대신 성경의 오류와 모순들을 만들어내려고 한다면, 하나님은 그에게 자신의 교수대를 만들기에 충분한 목재와 재료들을 주시는 것이다.

이런 놀라운 원리는 유다왕 시드기야의 포로됨에 대한 설명에서 잘 나타나있다. 선지자 예레미야는 시드기야 왕에게 하나님이 그를 심판하실 것이라고 말했다. 시드기야는 자기가 바벨론 왕의 손에 넘겨질 것을 전해 들었다.

"… 보라 내가 이 성을 바벨론 왕의 손에 넘기리니 그가 차지할 것이며 유다 왕 시드기야는 갈대아인의 손에서 벗어나지 못하고 반드시 바벨론 왕의 손에 넘겨진 바 되리니 입이 입을 대하여 말하고 눈이 서로 볼 것이며 그가 시드기야를 바벨론으로 끌어 가리니 시드기야는 내가 돌볼 때까지 거기에 있으리라…" (렘 32:3~4).

이것은 예레미야 39:5~7절에서 확인되는데, 그는 포로가 되어 느브갓네살에게 보내졌고, 그때 그들이 시드기야를 바벨론으로 데려가기 위하여 사슬로 결박했다는 것을 우리는 알고 있다.

"바벨론의 왕이 립나에서 시드기야의 눈 앞에서 그의 아들들을 죽였고 왕이 또 유다의 모든 귀족을 죽였으며 왕이 또 시드기야의 눈을 빼게 하고 바벨론으로 옮기려고 사슬로 결박하였더라" (렘 39:6~7).

그러나 에스겔 12:13절에서는 하나님이 친히 다음과 같이 경고하셨다.

"내가 … 그를 끌고 바벨론에 이르리니 그가 거기서 죽으려니와 그 땅을 보지 못하리라" (겔 12:13)

성경비판가들에게 이 구절은 성경을 공격하고 반대할 수 있는 재료가 된다. 이것은 분명히 성경의 오류처럼 보인다. 성경의 세 구절들은 왕이 바벨론으로 끌려갈 것이라고 말한다. 그러나 성경의 다른 구설에서는 그가 바벨론을 보지 못할 것이라고 말한다. 비판가들은 사람이 어떤 곳으로 끌려갔는데 어떻게 그 곳을 보지 못할 수가 있는가? 라고 말한다. 만약 시드기야가 눈이 멀지 않았다면, 그것은 그 사람의 말처럼 말이 되지 않는다. 그러나 그것은 정확히 기록된 대로 일어났다. 시드기야는 느브갓네살을 대면했고, 목전에서 그의 아들이 살해되는 것을 보았다. 그리고 나서 바벨론 왕은 시드기야를 바벨론으로 끌고 가기 전에 그의 두 눈을 뽑았다(렘 39:6~7).

이것이 성경의 많은 '모순과 오류들'처럼 보이는 구절들의 뒤에 있는 근본적인 원칙이다. 하나님은 교만하고, 오만하고, 자기 지식을 자랑하고, 자기 의를 자랑하는 자들에게는 상황을 역전시켜 버리신다. 그가 거만하게 하나님의 나라 밖에 서서, 그가 생각하는 성경의 불신적 증거들을 통해서 자신의 죄를 정당화하려고 할 때, 하나님은 믿음을 실천할 준비가 되어 있고 겸손하게 허리를 굽히는 사람들만 들어갈 수 있도록, 영생의 문을 낮추신다는 것을 그는 깨닫지 못하고 있는 것이다.

만약 우리가 모순이나 오류로 보이는 성경 구절들에 대해 즉각적인 설명을 가지고 있지 않다면, 성경은 하나님의 말씀이며 진리의 말씀이라는 믿음 위에서 출발해야만 한다. 그리고 좀더 배우고 살펴보아야만 한다. 우리가 우리 자신의 무지와 교만을 청소해 내기만 한다면, 모든 경우에 논리적인 설명이 존재한다. 하나님이 오류를 범하셨다는 생각은 가능성이 없는 생각이다.

<Paul Taylor, http://www.creation.or.kr/library/itemview.asp?no=4043,
Ray Comfort, http://www.creation.or.kr/library/itemview.asp?no=4414>

02

달은 빛을 만들어내지 못하므로, 창 1:15절은 성경의 오류인가?

"또 광명체들이 하늘의 궁창에 있어 땅을 비추라 하시니 그대로 되니라" (창 1:15)

오랫동안 회의론자들은 이 구절을 성경의 오류라고 주장해 왔다. 성경이 정말로 무오한 하나님의 말씀이라면, 달이 빛을 비추라(방출하라)고 말씀하는 것과 같은 기본적인 실수를 범하지 않았어야 한다는 것이다. 우리가 알고 있는 것처럼 달은 어떤 종류의 빛도 방출하지 않는다. 대신에 암석질의 달은 단순히 태양빛을 반사할 뿐이다.

달이 열발광을 통해서 자신의 빛을 생성한다는 일부 주장도 있지만, 이 구절에 대한 그러한 색다른 설명을 조사할 필요가 없다. 사실, 우리의 현대적 어휘를 살펴봐도 이 주장되는 모순에 대한 대답을 할 수 있다.

오늘날에도 지구 중심적으로 말하는 많은 사례들이 있다. 우리는 지구가 태양을 공전하며 지축을 중심으로 회전(자전)하고 있음을 알고 있으면서도, 태양이 뜨고, 태양이 진다 라고 말한다(기상 예보시에도 일출 시각과 일몰 시각으로 표현한다). 또한 우리는 별들이 항상 그곳에 있음을(태양빛 때문에 안 보이는 것임을) 알면서도 밤에 별이 나타났다고 말한다. 우리는 자주 보이는 것을 기준으로 말할 때가 있다.

우리가 볼 때, 달은 지구로 빛을 비춘다. 태양빛이 달 표면에 부딪쳐서 지구로 반사됨으로써 말이다. 창세기 본문은 달이 자체적으로 빛을 만들어내고 있다고 말하지 않고 있다. 사실 말하고자 하는 점은 빛의 근원(출처)이 아니라, 지구에 빛을 비추고 있는 상태인 것이다. 하나는 낮을 주관하게 하시고, 작은 것은 밤을 주관하게 하셨다. 만약 달이 빛을 만들어내는 하나의 근원이었다면, 달이 주관하는 시간은 밤이 될 수 없었을 것이다.

어떤 사람이 거울을 가지고 우리 눈에 빛을 반사시켰을 때를 상상해보면 이 개념은 쉽게 이해될 수 있다. 거울은 빛의 근원이 아니다. 그러나 거울은 순간적으로 눈이 멀 정도로 강력한 빛을 비춘다. 이것은 성경비판가도 인정할 것이다. 그 빛이 어떤 사람의 눈을 일시적으로 멀도록 했을 때, 그 빛이 어떻게 사람의 눈에 도달했는지는 빛의 근원만큼이나 중요할 수 있다.

문맥 밖으로 떼어내어 그 구절만을 본다면 회의론자들의 주장처럼 보일 수도 있지만, 문맥 안에서(창 1:14~18) 읽으면 그 구절의 목적을 좀더 이해할 수 있다. 하나님은 태양과 달을 창조하실 때, 빛을 제공하는 것 외에도, 징조와 계절과 날과 해를 나타내도록 하셨다. 태양과 달은 이 목적을 잘 수행하고 있다. 이러한 일들이 어떻게 작동되어 이루어지는지에 대해서 성경은 상세한 설명을 하고 있지 않다. 왜냐하면 하나님은 사람에게 관측 과학을 통해서 이것들을 발견할 수 있는 능력을 주셨기 때문이다. 이 구절에서의 목적은 세부사항을 자세히 설명하는 것이 아니라(그리고 원시적 인간을 위한 단순한 비유가 아니라), 하나님이 그것들을 창조하신 개관과 그 이유를 알려주시기 위한 것이다. 따라서 빛을 비춘다는 묘사는 상세한 설명은 아니지만 정확한 것이다.

이 구절이 전하고 있는 진정한 메시지는 하나님께서 하늘에 있는 두 놀라운 천체를 창조하셨다는 것이다. 그리고 그것들은 우리에게 하나님의 놀라우신 권능을 기억하게 한다. 이 구절은 우리(지구에 살아가는 사람)에게 태양과 달은 어떻게 존재하게 되었으며, 하나님이 그것들을 창조하신 이유가 무엇인지에 관한 하나님의 의도하심을 정확히 알도록 해주고 있는 것이다.

<John UpChurch, http://www.creation.or.kr/library/itemview.asp?no=4878>

03

노아 방주에 탄 정결한 짐승들의 수는 성경의 오류인가?

"너는 모든 정결한 짐승은 암수 일곱씩 부정한 것은 암수 둘씩을 네게로 데려오며 공중의 새도 암수 일곱씩을 데려와 그 씨를 온 지면에 유전하게 하라" (창 7:2~3)

"정결한 짐승과 부정한 짐승과 새와 땅에 기는 모든 것은 하나님이 노아에게 명하신 대로 암수 둘씩 노아에게 나아와 방주로 들어갔으며" (창 7:8~9)

자주 성경의 오류로 주장되는 구절은 노아의 방주에 태워진 정결한 짐승들의 수에 관한 것이다. 히브리 성서 맛소라 텍스트는 이에 대하여 분명하게 보여준다. 창 7:2절에서 정결한 짐승은 "쉬브아 쉬브아 이쉬 이솨"(일곱 일곱 수 암)이라고 기록하고 있다. 즉 "수컷 일곱 마리 암컷 일곱 마리"라는 것이다. 그러므로 일곱 쌍이다. 부정한 것은 "쉐나임 이쉬 이솨"(둘 수 암)이라고 기록하고 있다. 이는 "수컷과 암컷(을 합하여) 두 마리"라는 의미이다. 그러므로 한 쌍이다. 또한 창 7:3절에서 공중의 새도 "쉬브아 쉬브아 자카르 네케바"라고 기록하고 있으며 이는 "수컷 일곱 마리 암컷 일곱 마리"라는 의미이다. 그러므로 일곱 쌍이다.

그렇다면 창 7:8절에서 노아 방주로 들어갈 때 둘씩 들어갔다는 것은 무엇인가? 창 7:8절에서 "암수 둘씩"이란 "쉐나임 쉐나임"(둘 둘) 나아와서 "자카르 네케바"(수 암)가 방주로 들어갔다고 서술하고 있다. 그러므로 여기서 암수 둘씩(two and two)이란 의미는 노아에게 나아오는 모습과 방주로 들어가는 모습에 대한 묘사인 것이다.

<김홍석>

04

아르박삿을 낳을 때의 셈의 나이에 대한 성경 기록은 오류인가?

성경비판가들이 노아의 홍수에 관련해서 성경의 오류로 주장하고 있는 부분은 아르박삿의 태어난 시기와 관련해서이다.

"노아는 오백 세 된 후에 셈과 함과 야벳을 낳았더라" (창 5:32).

"홍수가 땅에 있을 때에 노아가 육백 세라" (창 7:6).

"… 셈은 백 세 곧 홍수 후 이 년에 아르박삿을 낳았고" (창 11:10).

앞의 두 구절에서 홍수는 셈의 나이 100세에 일어났기 때문에, 창 11:10절의 홍수 후 이 년은 셈의 나이가 100세가 아니라 102세(홍수가 시작된 시점에서 2년 후) 또는 103세(홍수가 끝난 시점에서 2년 후)가 되어야 한다는 것이다.

노아는 홍수 이전에 세 아들을 두고 있었다고 성경은 기록하고 있다(창 6:10). 노아의 아들들은 모든 같은 나이가 아니었다. 창 5:32절에서부터 시작하여 보자.

"노아는 오백 세 된 후에 셈과 함과 야벳을 낳았더라" (창 5:32)

이 구절은 노아가 그의 첫 번째 아들이 태어났을 때에 500세, 또는 그 이상이었음을 가리키고 있다. 이것과 같은 목록으로부터 정확한 나이를 알 수는 없지만, 노아가 500세 된 이후부터 자녀들을 갖기 시작하였다는 것을 보여주고 있다. 자주 자녀들의 목록은 가장 중요한 자녀로부터 시작한다(예. 창 11:26). (셈을 통하여 그리스도의 가계가 이어진다). 우리는 창 10:21절과 9:24절로부터 각 자녀들의 상대적 나이(서열)를 알 수 있다.

"셈은 에벨 온 자손의 조상이요 야벳의 형이라 그에게도 자녀가 출생하였으니" (창 10:21) (개역개정, 개역한글, 표준새번역, 공동번역 등은 셈이 야벳의 형으로 번역하고 있다. 그러나 KJV, NIV 등의 영어성경은 야벳이 셈의 형으로 되어 있다).

"Sons were also born to Shem, whose older brother was Japheth; Shem was the ancestor of all the sons of Eber." (Genesis 10:21, NIV)

"Unto Shem also, the father of all the children of Eber, the brother of Japheth the elder, even to him were children born" (Genesis 10:21, KJV)

"노아가 술이 깨어 그의 작은 아들(함)이 자기에게 행한 일을 알고" (창 9:24)

따라서 창 10:21절은 야벳이 가장 나이가 많은 자녀였고, 노아가 500살이었을 때 태어났던 자녀였음을 가리키고 있다. 창 9:24절이 가리키고 있는 것처럼, 함은 가장 나이가 어린 자녀로서 그의 아버지에게 부적절한 행동을 했던 자녀였다.

그러므로 셈은 야벳과 함 사이에 태어났음에 틀림없다. 창 7:6절과 창 11:10절이 보여주는 것처럼, 셈은 노아가 500살 때에 야벳과 함께 태어난 쌍둥이 또는 세 쌍둥이가 아니었다.

"홍수가 땅에 있을 때에 노아가 육백 세라" (창 7:6)

"셈의 족보는 이러하니라 셈은 백 세 곧 홍수 후 이 년에 아르박삿을 낳았고" (창 11:10)

따라서 노아는 500세에 셈이 아니라 야벳을 낳았고, 노아 600세에 홍수가 일어났고, 홍수 후 이 년에 셈의 나이가 백 세였음으로 셈은 노아 502세에 태어났음에 틀림없다. 따라서 셈은 백 세(노아 나이 602세) 곧 홍수 후 이 년에 아르박삿을 낳았다는(창 11:10) 성경 기록은 오류가 아닌 것이다. 성경에서 함의 정확한 나이는 알 수 없다. 그러나 함은 셈 이후에 태어났음에 틀림없다. 이처럼 창 5:32절은 노아의 세 아들들을 우리에게 소개해주고 있다. 그리고 다른 구절들은 그들의 탄생 순서와 나이에 관한 더 자세한 내용을 알려주고 있는 것이다.

<Bodie Hodge, http://www.creation.or.kr/library/itemview.asp?no=4578>

05

에서의 아내들 :
성경의 오류라는 지적에 대한 반론

성경을 비판하는 자들이 자주 창세기의 오류로 지적하고 있는 것이 에서의 아내들에 관한 것이다. 창 26:34절과 28:9절에 의하면, 에서의 아내들은 다음과 같다.

- 헷 족속 브에리의 딸 유딧
- 헷 족속 엘론의 딸 바스맛
- 이스마엘의 딸이요 느바욧의 누이인 마할랏

그러나 창 36:2~3에 의하면, 그의 아내들은 다음과 같다.

- 헷 족속 중 엘론의 딸 아다
- 히위 족속 시브온의 딸인 아나의 딸 오홀리바마
- 이스마엘의 딸 느바욧의 누이 바스맛

바스맛(Bashemath, 정확하게는 Basemath)이라는 이름은 아마도 셈족어의 어간인 b-s-m으로부터 온 것으로 보이는데, 그 의미는 '향기로운fragrant'이라는 뜻이다(예를 들어 besem은 히브리어에서

'balsam(향유)'을 의미한다). 여기에 히브리어에서 여성을 뜻하는 어미 –ath를 붙이면, 바스맛Basemath, 즉 '향기로운 여인fragrant woman'이 되는 것이다. 따라서 마할랏(이스마엘의 딸이요 느바욧의 누이)과 아다(헷 족속 중 엘론의 딸)는 둘 다 '향기로운 여인(바스맛)'이라는 별칭이 주어졌을 가능성이 존재한다. 다시 말해서, 창 26:34절의 엘론의 딸 바스맛은, 창 36:2절의 엘론의 딸 아다와 같은 사람이었으며, 창 36:3절의 이스마엘의 딸 바스맛은, 창 28:9절의 이스마엘의 딸 마할랏과 같은 사람이었다는 것이다.

브에리의 딸 유딧과 첫 번째 결혼 후, 에서는 엘론의 딸 아다와 결혼을 하였는데, 그녀의 별칭은 '향기로운 여인'이었을 것이다. 아다가 죽은 후에 에서는 이스마엘의 딸 마할랏을 아내로 얻으면서, 죽은 아내를 기리기 위해 그녀의 별칭을 '향기로운 여인'으로 불렀을 가능성이 존재하는 것이다. 또 다른 가능성은 에서는 '향기로운 여인' 아다와 이혼을 했고 (이것은 족장시대에 세속적인 근동지역의 법으로 허락되어 있었다), 마할랏과 결혼하면서 그녀에게 아다를 대신하여 '향기로운 여인'이라는 별칭을 주었을 가능성이다. 그래서 에서의 여러 번의 결혼은 다음과 같이 타당성을 가지고 재구성될 수 있다.

첫째 부인 : 헷 족속 브에리의 딸 유딧
둘째 부인 : '향기로운 여인(the Fragrant, Bashemath)'인 헷 족속 엘론의 딸 아다.
그녀는 일찍 죽었거나 이혼했다.
셋째 부인 : '향기로운 여인'인 이스마엘의 딸이요 느바욧의 누이인 마할랏
넷째 부인 : 히위 족속 시브온의 손녀 오홀리바마

아내들이 진짜 이름과 다른 별칭을 가지고 있었다는 사례는 적어도 두 경우가 있다. 첫 번째 예는 족장시대와 동시대였던 마리토판Mari texts에서 찾아볼 수 있다. 예루살렘 히브리 대학의 아브라함 말라마트는 다음과 같이 기록하고 있다.

> "몇 년 전, 나는 마리의 여인들 중에서 가장 유명했던 짐리림(족장 시대에 마리의 왕)의 왕비인 쉬부츠에 대한 연구를 발표하였다…. 꽤 최근까지도 쉬부츠는 알렙포의 왕인 야림림의 딸이었고, 왕의 첫째 부인은 가쉐라로서 여겨졌었다. 그러나 몇몇 기록에서, 쉬부츠의 어머니는 지지라는 이름으로 되어 있었다. 따라서 쉬부츠는 알렙포의 왕인 야림림의 두 번째 왕비가 난 공주이거나, 지지가 가쉐라의 별칭일 수 있는 것이다. 그러한 별칭은 고대사회에서 그리 드문 일이 아니었다. 짐리림에도 이러한 현상이 나타나고 있었다. 왜냐하면 그의 가족들은 자주 그를 '나의 별(my Star)'로 불렀었다."

훨씬 후에 살았던 앗시리아의 왕인 산헤립(BC 705~681)의 부인은 아람어 이름으로 '나퀴아'이지만, 앗시리아 이름으로는 '자쿠투'였다.

따라서 에서의 두 아내는 태어나서 아다와 마할랏이란 이름을 가지고 있었고, 동일한 별칭인 '향기로운 여인(바스맛)'이란 이름을 가지게 되었을 가능성이 충분히 있는 것이다.

<Stephen Caesar, http://www.creation.or.kr/library/itemview.asp?no=2688>

06

모세의 장인의 이름은?

모세의 장인의 이름은 출애굽기 2:18과 민수기 10:29절에는 '르우엘'로, 출애굽기 3:1, 4:18, 18:1,2,5,6,12절에는 '이드로'로, 사사기 4:11절에는 '호밥'으로 되어 있다. 이것은 성경의 오류인가?

> "목자들이 와서 그들을 쫓는지라 모세가 일어나 그들을 도와 그 양 떼에게 먹이니라 그들이 그들의 아버지 **르우엘**에게 이를 때에 아버지가 이르되 너희가 오늘은 어찌하여 이같이 속히 돌아오느냐" (출 2:17~18)

> "모세가 그의 장인 미디안 제사장 **이드로**의 양 떼를 치더니…" (출 3:1)

> "모세의 장인 **호밥**의 자손 중 겐 사람 헤벨이…" (삿 4:11)

모세가 살았던 당시에는 이름이 개명되거나 또는 여러 이름으로 불리는 경우가 많았던 것 같다. 우리 조상들도 정식 이름 외에 어릴 때 부르는 이름을 따로 가지고 있어서 '아명'이라고 했고, 또한 그 사람의 특성이나 바라는 뜻을 담아 별도로 '호'를 지어 부르기도 했다. 출 2:16절부터 3:1절까지의 기록을 보면 문맥의 흐름상 '르우엘'과 '이드로'는 한 사람의 이름임이 너무나 분명하다. 이와 같이 한 사람이 두 가지의 이름을 가지고 있는 예는 성경에서 쉽게 찾아볼 수 있다. 여호수아의 이름은 호세아였는데 모세가 여호수아로 고쳐 부름으로써 그 이름이 여호수아가 되었다. 하나님께서 이름을 고쳐주신 적도 여러 차례 발견되는데, 아브람을 아브라함으로, 사래를 사라로, 야곱을 이스라엘로 고쳐주셨다.

그러면 사사기 4:11절의 호밥이라는 이름은 무엇인가? 개역개정, 개역한글, 공동번역, 표준새번역 등의 한글 성경들은 "모세의 장인 호밥의 자손…"으로 번역하고 있고, 현대인의성경은 "모세의 처남인 호밥"으로 번역하고 있다. 개역개정 성경은 이 구절에 각주를 달아서 장인은 히브리어로 처남이라는 뜻도 있고, 호밥에 대해서는 민수기 10:29절을 보라고 설명하고 있다.

영어성경들을 살펴보면 [KJV], [NKJV], [NASB], [RSV], [NRSV], [YLT], [DBY], [Webster] 등과 같은 대부분의 영어성경들은 '모세의 장인 호밥(Hobab the father-in-law of Moses)'이라고 번역하였으나, [NIV], [ASV], [NLT], [BBE], [WEB] 등과 같은 영어 성경들은 '모세의 처남 호밥(Hobab the brother-in-law of Moses)'이라고 번역하고 있다.

이러한 혼동은 다양한 뜻을 가진 히브리 단어의 번역시에 일어나곤 한다. 통상 구약성경의 경우 히브리 단어가 가지는 다양한 의미 때문이고, 신약성경의 경우는 사본들의 문제 때문이기도 하다. 이 구절에서 통상 장인으로 번역된 '하탄'이라는 히브리어는 '결혼시 (딸을) 넘겨주다; 따라서 (일반적으로) 결혼으로 친척이 되다 – 친척이 되다, 시아버지, 혼인하다, 시어머니, 사위, 사위가 되다, 사위삼다' 또는 '처남'이라는 의미로도 사용되는 단어이다.

그러므로 모세의 장인의 이름이 여러 가지로 기록된 것은 그리

특별한 경우가 아니다. 때에 따라 이러한 관계를 명확하게 밝히기를 원하는 경우에는 민수기 10:29절에서와 같이 "모세가 모세의 장인 미디안 사람 르우엘의 아들 호밥에게 이르되"라고 호밥을 설명하는 문구를 넣어주고 있다. 비슷한 예로 신약에서도 이름 앞에 '나사렛 예수', '구레네 사람 시몬' 등 출신 지방을 수식어로 사용하여 정확히 누구인지를 알리는 경우를 볼 수 있다. 따라서 이것은 성경의 오류 문제가 아니라, 번역상의 문제인 것이다.

그리고 출애굽기와 민수기에서는 모세의 장인이 '미디안 사람'이라고 기록되어 있으나, 사사기 1:16절은 "모세의 장인은 겐 사람이라…"고 되어 있다. 이것은 아마도 겐 족속이 미디안 족 내의 소 부족이었거나, 정치적 동맹을 맺은 족속이었을 것으로 성경학자들은 보고 있다. 따라서 이것도 성경의 오류가 아닌 것이다.

<김홍석>

07

이스라엘 백성이 애굽에서 종살이한 기간은 400년인가, 430년인가?

"여호와께서 아브람에게 이르시되 너는 반드시 알라 네 자손이 이방에서 객이 되어 그들을 섬기겠고 그들은 **사백 년** 동안 네 자손을 괴롭히리니" (창 15:13)

"이스라엘 자손이 애굽에 거주한 지 사백삼십 년이라 **사백삼십 년**이 끝나는 그 날에 여호와의 군대가 다 애굽 땅에서 나왔은즉" (출 12:40~41)

창세기 15:13절에서 하나님은 아브람에게 네 자손이 이방에서 객이 되어 400년 동안 그들을 섬기고 그들은 네 자손들을 괴롭힐 것이라고 말씀하셨다(행 7:6 참조). 그러나 출애굽기 12:40절에 의하면, 실제로는 거주한 지 430년 만에 애굽에서 나왔다고 기록되어 있다. 그리고 41절에는 "사백삼십 년이 끝나는 그 날에"라고 다시 한 번 강조되어 있다. 이것은 실제로 그랬다는 것이다. 이러한 기록은 오히려 성경을 신뢰하게 만드는 하나의 요인이 된다. 그렇다면 왜 하나님께서는 아브라함에게 그 자손들이 이방에서 객이 되어 사백 년 동안 괴롭힘을 당할 것이라고 말씀하셨다가, 실제로는 사백삼십 년 동안

애굽에 있도록 하셨을까? 하나님의 예언이 틀린 것일까? 아니면 성경의 오류인가?

세 가지 정도의 가능성을 유추해 볼 수 있는데, 첫 번째 가능성은 애굽에서 거주한 430년 가운데 30년 동안은 종으로 살지 않았고, 400년 간은 종으로 살았을 가능성이다. 그러나 이 해석은 하나의 문제점을 가지고 있다. 야곱이 기근을 피해 애굽으로 식솔들을 데리고 내려갔을 때의 나이가 130세였고(창 47:9), 이때에 요셉의 나이는 39세였다〔왜냐하면 요셉은 30세에 애굽의 총리가 되었고(창41:46), 야곱이 식솔들과 내려왔을 때는 아직 흉년이 다섯 해가 남은 시기였다(창 45:11). 그러므로 7년 풍년 + 2년 흉년 = 9년 후〕. 이로부터 30년 후라면 요셉의 나이가 69세쯤이다. 그리고 요셉은 110세에 죽었다(창 50:26). 그렇다면 최소한 요셉이 살아있을 동안에는 종으로 전락되지 않았을 것이라는 가정 하에서 이 가능성은 성립될 수 없다. 또 하나 출애굽기 1:6~11절에 의하면, 요셉과 그의 모든 형제와 그 시대의 사람은 다 죽었고 이스라엘 자손은 생육하고 불어나 번성하고 매우 강하여 온 땅에 가득하게 되었으며, 요셉을 알지 못하는 새 왕이 일어나서 이 이스라엘 자손이 우리보다 많고 강하다고 우려를 표명하면서, 이에 그들에게 무거운 짐을 지워 괴롭게 하고 성들을 건축하게 하고 학대하였다고 기록되어 있다. 따라서 애굽으로 내려간 70명의 이스라엘 백성들이 30년 만에 새 왕이 우려할 정도로 많은 수로 늘어날 수는 없었을 것이라는 문제점을 가지고 있다.

두 번째 가능성은 하나님이 뜻을 바꾸시어 그 시기를 연장하셨을 가능성이다. 창 15:16절에서 "네 자손은 사대 만에 이 땅으로 돌아오리니 이는 아모리 족속의 죄악이 아직 가득 차지 아니함이니라"라고 말씀하고 계신다. 여기서 그 이유를 추정해볼 수 있는데, 아모리 족속의 죄악이 관영하게 된 것이 사백삼십 년 후였을 가능성이다. 그렇다면 하나님께서는 이처럼 그 뜻을 변경하시는 경우가 있는가? 그러한 사례는 종종 있었다. 요나서에서 보면, 하나님께서는 니느웨성을 멸하실 것을 결정하셨다가 니느웨성 사람들이 회개하자 그 결정을 철회하셨고, 요나는 이에 대해 불만을 토로했었다. 이것은 하나님의 말씀이 틀렸다는 것이 아니라, 하나님께서 사람들의 기도와 회개의 태도를 받으시고 결정을 변경하시기도 한다는 것이다. 또 애굽에서 나온 이스라엘 백성들이 원망 불평하고 불순종하는 패역한 모습을 보였을 때, 하나님께서 그들을 모두 멸하려고 하셨다가 모세의 기도를 들으시고 돌이키신 일도 있었다.

세 번째로 하나님께서 모세와 이스라엘 백성들이 출애굽 할 준비상태와 주변 여건들을 판단하신 결과 30년 늦게 430년이 끝나는 날을 적기로 삼으셨다고 가정해보는 것이다.

하나님이 왜 그렇게 하셨는가에 대하여 성경은 침묵한다. 다만 아브라함에게 네 자손이 이방에서 객이 되어 사백 년 동안 괴롭힘을 받을 것이라고 말씀하셨지만, 그 후에 실제로 때가 되었을 때 하나님께서 사백삼십 년을 마치는 바로 그 날에 출애굽하게 하셨다는 것이다. 이것은 다시 한번 성경 기록이 사실적인 기록임을 알 수 있게 해주는 것이다. 성경은 노아나 아브라함이나 모세나 다윗과 같은 영웅들의 실수에 대해서도 침묵하지 않고 사실 그대로를 기록했던 것처럼, 역사적 사건들도 왜곡하지 않고 사실 그대로를 전하고 있는 것이다. 400년과 430년 문제는 오히려 성경의 사실성을 더욱 입증해주고 있는 것이다.

<김홍석>

08

성경이 박쥐를 새라고 지칭한 것은 오류인가?

"**새 중에** 너희가 가증히 여길 것은 이것이라 이것들이 가증한즉 먹지 말지니 곧 독수리와 솔개와 … **박쥐**니라" (레 11:13~19). (참조 신 14:11~18).

이것은 성경에 있는 생물학적 실수인가? 많은 성경비판가들은 그렇게 생각한다. 간단한 대답으로부터 시작해 보자. 분명히 린네의 분류는 레위기와 신명기가 기록되었던 시기에 없었다. 그리고 '새'에 대한 과학적 정의도 존재하지 않았다. 동물과 사물들은 기능, 형태 등과 같은 여러 수단들에 의해서 분류될 수 있다. 이 경우에 있어서 새를 나타낸 단어인 '오프owph'는 단순히 날개를 가진 생물을 의미한다. 이것은 뒤덮다, 또는 날다를 의미하는 어근으로부터 왔다.

'오프'라는 범주에는 새, 박쥐, 비행 곤충 등이 포함된다. 거기에는 또한 익룡도 주변에 있었다면 포함될 수 있었다. 현대의 생태학자들도 매우 유사한 방법으로 수생생물들을 그들의 생활 방식에 따라 플랑크톤, 유영동물, 수저생물 등으로 분류한다. 그것은 오늘날의 천문학자가 일몰과 일출과 같은 용어들을 사용하더라도 천동설을 믿는 사람으로 비난당하지 않지만, 성경의 그러한 기록은 천동설을 주장한다고 비난당하는 것과 유사하다. 무슨 이유로 같은 용법의 사용이 성경 기자들에 대해서는 허락되지 않는 것인가?

킹제임스(KJV) 성경은 '새'라는 용어를 선택했다. 그리고 아무도 그것을 바꿀 필요를 느끼지 않았다. 이러한 문제를 지적하는 회의론자들은 히브리인들이 이 단어를 사용했었던 때를 고려했는지 궁금하다. 그들은 깃털을 가지고 있는 온혈동물로서 '새'를 정의하고 있는 현대적인 분류 체계만을 생각하고 있는 것이다.

회의론자들은 성경의 오류로 생각되는 것들을 어떻게든 찾아내서 성경을 훼손하기를 원한다. 그리고 항상 자기 주장만이 옳다고 고집하는 문제아처럼 행동한다. 그들의 주장에는 전혀 정당성이 없다.

<James Patrick Holding, http://www.creation.or.kr/library/itemview.asp?no=3022>

09

곤충의 다리 숫자에 관한 성경 기록은 오류인가?

"날개가 있고 **네 발로 기어 다니는 곤충은** 너희가 혐오할 것이로되 다만 날개가 있고 네 발로 기어다니는 모든 곤충 중에 그 발에 **뛰는 다리**가 있어서 땅에서 뛰는 것은 너희가 먹을지니 곧 그 중에 메뚜기 종류와…" (레 11:20~22)

곤충insect은 다리가 넷이 아니라 여섯이므로 위의 성경 구절은 오류인가? 20절과 21절에서 곤충으로 번역된 원래 단어인 '오프owph'는 날개가 있는 생물을 가리키는 말이다. "네 발로 기어다니는 모든 곤충"이라는 구절을 시적 표현쯤으로 넘겨버릴 수도 있겠지만, 좀더 나은 그리고 더 정확한 해석이 있다.

메뚜기의 커다란 뒷다리big back legs는 나머지 다리들과 같은 의미의 '발feet'들로 여겨지지 않았던 것이다. 유명한 조지 오웰의 소설 「동물농장」에 유사한 사례가 있다. 돼지 스노우볼은 인간을 동물농장에서 몰아내기 위하여 "네 다리는 좋고 두 다리는 나쁘다"라는 슬로건을 만들었는데, 거위와 다른 새들이 자신들도 다리가 두 개라고 반대하자, 스노우볼이 (영화에서보다 소설책에서 더 명확히) 설명하기를, 동물사회에서 새의 날개는 몸을 움직이는 사지이고, 인간처럼 조작을 하는 팔이나 손이 아니므로 다리로 간주해야 한다고 하였다.

위의 레위기 본문을 다시 살펴보면 '뛰는 다리(발 위의 다리, legs above their feet)'를 별도로 취급하고 있음을 알 수 있다. 다리이긴 하지만 단지 '발'의 기능만 하는 '네 개의' 다리와는 다른 의미의 다리인 것이다. 즉, 두 가지 종류의 다리가 있는데, 네 발로 기어 다니는데 사용되는 다리(20, 21절에는 '다리'라 하지 않고 '발'이라고만 되어 있다)와 '뛰는 다리(21절)'가 그것이다. 히브리 사람들은 메뚜기와 귀뚜라미 같은 곤충에 있는 두 개의 커다란 뒷다리는 뛰어오르는 수직운동에 사용되는 것이기 때문에, 돌아다니는 데 사용되는 나머지 네 다리와는 별도로 취급하였음이 분명하다.

받아들이기 어려운가? 그렇다면 대안은 (이집트 왕궁에서 최고 교육을 받았고, 광야에서 메뚜기를 직접 먹었을) 모세가 곤충의 다리가 6개인지를 몰랐다고 말하는 것이다.

<James Patrick Holding, http://www.creation.or.kr/library/itemview.asp?no=3218>

10

다윗 왕의 아버지 이새는 몇 명의 아들을 두었는가?

사무엘상 16:10~11절은 분명히 이스라엘 왕 다윗의 아버지 이새가 적어도 8명의 아들을 두었고 그 중 다윗은 여덟째였음을 의미하고 있다. 그러나 역대상 2:13~15절에 이새는 일곱째로 다윗을 낳았다고 기록되어 있다.

> "이새가 그의 아들 일곱을 다 사무엘 앞을 지나게 하나 사무엘이 이새에게 이르되 여호와께서 이들을 택하지 아니하셨느니라 하고 또 사무엘이 이새에게 이르되 네 아들들이 다 여기 있느냐 이새가 이르되 아직 막내가 남았는데 그는 양을 지키나이다…" (삼상 16:10~11)

> "이새는 맏아들 엘리압과 둘째로 아비나답과 셋째로 시므아와 넷째로 느다넬과 다섯째로 랏대와 여섯째로 오셈과 일곱째로 다윗을 낳았으며" (대상 2:13~15)

어떤 본문이 맞는가? 이새는 실제로 몇 명의 아들을 두었는가? 그리고 만일 한 곳의 기록과 다른 곳의 기록이 서로 모순된다면, 성경은 신뢰할 수 있는 것인가?

그렇다. 성경의 두 기록 모두 정확하다. 역대기 저자는 설명하지 않았지만, 이새의 아들 중 한 명은 다윗이 왕이 되어 중요한 영향력을 행사하기 이전에 죽었을 가능성이 높다.

역대상 2:13~15절에서 이새가 7명의 아들들을 두었다고 말하지 않고 있는 것을 알 수 있다. 거기에는 단순히 (다윗을 포함하여) 그의 일곱 아들과 두 딸의 이름들이 거명되고 있을 뿐이다.

만약 이새의 아들들 중 한 명이 결혼 전에 일찍, 혹은 자녀가 없이, 아니면 특별히 주목할 만한 어떤 일을 하지 않고 죽었다면, 그의 이름이 역대상의 기록에서 누락된 것은 드문 일이 아니다. 오늘날에도 살아있는 자녀들만 거론되는 것은(공식 족보를 제외하고) 매우 흔한 관행이다.

여기 문제의 두 성경 구절들은 서로 모순되지 않는다. 그러므로 이 난제는 해결될 수 있고, 성경의 신뢰성을 의심하는 데에 사용될 수 없다. 그러므로 하나님으로부터 영감을 받은 정확 무오한 계시로서의 성경의 권위는 손상되지 않는다.

<Daryl E. Witmer, http://www.creation.or.kr/library/itemview.asp?no=4413>

성경의 난제들을 다루는 적절한 원칙

성경은 100% 신뢰할 수 있다는 주장에 대해, 많은 수의 성경 구절들이 도전에 시달리고 있는 것처럼(적어도 처음에는) 보인다. 그러나 그러한 '문제의' 구절들은 오래 전부터 제기되어 왔던 것들이며, 신중하게 고려되었고, 지적이고 합리적인 방법으로 해결되었다. 새롭게 제기되는 난제들은 없다. 문제가 있어 보이는 성경 본문들을 다룰 때에, 명심해야 할 몇 가지 원칙이 있다 :

○ 성경에서 난해한 문제를 만날 때에 우리는 둘 중에 하나의 선택을 해야 한다. 하나는 성경에 설명하기 어려운 약간의 본문들이 있다는 것을 인정하지만, 성경에는 오류가 없다는 전제를 선택하는 것이다. 다른 하나는 성경은 여전히 많은 진리를 내포하고 있지만, 성경은 오류투성이라는 전제를 선택하는 것이다. 한 사람의 선입관은 자주 결정적임이 입증되고 있다.

○ 만일 우리가 성경은 사소하지만 오류를 포함하고 있다는 것을 전제로 받아들인다면, 성경은 자동적으로 그리고 필연적으로 하나님의 말씀으로서의 권위를 잃어버리게 된다. 만일 성경이(역사와 과학의 문제에 관하여서까지도) 100% 정확하지 않다면, 그때는 100% 의심될 수밖에 없다. 성경이 무오하지 않다면, 성경은 오류가 있을 수밖에 없고, 성경에 오류가 있다면, 성경은 전능하신 하나님의 말씀으로 신뢰될 수 없다.

○ 성경은 확실히 100% 하나님의 감동으로 되었으며, 권위가 있음을 스스로 표명하고 있다.

"모든 성경은 하나님의 감동으로 된 것으로 교훈과 책망과 바르게 함과 의로 교육하기에 유익하니 이는 하나님의 사람으로 온전하게 하며 모든 선한 일을 행할 능력을 갖추게 하려 함이라" (딤후 3:16~17).

○ 예수님은 일관되게 모든 성경은 신뢰할 수 있고 권위를 가지는 것으로 말씀하셨다.

"진실로 너희에게 이르노니 천지가 없어지기 전에는 율법의 일점 일획도 결코 없어지지 아니하고 다 이루리라" (마 5:18)

"그러나 율법의 한 획이 떨어짐보다 천지의 없어짐이 쉬우리라" (눅 16:17)

"성경은 폐하지 못하나니 하나님의 말씀을 받은 사람들을 신이라 하셨거든" (요 10:35)

○ 구절의 문맥과 역사적인 단어들의 사용은 성경의 모순처럼 보이는 여러 구절들을 푸는 데에 관건이 된다.

○ 필사 오류와 전달상의 실수들은 성경의 오류를 의미하지 않는다. 필사자들의 여러 오류들은 확인되어 왔고, 분류되었고, 합리적으로 설명되어 왔다. 이러한 것들이 원본(성경)의 오류로서 주장될 수는 없다.

토끼는 되새김질을 하는 동물이었다

"토끼도 새김질은 하되 굽이 갈라지지 아니하였으므로 너희에게 부정하고" (레 11:6)

○ 최근까지 동물학계에서 토끼는 되새김질을 하지 않는 동물로 알려져 왔었다. 따라서 성경비판가들은 "토끼는 되새김질을 안 하는데, 평소에 입을 오물오물하니까, 그걸 보고 모세가 오해하였을 것이다"라고 말하며 성경의 오류라는 것이었다. 그러나 하나님의 말씀인 성경이 사실일 것이라고 생각한 독일의 유명한 동물학자인 그리지맥 박사는 자신이 토끼를 직접 연구하기로 결심했다. 그는 선입견을 버리고 아침부터 밤까지 오로지 토끼만 쳐다보며 연구하고 관찰했다. 그런데 놀랍게도 먹이를 주고 지켜볼 때는 되새김질을 안 하던 토끼들이 사람이 보지 않는 깊은 밤 12시에서 새벽 3시 사이, 캄캄한 토끼 굴에서 혼자 몰래 되새김질을 하는 것을 발견한 것이다. 그는 토끼의 되새김질뿐만 아니라 또 다른 사실도 알아냈다. 이 되새김질에는 특수한 물질이 필요한데, 그것은 바로 토끼 똥이라는 것이다. 토끼는 두 가지 똥을 누는데, 하나는 흔히 우리가 생각하는 대변이고, 다른 하나는 되새김질에 필요한 특수 물질이다. 낮에 풀로 배를 가득 채운 토끼는 밤에 소화에 필요한 특수 물질을 배설하고 이것을 먹은 다음 되새김질을 하여 소화를 시킨다는 사실이 밝혀지게 된 것이다.

11

솔로몬의 병거 수, 다윗이 죽인 군사의 수, 염병으로 죽은 사람의 수는 오류인가?

1. 솔로몬이 가지고 있었던 병거의 말 수는 사만인가, 사천인가?

"솔로몬의 병거의 말 외양간이 사만이요 마병이 만 이천 명이며" (왕상 4:26)

"솔로몬의 병거 메는 말의 외양간은 사천이요 마병은 만 이천 명이라…" (대하 9:25)

추정되는 모순에 대한 설명 : 그 구절들을 주의 깊게 읽어보면, 당신은 어떠한 모순도 없음을 알게 될 것이다. 솔로몬은 한 병거(전차) 당 10마리 말로 이루어진 병거 팀들을 가지고 있었다. 만약 솔로몬이 사천의 병거들을 위한 외양간을 가지고 있었다면, 그는 사만 마리의 말들을 위한 외양간을 필요로 했을 것이다. 현대의 많은 성경 번역본들이 그들이 생각했던 것을 실수라고 보고 있지만, 사실 어떠한 모순도 없는 것이다.

2. 다윗이 죽인 사람의 수에 차이가 있는가?

"아람 사람이 이스라엘 앞에서 도망한지라 다윗이 아람 병거 칠백 대와 마병 사만 명을 죽이고…" (삼하 10:18)

"아람 사람이 이스라엘 앞에서 도망한지라 다윗이 아람 병거 칠천 대의 군사와 보병 사만 명을 죽이고…" (대상 19:18)

추정되는 모순에 대한 설명 : 한 병거당 10사람이 타고 있었다면 두 구절은 아무런 문제가 없다.

3. 염병으로 죽은 자에 차이가 있는가?

"그 염병으로 죽은 자가 이만 사천 명이었더라" (민 25:9)

"그들 중의 어떤 사람들이 음행하다가 하루에 이만 삼천 명이 죽었나니 우리는 그들과 같이 음행하지 말자" (고전 10:8)

추정되는 모순에 대한 설명 : 하루에 23,000명이 죽고, 이후에 1,000명이 더 죽었다면, 어떠한 모순도 없다.

<Kent Hovind, http://www.creation.or.kr/library/itemview.asp?no=3166>

12

솔로몬이 얻은 금의 양, 다윗이 지불한 금액은 오류인가?

1. 솔로몬이 오빌에서 얻은 금은 사백이십 달란트인가, 사백오십 달란트인가?

"솔로몬 왕이 에돔 땅 홍해 물 가의 엘롯 근처 에시온게벨에서 배들을 지은지라 히람이 자기 종 곧 바다에 익숙한 사공들을 솔로몬의 종과 함께 그 배로 보내매 그들이 오빌에 이르러 거기서 **금 사백이십 달란트**를 얻고 솔로몬 왕에게로 가져왔더라" (왕상 9:26~28)

"그 때에 솔로몬이 에돔 땅의 바닷가 에시온게벨과 엘롯에 이르렀더니 후람이 그의 신복에게 부탁하여 배와 바닷길을 아는 종들을 보내매 그들이 솔로몬의 종들과 함께 오빌에 이르러 거기서 **금 사백오십 달란트**를 얻어 솔로몬 왕에게로 가져왔더라" (대하 8:17~18)

추정되는 모순에 대한 설명 : 이것은 다른 두 여행에 관한 이야기이다. 다른 성경 구절들에 의하면 오빌로 갔던 여행이 많이 있었음을 분명히 알 수 있다.

"왕이 바다에 다시스 배들을 두어 히람의 배와 함께 있게 하고 그 다시스 배로 삼 년에 한 번씩 금과 은과 상아와 원숭이와 공작을 실어 왔음이더라" (왕상 10:22),

"곧 오빌의 금 삼천 달란트와 순은 칠천 달란트라 모든 성전 벽에 입히며" (대상 29:4)

2. 다윗은 그 땅값으로 금 육백 세겔을 주었는가, 은 오십 세겔을 주었는가?

"왕이 아라우나에게 이르되 그렇지 아니하다 내가 값을 주고 네게서 사리라 값 없이는 내 하나님 여호와께 번제를 드리지 아니하리라 하고 다윗이 은 오십 세겔로 타작 마당과 소를 사고" (삼하 24:24)

"그리하여 다윗은 그 터 값으로 금 육백 세겔을 달아 오르난에게 주고" (대상 21:25)

여기에 어떠한 모순도 없다. 은 오십 세겔은 후에 제단이 세워진 그 장소에 대한 비용으로는 너무도 보잘 것 없다(출 21:32 참조). 그러나 그 비용은 한 마리의 소 값으로는 적절해 보일 수 있다. 대상 21:25절의 기록은 최초 거래가격으로 적절한 것으로 보인다. 그리고 다윗은 오르난에게 소 값도 역시 지불하고자 했다. 다윗은 터(땅) 값으로 금 육백 세겔을 지불하였고, 소 값으로 은 오십 세겔을 지불했다.

<Kent Hovind, http://www.creation.or.kr/library/itemview.asp?no=3166>

13

성경은 원주율을 3.14가 아니라 3.0이라고 말하고 있는가?

열왕기상 7:23절에는 흥미로운 언급이 있다. 유사한 설명이 역대하 4:2절에도 나온다.

> "또 바다를 부어 만들었으니 그 직경이 십 규빗이요 그 모양이 둥글며 그 높이는 다섯 규빗이요 주위는 삼십 규빗 줄을 두를 만하며" (왕상 7:23)

때때로 회의론자들은 이 구절을 사용하여, 만약 성경에 기록된 수치대로 그 용기의 둘레를 직경으로 나눈다면, 원주율이 파이(pi, 3.14159…)가 아니라 3.0 이 된다고 주장하며 성경의 정확성을 비웃고 있다.

더 정밀한 조사는 적어도 두 가지의 가능한 설명이 있음을 보여준다.

1. 규빗이라는 단어의 의미와, 그것이 용기를 측정하는 데에 어떻게 사용되었는지를 살펴보는 것이다. 규빗은 팔굼치에서 손가락

끝까지 남자의 전박의 길이이다. 히브리인의 규빗은 대략 45cm였다. 남자의 전박 길이를 가지고 어떤 길이를 정확히 측정한다는 것은 쉽지 않음이 분명하다. 성경에서 반(1/2) 규빗은 여러 차례 언급되어 있다. 그러나 1/3 규빗이나 1/4 규빗은 언급되어 있지 않다. 심지어 부피나 무게를 측정하는 데에도 1/3 이나 1/4 이라는 세부적인 표현은 사용되고 있지 않다.

그러므로 반 규빗보다 조금 많은 길이는 한 규빗으로 간주했을 가능성이 매우 높다. 그리고 반 규빗보다 작은 길이는 그것과 가장 가까운 규빗으로 간주했을 것이다.

열왕기상 7:23절로부터, 자신의 팔이나 다른 사람의 팔을 기준으로 한 규빗을 정하고, 그 규빗 막대로부터 거리를 표시한 줄이나 끈을 이용해 둘레가 측정되었고, 반 규빗 이하나 이상은 반올림하였을 수 있다. 같은 방법으로 직경도 표시된 줄로서 측정되었고, 반올림되었을 수 있다.

예를 들어, 만약 실제 직경이 9.65 규빗이었다면, 그것은 10 규빗으로 간주되었을 것이다. 그때 실제 원둘레는 30.32 규빗이 되었을 것이다. 이것은 30 규빗으로 간주되었을 것이다. (직경 9.6 규빗이면 원주는 30.14 규빗··· 등등). 그러면 실제 직경에 대한 실제 원주율은 30.32 ÷ 9.65 = 3.14(진정한 파이의 값)가 된다. 그러나 간주된 원주율은 30 ÷ 10 = 3.0이 되는 것이다.

이상은 합리적일 수도 있지만, 측정이 이러한 방식으로 이루어졌는지 아닌지는 확실하게 알 수는 없다. 그러나 만약 주어진 측정이 성경에 기록된 대로 정확히 10 규빗과 30 규빗이었다 할지라도, 아래와 같은 경우에 그 답을 제공할 수 있다.

2. 열왕기상 7:26절에 보면, 그 용기는 백합화 모양으로 잔과 같은 가장자리rim를 가지고 있었다. 즉 백합화의 곡선처럼 바깥쪽으로

벌어진 테두리가 있었다는 것이다. 그것은 성경학자들에 의하면 아래의 그림처럼 보였다.

열왕기상 7:23절과 역대하 4:2절을 다시 한번 자세히 들여다보자.

1) 십 규빗의 직경은 '가장자리에서 가장자리'로 측정되었다. 즉 가장자리의 가장 끝에서 반대편 가장자리의 가장 먼 지점까지 측정된 것이다(윗 그림에서 A와 B 지점 사이).

2) 삼십 규빗의 둘레(원주)는 줄로 둘러서 측정되었다(23절). 즉 이 단어의 가장 자연스러운 의미는 용기 몸통의 바깥 둘레에 관한 것이며, 이것은 가장자리 아래의 용기 주변을 줄로서 바짝 두른 후에 측정되었다는 것을 의미한다. 용기 몸통의 직경은 위쪽 가장자리의 직경보다 적었을 것이 분명하다. 그리고 또한 삼십 규빗의 주위는 가장자리 아래의 용기의 수직적 면의 어떤 지점에서 측정되었음이 분명하다. 삼십 규빗이라는 측정되어진 원주로부터, 아래의 공식에 의해서 용기의 외부 직경을 계산할 수 있다.

직경 = 원주 ÷ π = 30 규빗 ÷ 3.14 = 9.55 규빗

따라서 원주가 측정되었던 지점에서의 용기의 외부 직경은 9.55 규빗일 것임에 틀림없다.

성경이 원주율 파이의 값과 관련하여 기하학을 위반하지 않고 있다는 것은 분명하다. 특히 성경비판가들이 성경은 원주율 파이의 값을 3.0이라고 말하고 있다고 비웃고 있는 것은 잘못된 것이다. 왜냐하면 그들은 모든 자료를 고려하지 않았기 때문이다. 성경은 신뢰할 만하다. 그리고 좀더 자세히 살펴보면 오류라고 주장되던 것들이 사라지는 것을 볼 수 있다.

<Russell Grigg, http://www.creation.or.kr/library/itemview.asp?no=3162>

14 여호야긴이 감옥에서 풀려난 날은?

성경의 오류로 주장되는 두 구절은 다음과 같다 :

> "유다 왕 여호야긴이 사로잡혀 간 지 삼십칠 년 곧 바벨론의 에윌므로닥 왕의 즉위 원년 열두째 달 **스물다섯째 날** 그가 유다의 여호야긴 왕의 머리를 들어 주었고 감옥에서 풀어 주었더라" (렘 52:31)
>
> "유다의 왕 여호야긴이 사로잡혀 간 지 삼십칠 년 곧 바벨론의 왕 에윌므로닥이 즉위한 원년 십이월 그 달 **이십칠일에** 유다의 왕 여호야긴을 옥에서 내놓아 그 머리를 들게 하고" (왕하 25:27)

많은 크리스천들은 이 주장되는 두 성경 구절의 불일치는 하나의 '필사 오류'라고 생각한다. 왜냐하면 그것은 숫자들을 포함하기 때문이다. 숫자들은 다른 사본들로부터 필사될 때, 실수가 생기기 쉽다. 사실 이 주장되는 성경의 오류에 대해 기독교인들이 제시하고 있는 책이나 인터넷 등에서의 대답은 하나의 필사 오류로서 말해지고 있다.

그러나 필사오류라고 가정하기 전에, 이 두 구절이 말하고 있는 것을 좀더 자세히 살펴볼 필요가 있다. 두 구절에서 어떤 부분들은 동일하지 않지만 어떤 부분은 동일하다. "유다의 왕 여호야긴이 사로잡혀 간 지 삼십칠 년 곧 바벨론의 왕 에윌므로닥이 즉위한 원년 십이월 그 달 (다른 날짜)… (기타 정보)".

만약 날짜가 서로 다르다면, 이것은 진정한 하나의 필사 오류일 수 있을 것이다. 그러나 다른 정보들은 동일했다. 따라서 이 경우에 이것은 오류가 아닐 수 있고, 다른 정보들은 매우 중요할 수 있다. 그러면 다른 정보들을 좀더 자세히 살펴보자.

예레미야 52:31절은 바벨론 왕이 유다의 여호야긴(여고냐) 왕의 머리를 들어준 것이 25일이었고, 그를 감옥에서 풀어주었다고 기록되어 있다. 한편 열왕기하 25:27절은 바벨론 왕이 27일에 유다의 왕 여호야긴을 옥에서 내놓았다고 기록하고 있다.

정말로 이 날짜들은 서로 다를 수 있다. 왜냐하면 그 날들은 서로 다른 날을 말하고 있을 수 있기 때문이다. 바벨론 왕은 25일에 유다 여호야긴 왕을 석방하라는 포고를 내린다. 그러나 여호야긴 왕이 실제로 옥에서 나오는 데에 이틀이 걸렸을 수 있다.

그러므로 이 구절들은 전혀 오류가 아니다. 오히려 성경은 독자들이 언뜻 넘어갈 수도 있는 구절들까지도 훨씬 더 상세하게 기록하고 있을 수 있는 것이다. 오늘날의 시대에도 어떤 죄수가 정부로부터 특별사면을 받아 풀려날 경우에, 실제로 그 사람이 교도소를 나오는 데에는 약간의 시간이 걸리고 있다. 그 명령이 행정적 절차들을 거쳐야 할 것이고, 서류 작업이 이루어져야 할 것이고… 등등. 그렇다면 2일의 시간은 비합리적인 기간이 아니다.

이것은 크리스천들에게 하나의 교훈을 주고 있다. 성경의 오류라고 주장되는 구절들이 있을 때, 우리는 먼저 성경을 좀더 자세히 살펴볼 필요가 있다는 것이다. 그리고 논리적으로 그 구절들을 생각해보아야 할 것이다.

<Bodie Hodge, http://www.creation.or.kr/library/itemview.asp?no=4599>

15

예수님의 족보가 마태복음과 누가복음에서 서로 다른 이유는?

왜 요셉(Joseph, 사람들이 아는 대로는 예수님의 부친)은 마태복음 1:16절과 누가복음 3:23절에서 다른 이름의 두 아버지를 가지고 있는 것일까?

> "**야곱은** 마리아의 남편 **요셉을 낳았으니** 마리아에게서 그리스도라 칭하는 예수가 나시니라" (마 1:16)

> "예수께서 가르치심을 시작하실 때에 삼십 세쯤 되시니라 사람들이 아는 대로는 요셉의 아들이니 **요셉의 위는 헬리요**" (눅 3:23)

먼저 몇 가지 사전 설명이 덧붙여질 필요가 있다. 누가복음의 족보는 완전한 계보이다. 그러나 마태복음의 족보는 단지 선택된 계보이다. 마태복음 1:17절에서 특별히 14대씩으로 나뉘어져 있는 마태복음의 족보는 완전한 계보라고 볼 수 없다.

이 두 족보는 다윗의 두 아들로까지 거슬러 올라갔다가, 둘 다 아브라함까지 이어진다. 마태는 다윗을 통해 내려온, 궁극적으로 유대인의 조상인 아브라함에서부터 내려온 왕의 계보임에 초점을 맞추었다. 그러나 누가는 거기에서 멈추지 않았다. 그는 예수님의 족보를 아담까지 계속 추적하였다. 누가는 아담까지 거슬러 올라가 예수 그리스도의 인간성에 더 초점을 맞추었다. 아담으로부터 창조세계 안으로 죄와 죽음이 들어왔고, 그래서 구원자이신 예수님이 필요하게 되었다.

또 하나 주목해야 할 점은 두 족보 모두 마리아의 동정녀 탄생에 대해서 알고 있었다는 것이다. 예를 들어, 마태는 "… 마리아의 남편 요셉을 낳았으니 마리아에게서 그리스도라 칭하는 예수가 나시니라"라고 기록하고 있다. 누가는 좀더 분명하게 말하고 있었다. "… 사람들이 아는 대로는(as was supposed) 요셉의 아들이니…"

성경의 오류라고 주장되는 요셉의 두 아버지에 관해서, 마태복음 1장과 누가복음 3장 사이의 차이는 꽤 간단하게 설명될 수 있다. 누가는 예수님의 족보를 마리아의 계보를 통해서 추적했고, 반면에 마태는 요셉의 계보를 통해 추적했던 것이다.

마태복음의 족보

마태가 요셉의 혈통을 기록하고 있는 주된 이유 중 하나는 여고냐(Jeconiah, 여고니야, 고니야, 여호야긴) 때문이다. 그는 마태복음 1:11절에 등장한다. 여고냐의 악한 행동 때문에, 그의 자손 중 다윗의 왕위에 앉을 사람은 다시는 없을 것이라는 예언이 있게 되었다(렘 22:30). 동정녀 탄생은 명백히 이것을 방지하고 있다.

이것은 마태복음의 족보가 요셉의 족보임을 가리킨다. 그리고 이것은 의미심장한 여성형 용어의 사용으로 확인되고 있다. 마태가 요셉의 아내인 마리아를 족보의 마지막에서 언급했을 때, 그는 예수님의 부모님에 대하여 여성형을 사용하고 있었다. 이것은 예수님이 정말로 요셉의 아들이 아니라, 마리아의 아들임을 나타내고 있는 것이다.

누가복음의 족보

누가복음 3장을 살펴보면, 족보의 목록은 마태복음의 족보(다말, 룻 등과 같은 몇몇 여인들을 포함)에서처럼 엄격하게 예수님으로부터 아담까지 남자만 기록되어 있다. 그래서 누가복음의 족보가 마리아의 족보라면, 그러면 그녀는 목록에 올라가게 되었을 것이다.

더군다나 족보에서 헬리는 요셉의 아버지로서 기재되어 있다. 헬리는 2명의 딸을 두고 있었다. 한 딸은 마리아였고, 다른 딸은 세베대의 부인(이름이 알려져 있지 않은)이었다(마 27:56, 요 19:25). 모세의 법에서 기업을 물려 줄 아들이 없을 때(민 27:1~11, 36:1~12), 사위는 결혼 후에 가계의 이름을 유지하기 위해서 아들이 될 수 있었다. 그러므로 요셉은 마리아와 결혼하였을 때, 모세의 법에 따라 헬리의 아들이 되었다. 그리고 족보에 합법적으로 포함될 수 있었던 것이다.

또한, 누가복음의 족보에서 그 형태는 마태복음의 족보 형태와 다르다. 마태복음의 목록은 누가 누구의 아버지가 되는지(begot, 그리스어로 gennao)로 표현되고 있다. (한글 성경은 '낳고'로 번역됨). 그러나 누가복음에서 그 형태가 다르다. 그곳에서 '그 위는'(영어성경은 X is the son of Y)으로 표현되어 있다. 그러나 더 정확하게, 'son(아들)'이라는 단어는 그리스어(헬라어) 성경에는 없던 것이었다 (한글 성경에는 '그 위는'으로 번역함). 단지 우리가 더 잘 이해할 수 있도록 영어성경에서 삽입되었던 것이다. 그리스어 성경에서 'son'이 사용된 유일한 곳은 23절로서, 그곳에서 예수님은 "사람들이 아는 대로는 요셉의 아들이니 요셉의 위는 헬리요…"라는 구절이다.

누가는 매우 정확했다. 예수님은 헬리의 아들이었던 요셉의 아들이라고 사람들은 생각하고 있었다. 누가는('사람들이 아는 대로는'을 기재) 요셉이 헬리의 아들이었다고 결코 말하지 않았다는 것에 주목하라. 이것은 예수님의 족보 기록이 성경적 오류라는 주장을 무효화시키고 있는 것이다. 그리고 누가복음의 족보는 마리아의 족보였으며(요셉의 이름은 물려받은 기업에 기인하여 기재됨), 마태복음의 족보는 요셉의 족보였음을 보여주고 있는 것이다.

<Bodie Hodge, http://www.creation.or.kr/library/itemview.asp?no=4726>

16

마태는 예수님 족보의 대수를 잘못 계산하였는가?

마태복음에 기록된 예수님의 족보에 의하면, 아브라함에서 예수 그리스도까지 세 번의 열네 대가 흘렀다고 기록하고 있다. 그러나 족보에 기록된 사람들을 수는 모두 42명이 아니라, 41명이다. 이것은 어떻게 된 것인가? 마태복음 1장으로 돌아가 살펴보자 :

> "그런즉 모든 대 수가 아브라함부터 다윗까지 열네 대요 다윗부터 바벨론으로 사로잡혀 갈 때까지 열네 대요 바벨론으로 사로잡혀 간 후부터 그리스도까지 열네 대더라" (마 1:17)

이것을 논하기 전에, 족보에 등장하는 사람들을 도표로 정리하면 다음과 같다.

절	아버지	아들	수
아브라함(Abraham)			
2	아브라함(Abraham)	이삭(Isaac)	1
2	이삭(Isaac)	야곱(Jacob, Israel)	2
2	야곱(Jacob, Israel)	유다(Judah)	3

3	유다(Judah)	베레스(Perez)	4
3	베레스(Perez)	헤스론(Hezron)	5
3	헤스론(Hezron)	람(Ram)	6
4	람(Ram)	아미나답(Amminadab)	7
4	아미나답(Amminadab)	나손(Nahshon)	8
4	나손(Nahshon)	살몬(Salmon)	9
5	살몬(Salmon)	보아스(Boaz)	10
5	보아스(Boaz)	오벳(Obed)	11
5	오벳(Obed)	이새(Jesse)	12
다윗(David)			
6	다윗(David)	솔로몬(Solomon)	1
7	솔로몬(Solomon)	르호보암(Rehoboam)	2
7	르호보암(Rehoboam)	아비야(Abijah)	3
7	아비야(Abijah)	아사(Asa)	4
8	아사(Asa)	여호사밧(Jehoshaphat)	5
8	여호사밧(Jehoshaphat)	요람(Joram)	6
8	요람(Joram)	웃시야(Uzziah)	7
9	웃시야(Uzziah)	요담(Jotham)	8
9	요담(Jotham)	아하스(Ahaz)	9
9	아하스(Ahaz)	히스기야(Hezekiah)	10
10	히스기야(Hezekiah)	므낫세(Manasseh)	11
10	므낫세(Manasseh)	아몬(Amon)	12
10	아몬(Amon)	요시야(Josiah)	13
여고냐(Jeconiah, 여호야긴)			
12	여고냐(Jeconiah)	스알디엘(Shealtiel)	1
12	스알디엘(Shealtiel)	스룹바벨(Zerubbabel)	2
13	스룹바벨(Zerubbabel)	아비훗(Abihud)	3
13	아비훗(Abihud)	엘리아김(Eliakim)	4
13	엘리아김(Eliakim)	아소르(Azor)	5
14	아소르(Azor)	사독(Zadok)	6

14	사독(Zadok)	아킴(Achim)	7
14	아킴(Achim)	엘리웃(Eliud)	8
15	엘리웃(Eliud)	엘르아살(Eleazar)	9
15	엘르아살(Eleazar)	맛단(Matthan)	10
15	맛단(Matthan)	야곱(Jacob)	11
16	야곱(Jacob)	요셉(Joseph)	12
16	요셉(Joseph)	요셉의 아내 마리아에서 예수님이 태어나심	13

마 1:17절에서, 우리는 이 구절이 세 구분으로 특별히 나뉘어져 있음을 발견하게 된다.

1. 아브라함부터 다윗까지
2. 다윗부터 바벨론으로 사로잡혀 갈 때까지
3. 바벨론으로 사로잡혀 간 후부터 그리스도까지

이 구절은 또한 그 구분이 누가복음 3장과 같은 족보로만 되어 있는 것이 아니라, 14대의 그룹들로 구분되었음을 나타내고 있다. 그러면 여기서 나뉘어진 14대generations는 무엇인가? 총합이 14대의 각각의 합을 나타내지 않기 때문에, 거기에 성경의 오류가 있는 것인가? 이들의 이름과 구분이 어떻게 주어졌는지를 자세히 살펴보자. 거기에 그 답이 있다.

첫 번째 구분은 '아브라함부터 다윗까지'이다. 그래서 아브라함과 다윗, 그리고 그 사이에 12대를 합하여 모두 14대가 된다.

두 번째 구분은 '다윗부터 바벨론으로 사로잡혀 갈 때까지'이다. 그래서 다윗이 다시 계산에 포함되었다. 그러나 여고냐는 그럴 필요가 없었다. 만약 여고냐도 계산에 포함되려면, 그의 이름이 거명되는 것이 이치에 맞는 일이다. 유대 사회에서 여고냐는 매우 친숙한 인물이다. 왜냐하면 그는 유대인들이 바벨론으로 잡혀가는 것과 관련이 있기 때문이다. 그러나 여기에서 여고냐의 이름은 거명되지 않았다. 오히려 '바벨론으로 사로잡혀 갈 때까지'가 구분의 명칭으로 되어 있다. 이것이 매우 중요한 포인트이다.

여고냐(여호야긴)는 매우 짧은 기간 동안만 왕에 있었다. 그는 불과 18세의 나이로 왕이 되었고 여호와 보시기에 악하였다고 기록되어 있다(왕하 24:8~9). 그래서 마태가 여고냐를 바벨론 포로 이전의 하나의 완전한 세대로 포함시키지 않았다고 볼 수 있는 것이다. 그래서 다윗부터 바벨론으로 사로잡혀 갈 때까지(여고냐를 포함하지 않고) 14대인 것이다.

마지막 구분은 '바벨론으로 사로잡혀 간 후부터 그리스도까지'이다. 여고냐는 이전 바벨론으로 사로잡혀 갈 때까지의 구분에서 목록에 포함되지 않았기 때문에, 그가 여기에 포함되어야 하는 것은 당연하다. 그리고 그의 생애는 바벨론으로 잡혀간 후가 더 길었다. 그의 대를 포함할 때, 여고냐에서 그리스도까지는 14대이다.

따라서 마태가 각 열네 대라고 기록한 것은 전적으로 정확했다. 마태의 분류를 사용해서, 다윗은 두 번 목록에 올랐고, 그의 기록은 주의 깊은 것이었다.

<Bodie Hodge, http://www.creation.or.kr/library/itemview.asp?no=4713>

17

아르박삿의 아들은 누구인가? : 가이난, 셀라?

만일 당신이 성경 관련 잡지에서 족보 도표를 대조해 본다면, 대부분의 현대 번역 성경들에 기록되어 있는 누가복음 3:36절의 가이난Cainan의 이름이 없는 것을 발견할 수 있을 것이다. 더 나아가 이 이름이 창세기 10:24, 11:12, 그리고 역대상 1:18, 24절에 있는 상응하는 족보들에도 나타나 있지 않음을 알게 될 것이다. 왜 그럴까?

모든 성경은 하나님의 감동으로 된 것이기 때문에(딤후 3:15~17), 이 모순은 무오했던 성경 원본에서는 오류가 아니었음이 분명하다. 실제로 이 삽입은 후대의 70인역(Septuagint, LXX) 필사본들(비영감된 히브리 필사본들)에서 발견된다. 누가복음 3:36절에 가이난이라는 이름이 삽입된 것에 대해서는 2가지의 가능성 있는 설명이 존재한다.

첫 번째 설명은 가이난은 원본 사본에는 들어 있었는데, 히브리 필사자들이 창세기와 역대상의 구절들을 필사하던 중에 이 이름을 누락시켰다는 것이다. 그러나 헨리 모리스 박사가 지적했던 것처럼, 히브리 서기관들은 필사 과정에 매우 신중했다고 알려져 있기 때문에, 이것은 가능성이 낮은 설명이다. 또한 그 이름은 구약성경의 다른 고대판(사마리아역, 벌게이트역, 가장 오래된 70인역 등)들에서도 빠져 있다.

두 번째의 설명은 좀더 설득력이 있다. 즉 70인역에서 누가의 편지를 필사하던 필사자들이 부주의로 인해 아르박삿(아박삿)과 셀라(살라) 사이에 실수로 가이난을 삽입시켰다는 것이다〔사실 아르박삿은 35세에 셀라를 낳았다고 기록되어 있다(창 11:12). 따라서 그 사이에 가이난이 들어가는 것은 나이상으로도 무리가 있어 보인다〕. 그래서 그 이후의 70인역 필사자들이 누가복음에 있는 명단과 일치시키기 위하여 창세기와 역대상의 구절들에 아르박삿과 셀라 사이에 가이난을 삽입하게 되었다는 것이다. 래리 피어스는 이러한 설명이 유대 역사가 플라비우스 요세푸스(AD 37~약 100년)의 자료에 의해서도 지지받고 있음을 보여주었다. 요세푸스는 예수 그리스도의 가계도를 편집하기 위해 분명히 70인역을 사용했지만, 가외의 가이난을 포함시키지 않고 있었던 것이다 :

> "만약 요세푸스가 '70인역'을 사용하지 않았다면, 그는 틀림없이 70인역에 기초하여 쓰여진 어떤 다른 문서를 사용했을 것이다. 왜냐하면 요세푸스의 저술이 우연이라고 하기에는 너무도 많은 70인역의 실수들을 반복하고 있기 때문이다. 요세푸스의 시대에는 가이난이라는 가외의 세대가 70인역 또는 요세푸스가 사용했던 문서에는 들어 있지 않았던 것으로 나타난다. 들어 있었다면 요세푸스는 그 가이난을 넣었을 것이다! 만일 70인역에 가이난의 이름이 포함되어 있었다면, 요세푸스가 착오로 그것을 누락시켰거나(가능성 없음), 그 자료를 가볍게 취급하였거나 둘 중의 하나였을 것이다. 제롬(약 AD 347~419/420년)은 AD 5세기에 벌게이트 성경(Vulgate, 성경의 라틴어판)을 번역했을 때, 어거스틴(AD 354~430년)의 항변에도 불구하고 70인역을 사용하지 않았다. 왜냐하면 제롬은 70인역이 부정확하다고 믿고 있었기 때문이다. 그는 변동

을 포함하고 있지 않았던 히브리 텍스트Hebrew text를 사용했다."

피어스는 율리우스 아프리카누스(AD 약 180~약 250년)로부터 추가적인 정보를 얻을 수 있다고 지적한다. 아프리카누스도 그가 분명히 부풀려진 70인역의 연대를 사용했음에도 불구하고, 그의 연대표(AD 220년에 쓰여짐)에 가이난을 누락시켰다. 가외의 가이난의 추가는 AD 220년 이후의 어느 시점에서 이루어졌음에 틀림없다. 피어스는 다음과 같이 덧붙이고 있었다 :

"… 요세푸스는 크리스천 저술가가 아니었고 누가복음 족보의 필사본들에 영향을 받지 않았을 것이지만, 이에 반해 율리우스 아프리카누스는 독실한 크리스천이었다. 그의 아리스티데스에게 보낸 서신 3장에서, 그는 누가복음과 마태복음의 족보에 대해 철저히 연구했다. 사실 그는 누가복음 3:25절을 인용하고 있었다. 따라서 아프리카누스는 누가복음과 마태복음 사본을 둘 다 가지고 있었다. 그래서 사람들은 아프리카누스가 누가복음이나 누가복음에 기록된 족보에 대해서 알지 못했다고 주장할 수 없는 것이다. 만일 누가복음의 사본에 이 가짜 가이난이 들어 있었다면, 아프리카누스는 분명히 그것을 포함시키기 위해 그의 연대기를 수정했을 것이다. 사실 현존하는 가장 초기의 누가복음 사본이라고 알려진 P75(AD 175~255년 사이로 알려진 보드머 소장품)의 파피루스 사본 102페이지(원래는 144페이지)에는 가이난의 이름이 누락되어 있다. 그래서 누가복음 3:36절에 있는 내용은 AD 220년 이전에는 존재했다고 볼 수가 없다."

또한 개혁주의 침례교파 신학자인 존 길은 누가복음 3:36절에 가이난이 더해진 것에 대해 다음과 같이 말하고 있었다 :

"이 가이난은 창세기 11:12절에서 모세에 의해서 언급되지 않았고, 구약의 어떤 히브리어 사본에도 나타나 있지 않으며, 또한 사마리아어판이나, 탈굼어판에도 없다. 또한 요세푸스도 그 이름을 언급하지 않았으며, 가계의 족보가 반복되고 있는 역대상 1:24절에도 없고, 베자의 가장 오래된 누가복음의 헬라어판에도 없다. 그 이름은 정말이지 현대의 70인역에만 나타나고 있는데, 원래는 거기에도 없었다. 그러므로 그 자료로부터 누가가 취할 수도 없었다. 그렇기 때문에 초기의 어떤 부주의한 누가복음 필사자의 탓인 것으로 보인다. 그리고 권위 있는 70인역에 부주의하게 삽입된 그때부터, 많은 헬라어판들, 라틴어판인 벌게이트, 모든 동방판들, 심지어 그들 중 가장 오래된 시리아어판에도 가이난이 들어가게 되었다. 그러나 아르박삿의 아들이며 셀라의 아버지가 되는 그러한 가이난은 절대로 존재하지 않았다는 것이 확실하기 때문에, 그의 이름이 성경의 어느 사본에도 들어가서는 안 되는 것이다."

<Answers, http://www.creation.or.kr/library/itemview.asp?no=4399>

18

누가복음 2장의 호적은 언제? : 예수님 탄생 시기에 대한 성경 기록은 오류인가?

예수님 탄생 무렵인 BC 4~5년경에 로마의 황제 카이사르 아우구스투스(가이사 아구스도)에 의해서 실시되었던 인구조사(호적)는 "구레뇨가 수리아 총독이 되었을 때" 시행됐다고 눅 2:2절에 기록되어 있다. 그러나 만약 구레뇨가 실제로는 AD 6년까지는 총독이 되지 않았다면, 어떻게 성경의 기록이 정확하다 할 수 있겠는가? 이것은 역사적 사건에 대한 명백한 성경적 오류의 경우인가?

> "그때에 가이사 아구스도가 영을 내려 천하로 다 호적하라 하였으니 **이 호적은** 구레뇨가 수리아 총독이 되었을 때에 **처음 한 것이라**" (눅 2:1~2).

성경비판가들은 성경이 명백한 오류를 가지고 있다는, 그래서 성경을 신뢰할 수 없다는 근거로서 이 구절을 오랫동안 사용해 왔다. 그러나 이제 더 이상 그렇지 않다. 오늘날에는 누가복음의 기록에 더 유리한 해석을 제공하는 많은 이유가 있다. 유명한 학자요 고고학자인 윌리엄 램시 경이 입증했던 것처럼, 누가는 그 자신이 신뢰될 수 있는 역사가였음이 반복해서 입증되었다.

구레뇨 치하의 그 시기 즈음에 실시됐던, 성경 밖의 문서에서 유일하게 기록된 인구조사(호적)는 역사가 요세푸스에 의해 기록된 인구조사였다〔요세푸스의 'Antiquities' XVIII, 26(ii.1)〕. 그는 그 책에서 AD 6년에 인구조사가 시행됐다고 말했다.

그러나 누가복음 2:2절에서 요셉과 마리아가 베들레헴으로 내려갔던 즈음에 시행됐던 호적은 구레뇨가 수리아의 총독이었던 기간에 첫 번째로 실시된('처음 한, 개역한글에는 '첫 번 한') 것이라고 말하고 있는 것에 주목할 필요가 있다. 이것은 그 이후에도 인구조사가 또 있었다는 것을 의미한다. 첫 번째로 실시된 호적 이후에 실시된 호적(요세푸스에 의해 언급된 바로 그 AD 6년에 실시됐던 인구조사)에 대해서 누가도 분명히 알고 있었을 것이다.

구레뇨가 (정치적 분할 지역으로서 유대를 포함했던) 수리아(시리아) 지역에 인구조사를 실제로 두 번 명령할 수 있는 위치에 있었다는 좋은 이유가 있다. (흔히 '총독governor'이라고 번역되는 눅 2:2절의 헬라어 표현인 'hegemoneuo'는 실제로는 단지 '지도하고 있는' 또는 '담당하고 있는'을 의미한다). 첫 번째 호적은 BC 12~2년 사이의 기간 동안, 호모나덴시안들에 대한 군사작전을 지휘하고 있었을 때였을 것이다. 그의 칭호는 '군정장관military governor'이었을 수 있다.

1764년에 발견된 한 라틴어 비문은, 구레뇨가 수리아에 대하여 두 번의 분리된 경우에서 그의 권력을 행사할 수 있는 위치에 있었다는 견해에 무게를 실어주고 있다. 그 시기 동안에 한 번의 세금부과가 확실히 있었고, 따라서 당연히 호적을 실시했을 가능성이 상당히 높다. 그리고 이러한 사실은 누가의 시기에는 잘 알려져 있었을 것이다. 그러나 오늘날 그 호적 조사는 사람들에게서 잊혀지게 되었던 것이다. 학자들은 누가의 기록(그러므로 성경)이 100% 진실하다는 다른 많은 설명들을 지속적으로 제시해오고 있는 것이다.

<Daryl E. Witmer, http://www.creation.or.kr/library/itemview.asp?no=4387>

19

예수님의 제자들은 지팡이를 가지지 말아야 했는가?

"너희 전대에 금이나 은이나 동을 가지지 말고 여행을 위하여 배낭이나 두 벌 옷이나 신이나 지팡이를 가지지 말라 이는 일꾼이 자기의 먹을 것 받는 것이 마땅함이라" (마 10:9~10)

"명하시되 여행을 위하여 지팡이 외에는 양식이나 배낭이나 전대의 돈이나 아무 것도 가지지 말며 신만 신고 두 벌 옷도 입지 말라 하시고" (막 6:8~9)

"이르시되 여행을 위하여 아무 것도 가지지 말라 지팡이나 배낭이나 양식이나 돈이나 두 벌 옷을 가지지 말며" (눅 9:3)

이 동일한 구절들에서, 예수님은 그의 12 제자들에게 긴급한 명령을 내리고 계신다. 즉시 가서 유대 백성들에게 천국 복음을 전파하라는 것이었다. 영어 번역본 성경은 예수님이 제자들이 가지고 갈 것을 말씀하시면서 하나의 불일치를 보여주고 있다. 그들은 지팡이를 가지고 가야 하는가, 아니면 안 가지고 가야 하는가? 이 주제는 헬라어로 기록된 원래의 사본 성경에 사용된 헬라어 단어를 연구해 봄으로써 분명해질 수 있다.

마태복음에 사용된 '가지고ktaomai'라는 단어의 의미는 '얻다 또는 획득하다'이다. 이 구절에서 예수님은 그의 제자들에게 당장 가도록 재촉하시면서, 다른 지팡이를 구할 시간을 소비하지 말라고, 네가 가지고 있는 것을 갖고 가라고 말씀하시는 것처럼 보인다. 예수님은 제자들이 필요한 것들을 제공받게 될 것이라고 약속하셨다. 따라서 제자들은 수고를 들여 준비해야 할 필요가 없었다.

마가는 넓은 의미의 단어('airo')를 사용하고 있다. 이것은 '들어 올리다 또는 집어 들다'를 가리킨다. 이 구절에서 마가는 예수님은 제자들이 이미 가지고 있는 것을 가지고 가기를 원하셨다는 생각을 전달하려는 것처럼 보인다. 이미 지팡이를 가지고 있던 사람들은 다른 지팡이를 구하려 하지 말고 그것을 가지고 갈 것이었다. 같은 맥락에서, 제자들은 신고 있던 신은 신고 가지만, 여벌의 신은 준비할 필요가 없었던 것이다. 이미 입고 있던 옷은 입고 가지만, 여벌의 옷은 준비하지 말라는 것이었다.

누가복음의 구절은 비록 마가복음에 있는 것과 같은 단어를 사용하고 있었지만, 마태복음의 구절과 같은 의미를 전달하고 있었다. (몇몇 학자들은 아마도 누가는 그의 정보를 대부분 마태복음에서 얻었으며, 마가복음은 접근할 수 없었다고 제안하고 있다.) 또한 누가는 제자들은 빠르게 출발해야 한다는 그리고 많은 것들을 가지고 가지 말라는 생각을 전달하고 있었다. 그들은 하나님의 나라를 전파하는 것에 초점을 두어야 했다. 그리고 그들의 필요는 주님이 공급해 주실 것이라는 것을 신뢰해야 했다.

<Stacia McKeever, http://www.creation.or.kr/library/itemview.asp?no=4514>

20

겨자씨는 모든 씨들 중에 가장 작은가?

마태복음 13:31, 32절에서 예수님은 겨자씨mustard seed는 다른 모든 씨들보다 작은 것이지만, 그것이 완전히 자라면 새들이 그 가지에 깃들일 만큼 충분히 커질 것이라고 말씀하셨다.

> "또 비유를 들어 이르시되 천국은 마치 사람이 **자기 밭에 갖다 심은** 겨자씨 한 알 같으니 이는 **모든 씨보다 작은 것이로되** 자란 후에는 풀보다 커서 나무가 되매 공중의 새들이 와서 그 가지에 깃들이느니라" (마 13:31~32)

오늘날에는 겨자씨보다도 더 작은 씨들도 있다는 것이 알려져 있다. 예컨대 난초씨는 너무나도 작고 미세해서, 그것은 거의 먼지와도 같다. 또한 겨자씨가 새의 둥지를 지탱할 수 있을 만큼 충분히 큰 나무로 자라날 수 있는지를 의심하는 사람들도 있다.

만약 예수님의 겨자씨에 관한 말씀이 틀렸다면, 그가 하신 다른 말씀들을 우리는 신뢰할 수 있을까? 그리고 무슨 근거로 성경이 과학적 또는 역사적 문제들에 대해서 신뢰할 만하다고 말할 수 있겠는가?

예수님이 겨자씨를 세상의 모든 식물 씨들과 비교해서 말씀하시지 않고, 한 지역의 팔레스타인 농부가 '자기 밭에 갖다 심을 수 있었던' 씨들과 비교하고 있다는 것에 주목해야 한다. 그리고 흑겨자씨*Brassica nigra*는 1세기까지 그 지역의 농부들이 재배했던 식물들 중 가장 작은 씨였다는 것은 확실한 사실이다.

현대의 많은 백과사전이 기술하고 있는 것처럼, 이스라엘의 흑겨자씨는 전형적으로 3.7m 높이까지 자라고, 새들이 깃들일 만큼 충분히 크다는 것 또한 사실이다.

성경은 단순한 진리를 전달하기 위하여 자주 일상적 용어들을 사용한다는 것을 기억하는 것이 중요하다. 마태복음 13장의 내용은 예수님께서는 식물학자들이 모인 국제 학술대회에서 말씀하신 것이 아니라, 그 지역의 평범한 청중들에게 설교하신 것임이 분명하다. 그러므로 합리적인 사람이라면 (사실들을 과학적, 역사적, 기술적으로 올바르게 접근한다면), 이 구절을 가지고 예수님이나 성경을 의심하기 위한 근거라고 끈질기게 주장하지는 못할 것이다.

<Daryl E. Witmer, http://www.creation.or.kr/library/itemview.asp?no=4416>

21

마태는 스가랴의 예언을 예레미야의 것으로 잘못 인용하였는가?

많은 자유주의 신학자들과 성경비판가들은 마태복음에 하나의 오류가 있다고 주장한다. 그것은 마태가 스가랴의 예언을(슥 11:12~13) 예레미야가 한 것으로 잘못 인용했다는(마 27:9) 것이다.

> "이에 선지자 예레미야를 통하여 하신 말씀이 이루어졌나니 일렀으되 그들이 그 가격 매겨진 자 곧 이스라엘 자손 중에서 가격 매긴 자의 가격 곧 은 삼십을 가지고 토기장이의 밭 값으로 주었으니 이는 주께서 내게 명하신 바와 같으니라 하였더라" (마 27:9~10)

은 삼십에 대한 이 인용문은 스가랴서의 구절을 매우 연상시킨다. 그래서 마태는 실수를 범했다고 가정되고 있다. 만약 마태가 실수를 범했다면, 성경에 오류가 없다는 개념은 손상을 입게 되는 것이다.

성경비판가들이 범하고 있는 가장 중대한 오류는 어떻게든 성경의 오류를 찾아내기 위해서 의도적으로 이 구절에 접근하고 있다는 것이다. 만약 우리가 성경의 오류라고 주장되는 이 구절을 자세히 살펴본다면, 이 문제에 대한 그 동안 논의되어 왔던 여러 가능성 있는 설명이 존재한다는 것을 알 수 있게 된다. 요약하면 그것은 다음

과 같다 :

1. 예레미야에 의해서 말해졌지만, 후에 스가랴에 의해서 기록되었다.
2. 시몬 베드로Simon Peter를 베드로로 칭하는 것처럼, 스가랴의 세컨드 네임(성)이 예레미야이다.
3. 필사자의 실수이다. 모든 그리스어 번역본에는 예언자의 이름이 존재하지만, 시리아와 페르시아어 번역본에는 이 이름이 없다.
4. 이것은 유다가 에녹서를 인용한 것처럼, 예레미야에 대한 외경으로부터 인용한 것이다.
5. 스가랴서의 마지막 4장은 실제로는 예레미야에 의해 쓰여졌다.
6. 유대 경전Jewish canon에서 책들은 다른 순서로 되어 있기 때문에, 예레미야는 다른 어떤 소선지자들보다 적절한 신뢰가 주어졌을 수 있다.
7. 이 구절은 예레미야서와 스가랴서의 두 부분이 인용되었는데, 단지 예레미야만 언급된 것이다.

1~5번까지의 설명은 가능성이 적어 보인다. 6, 7번이 보다 일반적인 설명이 되고 있다. 이 설명들을 좀더 자세히 살펴보자.

예언서들의 모음집

이 가능성은 모음집에서 첫 번째 책의 이름으로 그 모음집을 부르는 잘 확립된 랍비적 방식을 마태가 사용했다는 것이다. 예수님도 눅 24:44절에서 비슷한 방식을 사용하셨다. 여기에서 예수님은 구약의 글들을 (잠언과 같은 다른 책들도 포함하고 있었을지라도) 시편으로서 언급하셨다.

유대 성경Jewish Tanakh에서, 예언서들은 기독교의 성경 순서와는

(모든 책들을 포함하고 있지만) 다른 순서를 가지고 있다. 예언서들을 모아놓은 모음집의 첫 번째 책은 이사야서가 아니라 예레미야서이다. 그러므로 실제로는 스가랴서에서 인용한 말이지만 예레미야서에서 인용했다고도 말할 수 있다는 것이다.

예레미야서의 전후 문맥

이 설명은 신약성경의 저자들이 구약성경에 있는 한 구절보다 전체적인 문맥을 인용하여 많은 구절들을 자주 암시하는 방법을 포함하고 있다. 스가랴서의 인용에는 필요한 많은 기초적인 정보들이 있어야 한다.

먼저 예레미야 18장은 하나님은 토기장이시고 우리는 진흙임을 말하고 있는 구약성경에서 유명한 부분이다. 그리고 하나님은 악을 행하는 나라에 대한 재앙을 경고하셨다. 이스라엘은 하나님의 아들을 거부했다. 그리고 영적 지도자들은 그분의 죽음을 은 삼십 개와 바꾸었다. 그리고 나서 복음의 메시지는 이방인들에게 전파되었다. 그리고 이스라엘(특별히 예루살렘)은 곧 폐허로 남겨지게 되었던 것이다.

또한 예레미야 19:1~4절은 토기장이의 밭에 관한 보다 정확한 위치를 말해주고 있다. 그곳은 예루살렘의 하시드 문Potsherd Gate 어귀 곁으로서, 그곳에서 대참사가 발생할 것이라는 것이다. 그 구절들은 이스라엘이 하나님을 버렸으며, 무죄한 자의 피가 흘려졌음을 언급하고 있다. (결코 죄가 없으신 그리스도의 피까지).

그리고 예레미야 32:9~12절은 토지 및 구매 계약을 논하고 있다. 마태복음 27:9~10절의 최초 인용문은 스가랴서의 구절과 어느 정도 유사하지만, 두 번째 인용문인 "토기장이의 밭 값으로 주었으니 이는 주께서 내게 명하신 바와 같으니라"라는 구절은 토기장이의 밭에 대해 말하고 있는 예레미야 32:9~12절을 시사하고 있다.

이 세 가지 측면은 예레미야서에 언급되어 있는 것이다. 그리고 스가랴는 그 위에 구축된 것처럼 보인다. 따라서 전체 구절이 예레미야와 관련된 토기장이의 밭에 관한 문맥 속에 있다는 점에서, 이것을 선지자 예레미야의 말씀으로 마태가 언급한 것은 실수가 아니었다.

또 하나의 가능성 있는 설명

그리고 마태복음과 스가랴의 이 두 구절을 주의 깊게 살펴본다면, 그 구절들은 비슷하기는 하지만 서로 일치되지 않음을 발견할 수 있다 :

> "이에 선지자 예레미야를 통하여 하신 말씀이 이루어졌나니 일렀으되 그들이 그 가격 매겨진 자 곧 이스라엘 자손 중에서 가격 매긴 자의 가격 곧 은 삼십을 가지고 토기장이의 밭 값으로 주었으니 이는 주께서 내게 명하신 바와 같으니라 하였더라" (마 27:9~10)

> "내가 그들에게 이르되 너희가 좋게 여기거든 내 품삯을 내게 주고 그렇지 아니하거든 그만두라 그들이 곧 은 삼십 개를 달아서 내 품삯을 삼은지라 여호와께서 내게 이르시되 그들이 나를 헤아린 바 그 삯을 토기장이에게 던지라 하시기로 내가 곧 그 은 삼십 개를 여호와의 전에서 토기장이에게 던지고" (슥 11:12~13)

마태복음에는 은 삼십을 '가지고'라고 기록되어 있으나, 스가랴서는 '달아서'라고 기록되어 있다. 마태복음은 '토기장이의 밭 값'이라고 되어 있는데, 스가랴서에는 그러한 말이 없다(대신 '내 품삯'으로 되어 있다). 스가랴서는 '토기장이에게 던지라… 토기장이에게 던지고'라고 되어 있는데, 마태복음 27:5절에는 없다. 이외에도 다른 여러 차이점들을 발견할 수 있을 것이다. 그러나 이 정도로만 해도 충분하다.

즉, 마태복음의 구절은 스가랴서에서 인용한 것이 아니라는 것이다.

성경비판가들은 마태가 이 인용문을 스가랴의 것으로 잘못 인용했다고 말할 수 없다. 왜냐하면 스가랴는 그러한 말을 하지 않았기 때문이다. 스가랴의 말은 일부 유사한 면은 있지만, 마태복음에서 인용한 말과는 거리가 멀다. 따라서 성령의 감동하심으로 기록한 마태가 이것을 예레미야의 말씀으로 인용하였다면, 그것은 예레미야서에는 기록되지 않았지만 정말로 예레미야가 말했던 것일 수 있는 것이다. 요한이 예수님에 대해서 말했던 것을 상고해 보라 :

> "예수께서 행하신 일이 이 외에도 많으니 만일 낱낱이 기록된다면 이 세상이라도 이 기록된 책을 두기에 부족할 줄 아노라" (요 21:25)

따라서 마태가 인용한 이 구절은 스가랴서의 구절이 아니라, 예레미야에 의해서 말해진 기록되지 않은 말씀일 수 있는 것이다. 또한 마태가 이 말씀을 인용하면서 예레미야에 의해서 '기록되었으되(written)'라 하지 않고, '하신 말씀(spoken, rheo)'이 이루어졌다고 말하고 있음을 주목할 필요가 있다. 그러므로 이것은 유다가 유다서(9장)에서 천사장 미가엘에 관한 기록되지 않은 정보를 포함시킬 수 있도록 영감되었던 것처럼, 성령님께서 마태에게 영감을 불어 넣으셔서 예레미야가 말한 예언을 기록할 수 있도록 하셨을 가능성도 있는 것이다. 그리고 예레미야에게 예언의 말씀이 주어진 후, 성령님께서는 후에 비슷한 예언을 스가랴에게도 주시어서 그의 책(스가랴서)에 기록되게 하셨을 수도 있는 것이다.

어쨌든, 이 구절에 대한 8가지의 가능한 설명이 존재한다. 마지막 3가지(6~8번) 설명은 이 구절이 성경의 오류라는 주장에 대한 충분한 대답이 될 수 있을 것이다.

<Paul Taylor, Bodie Hodge, http://www.creation.or.kr/library/itemview.asp?no=4718>

22

예수님이 무덤에 계셨던 기간은 밤낮 사흘이 될 수 없는가?

만약 예수님께서 무덤에서 밤낮 사흘(three days and nights)을 계셨다면, 어떻게 우리는 그것을 성 금요일과 부활하신 일요일 사이에서 적합시킬 수 있는가?

이 문제에 대한 몇 가지 해결책이 있다. 몇몇 사람들은 어떤 특별한 안식일이 발생했었다고 제안했다. 그래서 실제로는 목요일에 예수님이 십자가에 달리셨다는 것이다. 하지만, 나에게 더 가능성이 높아 보이는 해결책은 정말로 예수님은 금요일에 십자가상에서 돌아가셨다. 하지만 유대인들의 하루를 세는 방법이 우리의 방법과 같지 않았던 것이다.

에스더 4:16절에서, 에스더는 모르드개에게 자기를 위하여 유대인들이 금식하여 줄 것을 간곡히 부탁하고 있었다. "당신은 가서 수산에 있는 유다인을 다 모으고 나를 위하여 금식하되 밤낮 삼 일을 먹지도 말고 마시지도 마소서…(…Neither eat nor drink for three days, night or day)" (에 4:16). 허락 없이 왕 앞에 나아가는 것이 매우 위험한 일이었기 때문에 준비가 필요했다. 그러나 단지 두 절 뒤에는 다음과 같이 기록되어 있다. "제삼일(the third day)에 에스더가 왕후의 예복을 입고 왕궁 안뜰 곧 어전 맞은편에 서니…" (에 5:1). 만일 밤낮 3일을 오늘날 우리가 계산하는 방법으로 계산한다면, 에스더는 4번째 날이 될 때까지 왕을 볼 수 없었을 것이다. 이것은 예수님이 십자가에 달리시고 부활하셨던 상황과 완전히 유사하다.

> "요나가 밤낮 사흘 동안 큰 물고기 뱃속에 있었던 것 같이 인자도 밤낮 사흘 동안 땅 속에 있으리라" (마 12:40)
>
> "안식일이 다 지나고 안식 후 첫날이 되려는 새벽에 막달라 마리아와 다른 마리아가 무덤을 보려고 갔더니" (마 28:1)
>
> "이르시기를 인자가 죄인의 손에 넘겨져 십자가에 못 박히고 제삼일에 다시 살아나야 하리라 하셨느니라 한대" (눅 24:7)

만약 밤낮 사흘을 우리가 계산하는 방식으로 계산한다면, 예수님은 4번째 날에 부활하셨어야만 할 것이다. 하지만 이 구절들을 비교하여 볼 때, 성경이 기록되던 시기의 사람들은 '3번째 날(the third day)'을 '3일 후(after three days)'와 동일하게 생각했다는 것을 알 수 있다.

사실 그들이 계산했던 방법은 이것이다. 즉 부분적인 하루도 1일로서 계산했던 것이다. 아래의 표는 그 계산이 어떻게 이루어지는지 보여주고 있다.

1일(Day One)		2일(Day Two)		3일(Day Three)	
금	금	토	토	일	일
목요일의 해가 지면서부터 시작하여	금요일의 해가 지면서 끝남	금요일의 해가 지면서부터 시작하여	토요일의 해가 지면서 끝남	토요일의 해가 지면서부터 시작하여	일요일의 해가 지면서 끝남
밤	낮	밤	낮	밤	낮
십자가에 달리심		안식일		부활	

이 표는 예수님이 성 금요일에 돌아가셨음을 가리킨다. 그 날은 1일day one이다. 예수님은 낮에 돌아가셨다 할지라도, 1일은 전날 밤과 낮을 포함한다. 그래서 금요일의 한 부분에서 시작하였지만, 그것은 첫 번째 밤과 낮으로 계산되는 것이다. 토요일은 2일day two이었다. 예수님께서는 일요일 아침에 부활하셨다. 그 날은 3일day three이었다(장례시의 3일장을 생각해 보라). 그러므로 유대인들의 계산 방법에 의해서 사흘 밤낮이 되는 것이다. 예수님은 3번째 날에 부활하셨다.

다른 문화의 사람들이 다른 계산 방법을 사용한다는 것에 대해 놀라서는 안 된다. 우리가 이 계산 방법을 적용한다면, 사흘 밤낮이라는 성경적 문제와 관련하여 추정되던 모든 문제가 사라지는 것이다.

<Paul F. Taylor, http://www.creation.or.kr/library/itemview.asp?no=4725>

23

가룟 유다의 죽음에 관한 성경 기록은 오류인가?

예수님을 판 가룟 유다는 목매어 죽었는가(마 27:5), 아니면 곤두박질하여 배가 터져 죽었는가?(행 1:18). 성경의 오류로 주장되는 두 구절은 다음과 같다 :

> "유다가 은을 성소에 던져 넣고 물러가서 **스스로 목매어 죽은지라**" (마 27:5)

> "(이 사람이 불의의 삯으로 밭을 사고 후에 **몸이 곤두박질하여 배가 터져 창자가 다 흘러 나온지라**" (행 1:18)

어떤 사람들은 마태와 누가(사도행전의 저자)가 유다의 죽음에 대해서 서로 틀리게 기록하고 있음으로 이 구절들은 성경의 오류라고 생각해 왔다. 왜냐하면 마태는 목매어 죽었다고 기록하고 있고, 누가는 곤두박질하여 배가 터져 죽었다고 기록하고 있었기 때문이다. 그러나 성경에 오류는 없다. 즉 마태와 누가는 같은 사건을 다른 관점에서 기록하고 있을 수도 있는 것이다.

만약 내가 어떤 보행자가 자동차에 치는 장면을 목격했다면, 나는 그 보행자는 자동차에 치어 죽었다고 간단히 말할 수 있을 것이다. 그러나 사고 장면을 보지 못하고 이후에 그 장소에 도착한 검시관은 시체의 손상을 자세하게 기록했을 것이다. 나와 검시관은 같은 사건을 다른 측면에서 기술할 수 있는 것이다.

마태는 유다는 목매어 죽었다고 우리에게 말하고 있다. 반면에 의사였던 누가는 목매어 죽은 이후에 발생한 일을 자세하게 묘사해주고 있었던 것이다. 그 사건을 그렇게 추론하는 이유는 두 가지이다. 첫째, 만약 어떤 사람이 높은 곳에서 떨어졌을 때, 내장이 터져 나왔다면 목매어 죽을 수 없다. 둘째, 어떤 사람이 매우 높은 절벽에서 떨어져 죽었다 할지라도 일반적으로 내장이 터져 쏟아져 나오지는 않는다. 피부는 매우 강인하여서 심지어 복부가 칼에 찔린다 하더라도 내부 장기는 대개 쏟아져 나오지 않는다. 따라서 유다가 단지 떨어져 죽은 것만으로 배가 터져 창자가 다 흘러 나왔다고는 보기 힘들다.

목매달아 죽은 유다의 사체가 예루살렘의 뜨거운 태양 아래 매달려 있는 것을 생각해보라. 그것은 끔찍한 일이었을 것이다. 몸 안에 있던 세균들은 활발히 번식했을 것이고, 사체가 부패하면서 조직과 세포들을 파괴했을 것이다. 세균 대사의 한 부산물은 종종 가스이다. 부패하면서 생겨난 가스의 압력은 세포와 조직 밖인 복강 내부에 축적되어 높아졌을 것이다. 결과적으로 사체는 부풀어 올랐을 것이다. 또한, 조직의 부패는 피부의 약화와 손상을 일으켰을 것이다. 유다의 사체는 부풀어진 풍선처럼 팽창하였을 것이다. 그리고 사체는 땅에 떨어졌고 사체의 피부는 쉽게 파열되었고, 가스의 압력으로 배는 터졌고, 내부의 창자는 다 흘러 나왔던 것이다.

유다의 죽음에 관한 성경 기록에 아무런 모순이 없다. 단지 두 저자가 같은 사건을 다른 측면에서 묘사하고 있었을 뿐이다.

<Georgia Purdom, http://www.creation.or.kr/library/itemview.asp?no=4714>

정확 무오한 성경

III

성경 기록의 정확성에 대한 고고학적 증거들

01

성경의 내용이 신화인가?

구약성서 전체를 통해서, 하나님은 자주 그의 자녀들에게 하나님의 권능을 기억하도록 상기시키셨다. 때때로 그들의 기억을 용이하게 하도록, 요단강 가운데서 취한 돌들로 쌓아올린 돌무더기와 같은 가시적인 기념물들을 세우게 하셨다(수 4:5~9). 그것은 하나님이 요단강의 흐름을 끊어 물을 쌓이게 하시고, 이스라엘 백성들이 약속된 땅에 들어가도록 하신 것을 후손들이 영구히 기억하도록 하시기 위함이었다. 이 비상한 사건은 실제로 발생한 일이었다. 그리고 하나님은 그것을 영원히 기억하시기를 원하셨다. 하나님은 신화가 아니라, 실제로 일어났던 역사적 사건에 근거해서 중요한 명령들을 내리셨던 것이다.

사람들이 하나님을 향한 찬양과 믿음과 신뢰를 잃어버리지 않도록, 하나님이 자극제로서 자주 사용하셨던 두 개의 커다란 역사적 사건이 있었다. 하나님께서는 우리들이 특별히 이 사건들을 기억하고 있기를 원하셨다.

하나는 '출애굽' 사건으로서, 그분의 선택된 민족인 이스라엘 백성들을 향한 것이었다. 그들은 애굽(이집트)에서 처참한 노예생활을 하고 있었다. 그러나 하나님의 도우심으로 출애굽을 하게 되었고, 젖과 꿀이 흐르는 가나안 땅으로 인도되어, 큰 나라를 세우게 되었다. "너는 기억하라 네가 애굽 땅에서 종이 되었더니 네 하나님 여호와가 강한 손과 편 팔로 거기서 너를 인도하여 내었나니…" (신 5:15).

그러나 불행하게도 오늘날의 많은 학자들은(심지어 이스라엘 학자나 복음주의적 학자들 중에서도) 이 출애굽 사건이 실제로 일어났었다는 사실을 부정하고 있다. 세속적 고고학에 의해서 확립된 이집트 연대기와 성경 연대기가 서로 조화되지 않는 것처럼 보이는 것이 대부분의 학자들이 성경을 완전히 무시하도록 만드는 원인이 되고 있는 것이다.

최근의 한 고고학 집회에서 한 유대인 강사는 이스라엘 민족은 기록된 역사를 가지고 있지 않다고 말했다. 참석자들은 즉각적으로 물었다. "만약 출애굽 사건이 역사가 아니라면, 그러면 우리는 누구입니까?" 하나님께서는 기억하라고 말씀하셨지만, 이제 많은 사람들이 잊어버리고 있었다.

여기에 딜레마가 있다. 만약 출애굽 사건과 이스라엘 역사가 신화라면, 어떻게 그들은 그 사건들을 기억할 수 있었는가? 오직 실제로 발생한 진정한 사건만이 기억될 수 있는 것이다. 만약 하나님이 그의 명령을 신화에 기초하여 내리셨다면, 그 백성들은 그 명령에 복종하지 않을 것이라는 것은 명백하다.

심지어 복음주의적 신학대학의 일부 교수들도 (얼마나 교회에 손상을 입히고, 자신들이 얼마나 부끄러운 일을 하고 있는지도 모른 채) 출애굽이 실제로 성경의 기록과 같이 일어난 사건이 아니라고, 또는 비유적 표현이라고 가르치고 있다. 그러면서 성경의 기록된 내용을 그대로 믿는 사람들을 '근본주의자'들로 몰아붙이고 있다.

두 번째로 성경에서 반드시 기억하라고 강조하고 있는 사건은

'창조'이다. 하나님이 말씀하신 네 번째 계명은 "안식일을 기억하여 거룩하게 지키라… 이는 엿새 동안에 나 여호와가 하늘과 땅과 바다와 그 가운데 모든 것을 만들고 일곱째 날에 쉬었음이라…" (출 20:8,11) 이다. 마지막 날까지 안식일을 거룩히 지키며, 하나님이 만물을 창조하셨다는 것을 기억하라고 명령하셨던 것이다. 그리고 그 계명들은 하나님께서 친히 직접 돌판에 쓰신 것이었다. "여호와께서 시내 산 위에서 모세에게 이르시기를 마치신 때에 증거판 둘을 모세에게 주시니 이는 돌판이요 하나님이 친히 쓰신 것이더라" (출 31:18).

그러나 진화론이 팽배한 오늘날 많은 사람들과 교회들이 하나님의 창조를 잊어버렸다. 이것은 하나님의 명령에 대한 직접적인 불복종인 것이다. 오늘날의 많은 기독교 지도자들은 출애굽 사건을 믿고 있지 않는 것처럼 성경에 기록된 하나님의 창조 사건도 믿고 있지 않다. 그리고 그 사건을 무시하고, 왜곡하고, 가감하고 있다. 오늘날 많은 복음주의적 신학대학들에서 '골격가설'이 가르쳐지고 있다. 창세기는 진정한 역사가 아니라, 막연히 하나님의 개입을 나타내는 신화나 비유라는 것이다. 그러한 사람들은 네 번째 계명에 대한 순종을 바르게 할 수 없다. 왜냐하면 그들은 창조 사건을 단순히 비유적 사건으로 생각하고 있기 때문이다. 그러한 가르침을 받은 사람들은 하나님의 창조는 실제 일어났던 명백한 사건이 아니기 때문에 기억할 수 없는 것이다.

기독교 지도자들이 하나님이 실제 역사에서 행하셨던 일들을 기억해야만 하는 시기가 다가오고 있다. 하나님은 신화 속에 등장하는 '만들어진 신'이 아닌 것이다.

<John D. Morris, http://www.creation.or.kr/library/itemview.asp?no=4058>

02

중국 삼성퇴의 청동나무 :
창세기를 묘사하고 있는 가장 오래된 유물?

1986년 중국의 사천성 광한시의 한 벽돌공장 근로자들은 마을 주변에서 진흙을 파내다가 여러 청동 조각들을 발견했다. 그들은 당국에 보고했고, 화시 대학의 고고학자들은 고대 촉나라의 삼성퇴(三星堆, Sanxingdui) 사람들이 만들었던 뛰어난 유물들로 가득 차 있는 두 개의 구덩이(제사 갱)를 발굴했다. 이 고고학적 노력은 1929년에 시작되었던 초기 발굴에 뒤따른 것이었다. 이 두 구덩이로부터 옥으로 만들어진 물건들, 청동, 금, 상아, 도자기, 대리석, 뼈를 담는 용기 등을 포함하여 거의 1,000여점의 유물들이 발굴되었다. 구덩이에서 나온 유물들 중 거의 800여점은 청동으로 만들어진 것들이었는데, 여기에는 크고 작은 사람 상들과 수십 개의 실물 크기의 청동 두상들을 포함하고 있었다. 이들 청동 두상들 중 일부는 부분적으로 금으로 덧입혀져 있었다. 당국자들은 이들 유물들이 2700~4700년 전에 만들어진 것으로 평가하였다.

또한 고고학자들은 커다란 청동나무 조각들을 발견했는데, 이것들은 깨끗이 닦여져서 재조립되었다. 대부분의 발견들처럼 발견된 유물들에 대한 논란은 거의 없었다. 그러나 발굴된 유물들이 가지고 있는 의미와 함축된 뜻에 대해서는 엄청난 논의가 있었다. 특별히 그 나무의 의미에 대해서 커다란 불일치가 있었다. 정말로 삼성퇴 발굴에서 그 유물들을 만든 사람들의 기원과 운명에 관한 것은 수십 년 동안 고고학자들 사이에서 가장 큰 미스터리 중의 하나였다. 예를 들어 그들은 이렇게 말하고 있었다. "삼성퇴 유물들에 상징되어 있는 문화와 그들의 경이적인 청동제조 기술은 어떻게 생겨나게 된 것일까?" "삼성퇴의 수수께끼는 한 시대에 관한 수수께끼이다." 그 해답을 푸는 데에 아마도 성경이 도움을 줄 수 있을 것이다.

청동나무는 어떠한 모습인가?

청동나무Bronze Tree는 3.95m 크기이고, 둥근 기초 부분에서 가지 꼭대기까지의 높이는 거의 3.65m 이다.(그림 1A). 그것은 실물 크기의 과일나무였다. 위로부터 보면, 가지들은 가운데 나무줄기로부터 방사상으로 뻗어져 있었다. 측면에서 볼 때 가지들은 나무줄기에서 위쪽으로 자라다가 동일한 방식으로 아래쪽으로 휘어져 내려가 있었다. 각 가지들 끝에는 한 과일이 달려있었는데, 화려하게 주조된 청동 잎으로 덮여져 있었다. 놀랍게도 이들 가지들에 있는 과일 근처의 잎들은 커다랗고 날카로운 칼 모양으로 주조되어 있었다!(그림 1B).

그 나무의 가지 아래에는 이리저리 돌아다니는 가늘고 긴 뱀과 같은 몸을 가진 한 커다란 뱀serpent이 거주하고 있었다(그림 1C). 그 뱀은 나무 아래 원형받침 부분에 머리를 두고 있었는데, 머리를 수평으로 똑바로 쳐들고 있음으로 해서 그 등은 휘어져 있었고, 머리 끝에는 두 개의 뿔이 나 있었다. 뱀의 일부분은 손실되었다. 그러나 복원된 그 조각들은 긴 칼로 끝나있는 꼬리 같은 사지와, 사람의 손과 함께 주조된 또 다른 짧은 부속지를 포함하고 있었다. 그 손은 완전한 엄지손가락, 해부학적으로 정확한 손가락 마디들, 세밀한 손톱

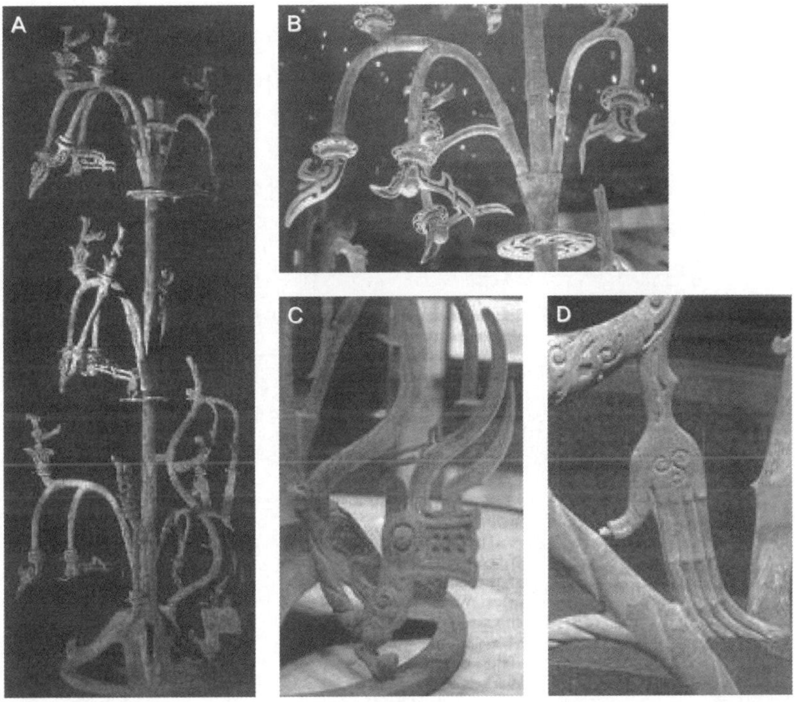

A. 나무 전체의 모습. B. 칼이 달려있는 금지된 열매의 확대된 모습. C. 두 개의 뿔이 달린 큰 뱀. D. 하와의 손.

그림 1 창세기의 선악과를 묘사하고 있는 삼성퇴의 청동나무. '신목(divine tree)'으로 불려지고 있다.

을 가지고 있었다(그림 1A, 1D). 마지막으로 뱀은 작은 어깨를 가지고 있었고, 서있는 곳에 앞발을 가지고 있었으며, 이글거리는 커다란 눈을 가지고 있었다. 또한 나무에는 9마리의 새들이 있었는데, 각 새들은 각 가지들의 꼭대기에 앉아 있었다.

창세기에 등장하는 선악과와의 비교

삼성퇴의 청동나무를 창세기 2, 3장의 선악과와 비교하여 보면, 너무도 많은 분명한 공통점들을 볼 수 있다.

1. 삼성퇴의 청동미술가들은 한 커다란 나무를 만들었다. 이것은 고대의 청동유물들 중에서는 매우 이례적인 것이다. 이 나무는 인류의 타락에 대한 창세기 말씀이 떠오르게 한다.

2. 삼성퇴 나무는 과일나무이다. 한 나무를 제작하기로 결정했던 고대의 미술가들은 침엽수나 낙엽수들, 키 큰 나무와 작은 나무들, 또는 청두평원에서 볼 수 있었던 많은 다른 형태의 나무들을 선택할 수도 있었을 것이다. 그러나 그들은 실물 크기의 과일나무와 실물 크기의 열매를 만들기로 선택했다. 창세기의 나무는 과일나무이다.

3. 청동나무에 달려 있는 과일 주변의 잎들을 주조할 때, 그 잎들을 긴 칼 모양으로 만든 것은 굉장히 중요한 결정을 내린 것이며, 이것은 미술적 표현으로 그 과일은 금지되어 있음을 나타내는 것이다. 즉 이것은 두 가지의 분명한 메시지를 전달하고 있는 것이다 : "이 과일을 먹지 말라". 그리고 "이 과일을 먹으면 죽는다"이다. 마찬가지로 창세기의 나무도 금지되어 있었다.

4. 미술가들은 나무에 매우 상세하게 한 뱀을 포함시켜 놓았다. 창세기의 나무에도 한 뱀이 등장한다.

5. 뱀은 아직까지 걸어 다니는 발을 가지고 있었다. 그리고 과일들 중에 어느 것도 나무로부터 따먹혀지지 않았다. 창세기 3:14절에서 뱀에 대한 하나님의 저주는 배로 다니고 종신토록 흙을 먹는 것이었다. 이것은 과일이 따먹혀지기 전에 뱀은 다리를 가지고 있었음을 의미한다.

6. 뱀은 과일주변 잎들에 있는 칼 모양과 유사한 꼬리를 가지고 있는 것으로 디자인되어 있었다. 이것은 과일에서처럼 뱀이 치명적이고 죽음과 관련되어 있다는 것을 표현하는 것이다. 마찬가지로 창세기도 사망의 기원을 여자가 뱀의 유혹을 받아 금지된 과일을 먹게 됨으로써 시작되었다고 기록하고 있다.

7. 이 나무에는 손으로 표현된 한 사람이 존재한다. 그 손은 뱀의 몸체

와 같이 위치하고 있었다. 이것은 뱀의 이야기를 듣고 있는 순간의 하와의 손이 아닐까? 그러나 아직 과일을 따지는 않았다.

이러한 요소들을 종합적으로 숙고해볼 때, 고대미술가는 한 특별한 나무를 만들었을 뿐만 아니라, 한 특별한 순간의 상황을 표현하고 있는 것이 분명하다. 그 순간은 창조 이후 인류 역사에서 두 번째로 가장 중요했던 시점임이 틀림없다. 삼성퇴 청동나무는 하나님 앞에서 죄가 없었던 인류의 마지막 순간을 묘사하고 있었던 것이다. 나무의 가지에서 우리는 금지된 과일들을 볼 수 있다. 그리고 그것들은 아직 인간에 의해 취해지지 않았다. 인간의 타락을 이끈 뱀은 저주 이전의 상태로 그곳에 있었다. 그 뱀은 칼과 같은 꼬리를 가지고, 죽음을 가져오는 것으로 상징화되어 있었다.

삼성퇴와 창세기가 관련 있다는 것의 의미

만약 삼성퇴의 청동나무가 창세기의 선악과를 묘사하고 있는 것이라면, 그것이 가지는 논리적 의미들은 무엇일까? 그 질문에는 많은 가능성 있는 대답들이 있지만, 몇 가지만 제시해 보겠다.

삼성퇴 사람들의 기원은 세속 학계에서는 하나의 미스터리로 남아 있다. 따라서 삼성퇴–창세기의 연관성은 그 미스터리를 푸는 데에 도움이 될 것이다. 그 점에 있어서 삼성퇴 문명의 시기와 창세기의 기록 시기를 비교하는 것은 중요하다. 삼성퇴 사람들은 BC 2,800~800년까지 2,000여년 동안 번성해 온 것으로 고고학자들에 의해서 평가되고 있다. 따라서 그 청동나무는 그 기간 동안에 만들어졌음에 틀림없다. 모세가 창세기를 기록한 시기는 대개 BC 1450~1410년경인 것으로 알려져 있다. 만약 청동나무가 모세의 기록 이전에 만들어져서(그럴 가능성이 큼), 모세의 기록과는 독립된 것이라면(이것은 거의 확실함), 어떻게 삼성퇴 사람들은 선악과에 대해서 알고 있었는가 하는 것이다.

삼성퇴 사람들은 하나님이 아브라함을 부르셔서 이스라엘 민족을 만드셨던 사람들과 같은 조상들의 구전을 공유하고 있었던 것으로 보인다. 창세기 11장은 이 개념을 지지한다. 거기에는 바벨탑 사건에 의해 야기된 사람들의 언어의 혼잡과 온 세상으로의 분산이 기록되어 있다. 분산에 대한 설명은, 한때 인류가 한 언어를 가졌던 하나의 민족이었음을 가리키고 있는 것이다. 비록 하나님이 그들의 언어를 혼잡케 하셨지만, 그들은 같은 기술력, 같은 유산, 같은 조상적 전통들을 가지고 있었을 것이다.

만약 그 청동나무가 모세의 창세기 기록 이전에 만들어졌다면, 또는 그 청동나무가 모세의 영감된 기록과는 독립적으로 만들어졌다면, 성경은 창세기의 기록이 매우 상세한 내용까지도 사실임을 지지해주는 하나의 편견 없는 강력한 외부적 증거를 갖게 되는 것이다. 세상이 하나의 미스터리로 여기고 있는 이 삼성퇴의 청동나무는 창세기를 묘사하고 있는 가장 오래된 유물이며, 인류가 가지고 있는 하나의 위대한 보물일지도 모른다.

<Stephen Brennecke, http://www.creation.or.kr/library/itemview.asp?no=3945>

03

노아의 16명의 손자 :

고대의 지명과 민족들의 이름 속에 남아 있다

수많은 고대의 지명들과 민족들의 이름 속에 노아 후손들의 이름이 남아 있다. 역사적 기록은 노아의 홍수가 사실이었으며, 살아남은 자들의 존재를 증거하고 있다.

노아와 그의 가족이 방주로부터 나왔을 때, 그들은 지구상에 유일한 '사람들'이었다. 그 이후 지구는 노아의 세 아들, 셈, 함, 야벳과 그들의 부인들로부터 태어난 아이들에 의해서 채워졌다. 창세기 10장에는, 노아의 16명의 손자들의 이름이 기록되어 있다.

하나님은 노아의 16명의 손자들이 역사적으로 실존했던 인물임을 확신시켜줄 수 있는 풍부한 증거들을 남겨 놓으셔서 창세기에 나오는 이름들이 그들의 실제 이름이고, 바벨탑이 무너진 이후 그들의 자손들이 전 세계로 흩어진 후 다양한 고대 왕국을 건설했다는 말씀도 사실이었음을 입증시켜 주고 계신다.

홍수 이후의 첫 번째 세대는 매우 오래 살아서 어떤 이들은 그들의 아들, 손자, 증손자보다도 오래 살았다. 이러한 사실이 그들을 뿔뿔이 흩어지게 하였다. 노아의 16명의 손자들은 각 씨족의 족장이 되었으며, 그들 지역에서 커다란 집단을 이루게 되었다. 그리고 다음과 같은 일들이 일어나게 되었다.

1. 각 지역 사람들은 그들 조상의 이름으로 불려지게 되었다.
2. 그들이 거주하는 땅, 주요 도시, 강 등의 이름 또한 그들 조상들의 이름을 따서 불렀다.
3. 가끔씩 각 나라들은 그들의 조상을 숭배하기 시작하였다. 이러한 경우 일반적으로 조상의 이름 뒤에 그들 신의 이름을 부르거나, 장수한 조상을 그들의 신으로 추대하기도 하였다.

이러한 사실들에 근거해서, 노아 후손들의 이름은 잃어버릴 수 없는 방법으로 보존되어 왔으며, 인간의 모든 흔적들은 사라져 버릴 수가 없었던 것이다. 이제 우리가 그것을 검증해 볼 것이다.

1. 야벳의 일곱 아들

"노아의 아들 셈과 함과 야벳의 족보는 이러하니라 홍수 후에 그들이 아들들을 낳았으니 야벳의 아들은 고멜과 마곡과 마대와 야완과 두발과 메섹과 디라스요" (창 10:1~2).

1) **고멜Gomer** 노아의 손자들 중에서 처음으로 언급된 사람은 고멜이었다. 에스겔서에는 도갈마(고멜의 아들)와 함께 고멜의 초기 자손들이 북쪽 지역(극한 북방)에 살았었다고 기록되어 있다.(겔 38:6). 현재의 터어키 지방이 신약시대에 갈라디아Galatia라 불리던 지방이다. 유태인 역사학자인 요세푸스의 기록에 의하면, 그가 살던 시대인 AD 93년경에는 갈라디아인Galatians 또는 골Gauls은 이전에는 '고머라이츠Gomerites'라고 불려졌었다. 그들은 현재 프랑스와 스페인이라 불리는 서쪽지방으로 이주하였다. 고멜의 자손들 이후에 수세기 동안 프랑스는 골이라고 불려졌으며, 현재도 스페인의 북서쪽은

갈리시아라 불리고 있다.

고멜의 자손들 중 몇몇은 현재 웨일즈라 불리는 곳까지 더 멀리 이주하였다. 웨일즈의 역사학자인 데이비스의 기록에 의하면, 전통적인 웨일즈 사람들은 고멜의 자손들이 프랑스로부터 영국의 섬으로 와서 정착한 것이고, 그 시기는 대략 대홍수로부터 약 3백년이 지난 후였다고 믿고 있다. 또한 그의 기록에 의하면, 웨일즈의 언어도 Gomeraeg(그들의 조상인 고멜의 이름에서 비롯된)라 불려졌었다고 한다.

그들 씨족의 다른 무리는 아르메니아에 속해 있는 땅에 정착하였다. 고멜의 아들들은 '아스그나스와 리밧과 도갈마Togarmah'였다.(창 10:3). 브리태니카 백과사전에 의하면, 아르메니아 사람들은 전통적으로 도갈마와 아스그나스의 자손들이라고 주장한다. 고대 아르메니아는 터키에까지 그 지경이 닿아 있었다. 터키Turkey 라는 지명도 도갈마로부터 파생되었을 것이다. 그들 중에 다른 이들은 독일로 이주하였다. 아스그나스는 독일의 히브리어 명칭이다.

2) **마곡Magog** 다음 손자는 마곡이다. 에스겔서에 의하면 마곡은 북쪽에 살았다(겔 38:15, 39:2). 요세푸스의 기록에 의하면 그곳에 살던 사람들은 Magogites라고 불려졌는데, 그리스 사람들은 그들을 스키타이인Scythians이라고 불렀다. 브리태니카 백과사전에 의하면, 지금의 루마니아와 우크라이나를 포함한 지역의 고대 이름도 스키타이였다.

3) **마대Madai** 다음 손자는 마대이다. 셈의 아들인 엘람과 함께, 마대는 현재 이란 사람들의 조상이다. 요세푸스는 마대의 자손들이 그리스 사람들에 의해서 메대Medes라 불려졌었다고 말한다. 구약에서 메대가 언급될 때마다, 히브리어로는 마대라고 쓰여졌다. 고레스(페르시아(바사)제국 건설자)시대 이후에, 메대는(한 번의 예외를 제외하고) 항상 페르시아인들과 함께 언급되었다. 그들은 하나의 법에

의해서 지배받는 하나의 왕국이었다. '메대와 바사의 규례'(단 6:8,12,15). 이후에 그들은 간단하게 (메대를 생략하고) 페르시아(바사)인으로 불려졌다. 1935년 이후 그들은 그들의 나라를 '이란'이라고 불렀다. 또한 메대인들은 인도에도 정착하였다.

4) **야완Javan** 야완은 그리스의 히브리 단어이다. 그리스, 그리시아, 또는 그리시안은 구약에 다섯 번 나타나며, 그 때마다 항상 히브리어로 야완이라 쓰여졌다. 다니엘은 '그리시아의 왕(단 8:21)' 이라는 단어를 인용했는데, 문자 그대로는 '야완의 왕'이었다. 야완의 아들들은 엘리사와 달시스와 깃딤과 도다님이었는데(창 10:4), 모두 그리스 사람들과 관계가 있는 사람들이다. 고대 그리스인들의 명칭인 엘리시안은 엘리사로부터 그들의 이름을 물려받았음이 분명하다. 달시스 또는 다서스는 실리시아(현재의 터키) 근방에 위치했었다.

브리태니카 백과사전에 의하면, 깃딤은 키프로스의 성경적 이름이다. 그리스 사람들은 쥬피터 도다네우스라는 이름으로 쥬피터 신을 숭배했었는데, 이것은 아마도 야벳과 야완의 네 번째 아들인 도다님에서 파생된 말인 것으로 보인다. 그의 신전은 도데나에 있었다.

5) **두발Tubal** 다음은 두발이다. 에스겔은 그를 곡과 메섹과 함께 언급하였다(겔 39:1). BC 1100년경에 앗시리아의 왕이었던 디글랏 빌레셀 1세는 다발리라 불렀던 두발의 자손이었다. 요세푸스는 그들의 이름을 도벨리트라고 기록했는데, 이는 후세에 이베리아인들로 알려졌다.

요세푸스 시대에 그들의 땅은 로만 이베리아로 불려졌으며, 현재에는 (구소련 연방인) 그루지아 지방에 속하는데, 지금도 그곳의 수도는 트빌리시Tbilisi로서 두발이라는 이름으로부터 파생되었다. 이곳으로부터 코카서스 산맥을 가로질러서 그 사람들은 정확하게 북동쪽으로 이주하였는데, 이때 그들 부족의 이름을 따서 강의 이름도 도볼Tobol이라 불렸고, 토볼스크Tobolsk라는 유명한 도시의 이름도 불려지게 되었다.

6) **메섹Meshech** 다음 손자의 이름인 메섹은 모스크바Moscow의 옛 이름이다. 모스크바는 러시아의 수도임과 동시에 그 도시를 둘러싼 지역의 명칭이기도 하다. 현재에도 그 주변 지역 중 메스체라 노렌드는 여전히 메섹의 이름을 따라 불려지고 있으며, 오랜 세월이 흘렀어도 변하지 않고 있다.

7) **디라스Tiras** 요세푸스에 의하면, 디라스의 자손들은 디라시안스Thirasians라고 불리었다. 그리스인들은 그들의 이름을 트라시안Thracians으로 바꾸었다. 트라키아Thrace는 남쪽으로는 마케도니아로부터, 북쪽으로 다뉴브강, 동쪽으로는 흑해까지 이르렀다. 이들이 유고슬라비아를 이루게 된다. 세계대백과사전에 의하면 "트라키아 사람들은 야만적인 인도 · 유럽계통의 사람들로, 전쟁과 약탈을 좋아하는 민족이었다"고 되어 있다. 디라스는 그의 자손들로부터 두라스Thuras, 또는 번개의 신인 토르Thor로서 숭배를 받았었다.

2. 함의 네 아들

"함의 아들은 구스와 미스라임과 붓과 가나안이요" (창 10:6)

1) **구스Cush** 함의 자손들은 주로 남서부 지역인 아시아와 아프리카에 살았다. 성경에서는 자주 아프리카를 함의 땅이라고 부른다(시 105:23, 27; 106:22). 노아의 손자 이름인 '구스'는 옛적 에디오피아의 히브리어 단어이다. 예외 없이 영어성경에서의 에디오피아란 단어는 항상 히브리어로 '구스'라고 기록되었다. 요세푸스는 그 이름을 '쿠스Chus'라고 표현하였으며, 심지어 현재에도 에디오피아 사람들은 그들 스스로 또는 아시아인들 모두에 의해서 '쿠사이티스

Chusites'라고 불린다.

2) **미스라임Mizraim** 노아의 다음 번 손자는 미스라임이다. 미스라임은 이집트(애굽, Egypt)에 대한 히브리 단어이다. 애굽이란 이름은 구약에서 수백 번 언급되고(한 번의 예외를 제외하고는) 항상 미스라임이라는 단어로 번역이 된다. "그 땅 거민 가나안 백성들이 아닷 마당의 애통을 보고 이르되 이는 애굽 사람의 큰 애통이라 하였으므로 그 땅 이름을 아벨미스라임Abel Mizraim이라 하였으니" (창 50:11).

3) **붓Phut** '붓'의 이름은 리비아(Libya, 이집트의 서부지역)의 히브리어이다. 구약성경에서 세 번 이렇게 번역되었다. 리비아 내에는 고대 붓 강이 있다. 다니엘 시대에 이미 그 이름은 리비아로 바뀌어 있었다(단 11:43). 요세푸스에 의하면, "붓은 리비아를 창건한 사람이며, 그들은 부타이티스Phutites라고 불려졌다."

4) **가나안Canaan** '가나안'은 훗날 로마인들에 의해서 팔레스타인Palestine이라고 불리던 지역(현재 이스라엘과 요르단 지역)의 히브리어식 이름이다. 여기서 우리는 몇몇 함의 자손들을 간단히 살펴볼 필요가 있다. "…(가슬루힘에게서 블레셋이 나왔더라) 가나안은 장자 시돈과 헷을 낳고" (창 10:14~15). 여기에 '블레셋Philistim'이라는 이름이 나오는데, 이것은 블레셋인들의 조상인 것이 명백하며(후에 팔레스타인이 된 것도 확실하다), 시돈도 그 도시를 처음 창건한 조상의 이름이고, 헷Heth도 고대 히타이트족Hittite의 조상이었다. 여부스 족속(여부스는 예루살렘의 옛 이름이었음. 삿 19:10), 아모리 족속, 기르가스 족속, 히위 족속, 알가 족속, 신 족속, 아르왓 족속, 스말 족속, 하맛 족속들은 가나안에 살았던 고대인들이었다.

함의 자손 중에서 가장 유명했던 자손은 니므롯Nimurod이었는데, 그는 바벨론(Babel, Babylon)의 창시자였으며, 시날(Shinar, Babylonia) 땅의 에렉, 악갓, 갈레의 창시자였다.

3. 셈의 다섯 아들

"셈의 아들은 엘람과 앗수르와 아르박삿과 룻과 아람이요" (창 10:22)

1) **엘람Elam** 엘람은 페르시아Persia의 옛 이름이며, 페르시아는 또한 이란Iran의 옛 이름이다. 고레스 시대까지 이곳의 사람들을 엘라마이트Elamites라고 불렀으며, 이것은 신약시대에까지도 여전히 사용되었다. 사도행전 2장 9절에 보면, 오순절날에 모인 사람들 중에서 페르시아에서 온 유대인들을 엘람인이라고 불렀었다. 따라서 페르시아인들은 셈의 아들인 엘람과 야벳의 아들인 마대의 자손(앞의 내용 참조)들이었던 것이다. 1930년대 이후로 그들은 그들의 나라를 이란이라 칭하였다.

흥미로운 사실은 아돌프 히틀러에 의해서 유명해진 '아리안Aryan'이란 단어는 이란Iran이라는 단어로부터 왔다. 히틀러는 순수한 아리안 혈통을 가진 사람으로부터 우수한 민족을 만들고자 했다. 그러나 바로 아리안이라는 민족은 셈족과 야벳족이 합쳐진 혼합된 민족이었다.

2) **앗수르Asshur** 앗수르는 앗시리아Assyria의 히브리 단어이다. 앗시리아는 고대의 거대한 왕국 중의 하나였다. 구약에서 앗시리아인이나 앗시리아라는 단어가 언급될 때마다, 그것은 앗수르라는 단어로부터 해석이 되었다. 그는 그의 자손들로부터 숭배를 받았었다.

실제로 앗시리아 제국이 지속되었던 동안(BC 612년경까지), 전쟁과 외교관계, 해외소식들은 그의 동상 앞에서 매일 읽혀졌으며, 모든 앗시리아의 왕들은 조상인 앗수르의 신성시된 영혼의 허락을 받아야만 했었다.

3) **아르박삿Arphaxad** 아르박삿은 칼데아 사람들의 조상이었다. 이것은 허리안 서판을 통해서 확인할 수 있는데, 거기에서는 칼

데아의 창시자를 아립허라라는 이름으로 표현하였다. 그의 후손인 에벨은 아르박삿의 이름을 에벨-벨렉-르우-나홀-데라-아브람의 경로를 통하여 히브리 사람들에게 전해주었다(창 11:16~26). 에벨의 다른 아들인 욕단은 13명의 아들들이 있었는데(창 10:26~30), 그들은 모두 아라비아에 정착하였다.

4) **룻**Lud 룻은 리디아 사람들의 조상이었다. 리디아는 현재 터어키 서부로 알려져있는 곳이다. 그들의 수도는 사데였는데, 아시아의 일곱 교회들 중에 하나가 사데에 위치해 있었다(계 3:1).

5) **아람**Aram 아람은 시리아Syria의 히브리 단어이다. 구약에서 시리아라는 단어가 나올 때마다, 그것은 '아람'이라는 단어로 번역이 되었다. 시리아인들은 그들 자신을 아람인이라고 부르며, 그들이 쓰는 언어도 아람어라고 칭해진다. 그리스 제국이 확장되기 전까지, 아람어는 국제어로써 사용되었었다(왕하 18:26). 십자가상에서 예수님은 "엘리 엘리 라마 사박다니"(막 15:34)라고 부르짖으셨는데, 그것은 아람어로서 그 시대에 일반인들 사이에서 보편적으로 사용되던 언어였다.

이상에서 우리는 노아의 16명의 손자들에 대하여 간단히 살펴보았다. 그들이 역사적으로 실존했던 인물들이었다는 증거는 너무도 많다. 그리고 성경에는 그들 조상들에 대한 역사가 기록되어 있다. 성경은 신화나 전설들을 모아놓은 책이 아니며, 고대 역사를 살펴볼 수 있는 가장 중요한 열쇠가 되는 것이다.

<Harold Hunt & Russell Grig, http://www.creation.or.kr/library/itemview.asp?no=512>

04

중국의 '알려지지 않은' 신은 창조주 하나님

중국 북경에 있는 450년 된 천단(天壇, Temple of Heaven)은 미스터리로 남아 있다. 왜 황제는 매년 소위 '교사(郊祀, Border Sacrifice, 교외에서 드리던 제천의식)'라 불리는 그 해의 가장 중요하고 화려한 의식으로, 하얀색의 커다란 대리석 천제단에서 황소를 희생 제물로 드렸는가? 이 의식은 마지막 황제가 폐위된 1911년에 끝났다. 그러나 희생 의식은 단지 450년 전에 시작된 것이 아니다. 그 의식은 4,000년 전으로 거슬러 올라간다. 교사가 기록되어 있는 가장 초기의 기록 중 하나는 공자에 의해서 편집된, 순 황제(최초로 기록된 왕조가 시작되었을 때, BC 2256~2205년을 지배했던 황제)에 대해 기록해 놓은 '서경'에서 발견된다. 거기에서 순 황제는 샹다이(ShangDi, 상제, 上帝)에게 희생제물을 드렸다고 되어있다.

샹다이는 누구인가? 이 이름은 문자적으로 '하늘의 지배자'라는 의미를 가진다. 명나라 시대(AD 1368)의 법령에 기록된 교사에 사용된 낭송문(축문)을 검토해 보면, 샹다이에 대한 고대 중국인들의 숭배 사상을 이해할 수 있다. 이 의식에 참예할 때, 황제는 먼저 천단에서 묵도하고, 악단의 풍악에 맞추어 전통복장의 소리하는 자들이 다음과 같은 기도문을 읊었다.

> "전능자시여, 신비로운 일들을 하시는 주재자시여, 내가 생각으로 당신을 바라보나이다… 이 큰 의식을 통해 당신을 경배하며 높여드립니다. 당신의 종인 나는 단지 한 줄기의 갈대요 버드나무입니다. 나의 마음은 한 마리 개미의 마음입니다. 그러나 나는 제국을 다스리라는 당신의 은총의 명령을 받았나이다. 나의 무지함과 몽매함을 잘 알고 있으므로, 내가 당신에게 받은 위대한 은총을 무가치한 것으로 만들까 봐 심히 두렵고 떨리나이다. 그러므로 나의 거룩한 의무를 이행하기 위하여 나 자신을 무가치한 것으로 생각하며 모든 법도와 율례를 준수하려고 하나이다. 이곳에서는 멀지만, 나는 천상에 계시는 당신을 바라보나이다. 당신의 천상의 병거를 타고 이 제단으로 오시옵소서. 당신의 종인 내가 나의 머리를 땅에 대고 공손하게 당신께 절하나이다. 영광스런 은총을 풍성하게 내려주시옵소서… 우리의 후손들에게도 저희들처럼 복을 내려 주시옵소서. 우리가 당신을 경배하나이다. 당신의 선하심은 끝이 없으시나이다."

여기서 황제는 샹다이를 경배했음을 알게 된다. 우리는 고대의 이 장엄한 의식의 원래의 의도를 추적할 수 있을까? 황제는 샹다이에게 드리는 이러한 연례 의식에 매년 참가하여 축문을 낭독케 함으로써, 샹다이가 천지의 창조주이심을 보여주고 있다.

> "옛적 태초에 커다란 혼돈과 공허와 흑암이 있었다. 다섯 개의 원

소들(행성들)은 회전을 시작하지 않았으며, 태양도 달도 빛나지 않았다. 영이시며 전능자이신 당신께서 처음에 순전한 것들에서 거친 부분들을 나누셨다. 전능자께서 하늘을 만드셨다. 땅을 만드셨다. 사람을 만드셨다. 번식하는 힘을 가진 모든 것들을 각기 모양대로 만드셨다."

크리스천들에게 위의 낭송 소리는 이상하리만큼 매우 친숙하게 들린다. 그것은 성경의 창세기의 첫 장을 읽는 것처럼 들리지 않는가! 히브리어로 쓰여진 더 상세한 이야기로부터 발췌된 것과 같은 유사함에 주목하기 바란다.

"태초에 하나님이 천지를 창조하시니라 땅이 혼돈하고 공허하며 흑암이 깊음 위에 있고 하나님의 영은 수면 위에 운행하시니라… 하나님이 두 큰 광명체를 만드사 큰 광명체로 낮을 주관하게 하시고 작은 광명체로 밤을 주관하게 하시며 또 별들을 만드시고… 하나님이 땅의 짐승을 그 종류대로, 가축을 그 종류대로, 땅에 기는 모든 것을 그 종류대로 만드시니 하나님이 보시기에 좋았더라… 하나님이 자기 형상 곧 하나님의 형상대로 사람을 창조하시되 남자와 여자를 창조하시고…" (창 1:1~2, 9~10, 16, 25, 27)

중국의 창조주이신 샹다이는 확실히 히브리인들의 창조주 하나님과 같은 것처럼 보인다. 사실, 히브리어로 전능자 하나님의 이름은 엘 샤다이El Shaddai이다. 이것은 발음상으로 샹다이와 유사하다. 심지어 더욱 유사한 것은, 샹다이의 초기 발음인데, 그것은 '쟌 다이 djanh-tigh'이다. 고대 중국인들이 샹다이와 같이 사용하던 그들의 신에 대한 또 다른 이름은 '천(天, Tian, Heaven)'이었다. 초기 한나라의 학자였던 쟁 후안은 "샹다이는 '천'의 또 다른 이름이다" 라고 하였다. 위대한 철학자 묵자(BC 408~382) 또한 천을 창조주로 생각했다.

"나는 천이 조건 없이 인간들을 진정으로 사랑했음을 안다. 천은 태양과 달과 별들의 질서를 정하시고 빛나게 하시며 그것들을 붙들고 계신다. 천은 그들을 조절하심으로써 봄, 여름, 가을, 겨울의 사계절을 정해 놓으셨다. 천은 눈, 서리, 비, 이슬을 내리셔서 오곡과 아마와 비단을 자라게 하셨고, 인간들이 그것들을 사용하고 즐기게 하셨다. 천은 산, 강, 골짜기, 계곡을 정하셨고, 선악을 다스리도록 많은 것들을 인간에게 위임하셨다."

샹다이께서 모든 만물을 어떻게 창조하셨는가? 여기에 고대의 교사의식에서 낭송되던 축문에 이러한 부분도 있다.

"전능자이신 태(Te, ShangDi)이시여, 당신이 명하실 때에, 하늘과 땅과 인간이 존재하게 되었나이다. 하늘과 땅 사이를 분리하시고, 인간과 만물을 질서 있게 하시고, 만상을 하늘에 펴셨나이다."

샹다이가 명하실 때에 하늘과 땅이 존재하게 되었다는 기록에 주목하라. 히브리어 책에 기록된 엘 샤다이의 창조하신 방법과 비교하여 보라. 샹다이와 샤다이는 이름도 유사하고 하신 일들도 매우 유사함으로 사실상 동일한 하나님을 가리키는 것으로 추측할 수 있다.

"여호와의 말씀으로 하늘이 지음이 되었으며 그 만상을 그의 입 기운으로 이루었도다… 그가 말씀하시매 이루어졌으며 명령하시매 견고히 섰도다" (시 33:6,9)

우리는 황제가 샹다이에게 황소를 희생 제물로 드린 이유를 아직 설명하지 않았다. 이 중국에서 행해진 희생제사와 성경에 기록되어 있는 하나님께 드려지던 희생제사를 비교하여 보자.

"… 속죄제를 위하여 흠 없는 송아지를 가져오고 번제를 위하여 흠

없는 숫양을 여호와 앞에 가져다 드리고" (레 9:2)

최초로 행해졌던 희생제사의 사례들은 창 4:3, 4, 8:20절에 기록되어 있다.

교사의식의 기원은 「중국인에 대한 하나님의 약속」이라는 책에 설명되어 있다. 저자인 넬슨 등은 가장 오래된 중국의 상형문자들을 분석하여 왔는데, 저자들은 이 문자들이 기독교의 진리를 기초로 하여 만들어졌음을 발견하게 되었다. 이러한 상형문자들이 만들어진 시기는 모세 시대 이전으로, 이 문자들에는 창조, 유혹, 죄로 인한 인간의 타락, 동물 희생을 통한 죄의 용서(이것은 오실 대속자이신 예수 그리스도를 예표함) 등이 나타나 있었다. 놀랍게도 창세기 사건들의 모든 내용들이 중국의 독특한 문자 속에서 발견되고 있으며, 아직도 사용되고 있다는 것이다.

제시된 그림은 중국의 문자인 한자 속에 나타나 있는 놀라운 사실들의 일부를 보여주고 있다. 이것은 우리 모두가 서로 관련이 있음과 창세기의 사건이 그리 오래 전 일이 아님을 말해주고 있는 것이다. 중국인들뿐만 아니라, 세계의 모든 민족들은 대홍수 이후 첫 문명이었던 바벨 문명에서 살았던 거주민들의 후손들인 것이다. 하나님은 최초로 오실 '여자의 후손'인 구세주에 대한 당신의 약속을 창세기 말씀 속에 주셨다(창 3:15). 창조주 하나님의 어린 양인 구세주의 오심과 희생에 대한 예언은 인류의 나이만큼이나 오래 되었다.

중국인들이 기독교를 서양인들의 종교라고 당신에게 말한다면, 당신은 그들에게 고대의 중국인들도 오늘날 크리스천들이 믿는 하나님을 같이 믿었고 경배했었음을 설명해줄 수 있을 것이다. 이스라엘 백성들이 자주 그랬던 것처럼, 중국인들의 조상들도 거짓 신들을 따라 잘못된 길을 걸어갔으며, 그들이 원래부터 섬기던 창조주 하나님에 대한 기억은 시간이 지남에 따라 희미해져 갔던 것이다. 고대의 중국 글자(한자)들은 성경의 창세기가 역사적인 진실이라는 강력한 증거를 제공하고 있는 것이다.

<Ethel Nelson, http://www.creation.or.kr/library/itemview.asp?no=1536>

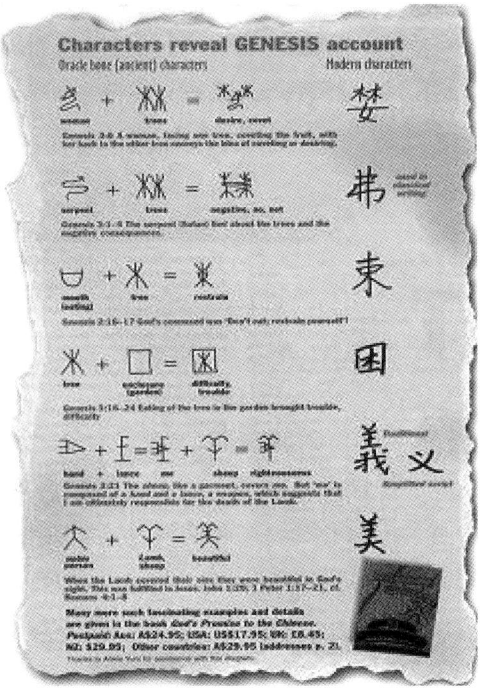

한자는 BC 2500년 경에 생겨난 것으로 알려져 있다. 중국에 유교와 도교가 성행한 시기는 BC 5세기경이고, 불교가 중국에 소개된 것은 BC 1세기경이다. BC 500년 이전 중국의 종교에 대해서는 알려진 것이 없다. 고대 중국인들이 유일신인 하나님을 '하늘 위에 계신 통치자(상제, 上帝, 샹다이)' 라고 부르고 섬겼다는 증거들이 도처에서 발견되고 있다. 다음의 한자들에 담겨져 있는 창세기의 내용이 우연의 일치라고 보기는 어렵다.

禁(금할 금): 하나님(示)께서 두 나무(林)에 대해 명하신 것.

婪 (탐할 람): 두 나무(林)를 바라보는 여자(女)의 마음.

義(옳을 의): 손(手)으로 양(羊)를 쳐서(戈) 드림. 나(我)의 죄를 위해 양(羊)을 드리는 것.

西(서녘 서): 최초의(一) 사람(人)이 살던 동산(口)있던 방향. 에덴동산은 중국인들에게는 서쪽이었음.

船(배 선): 노아 가족인 8명(八)의 사람(口)이 탄 커다란 배(舟)...

(참조. "한자에 숨겨져 있는 창세기")

<http://www.creation.or.kr/library/itemview.asp?no=302>

05

소돔과 고모라가 불과 유황으로 멸망하였다는 증거가 있는가?

소돔과 고모라의 폐허가 사해의 동남쪽에서 발견되었다. 현재의 이름으로 소돔이라 여겨지는 곳은 '밥 엣드라(Bab edh-Dhra)'이고, 고모라로 여겨지는 곳은 '누메이라(Numeira)'이다. 두 곳 다 엄청난 규모의 대형화재로 동시에 파괴되었다. 파괴된 잔해의 두께는 90cm 정도였다. 무엇이 이 어마어마한 참화를 불러왔는가? 밥 엣드라에 있는 공동묘지에서의 놀라운 발견이 그 이유를 밝혀주었다. 고고학자들은 시체의 매장에 사용됐던 건물들이 지붕에서부터 시작된 한 화재에 의해서 불탔다는 것을 발견했다.

무엇이 공동묘지 안에 있는 모든 구조물들을 이런 식으로 파괴했을까? 이 비밀에 대한 답은 다음의 성경 구절에서 발견된다.

> "여호와께서 하늘 곧 여호와께로부터 유황과 불을 소돔과 고모라에 비같이 내리사 그 성들과 온 들과 성에 거주하는 모든 백성과 땅에 난 것을 다 엎어 멸하셨더라" (창 19:24~25)

고고학적 기록에서 이 독특한 발견에 대해 상상해볼 수 있는 유일한 설명은 불타는 파편들이 공중으로부터 건물 위로 떨어져 내렸다는 것이다. 하지만 어떻게 그런 일이 일어날 수 있었을까?

사해 남부 지역에는 석유가 기초성분인 아스팔트와 유사한 역청이라고 불리는 물질이 지하에 풍부하게 퇴적되어 있다는 증거가 있다. 그런 물질은 일반적으로 높은 비율로 유황을 포함한다. 지질학자인 프레드릭 클랩은 맹렬한 지진시 발생하는 압력이 역청 광상을 단층선을 통해 지표 밖으로 분출시키는 원인이 될 수 있다고 주장했다. 그것이 지표 밖으로 분출될 때, 그것은 스파크나 지상의 불에 의해서 점화될 수 있었을 것이다. 그때 그것은 불붙은 유황 불덩어리가 되어 땅으로 떨어질 수 있었다.

소돔과 고모라의 터가 발견된 것은 클랩이 이 이론을 주장했던 바로 직후였다. 소돔과 고모라가 있던 장소는 사해 남쪽 평원의 동편을 따라 나있는 단층선상(eastern fault line of the Jordan rift valley)에 정확히 위치하고 있음이 밝혀졌다. 따라서 클랩의 이론은 전적으로 타당성이 있는 것이다. 성경 자체로부터도 이 시나리오에 대한 다소간의 증거가 있다. 아브라함은 사해 서쪽에서 폐허를 바라보았다. 성경은 아브라함이 본 것을 다음과 같이 기록하고 있다. "소돔과 고모라와 그 온 지역을 향하여 눈을 들어 연기가 옹기 가마의 연기같이 치솟음을 보았더라" (창 19:28). 짙은 연기는 석유 기초성분의 물질들이 타고 있음을 가리킨다. 옹기 가마의 연기smoke from a furnace 같이 올라오는 연기는 지하 광상에서 예상되는 것과 같이 땅속 압력 하에서 밖으로 밀려나오는 강제통풍을 가리킨다.

소돔과 고모라의 멸망은 하나님께서 죄에 대해서 어떻게 심판하시는지를 보여주는 성경의 한 사례가 되었던 것이다.

"네 아우 소돔의 죄악은 이러하니 그와 그의 딸들에게 교만함과 음식물의 풍족함과 태평함이 있음이며 또 그가 가난하고 궁핍한 자를 도와 주지 아니하며 거만하여 가증한 일을 내 앞에서 행하였음이라 그러므로 내가 보고 곧 그들을 없이 하였느니라" (겔 16:49~50).

소돔과 고모라 지역에서 수많은 유황 덩어리(sulfur balls)들이 발견되었다. 유황 덩어리들에 대한 분석 결과 이들의 유황 함유량은 95% 이상이었다. 유황 불들이 하늘에서 떨어졌을 때, 온도는 대략 섭씨 5,000도 정도로 평가되었다. 그것들은 주변의 모든 것들을 태워버린 후, 열로 인해 그들 주변에 형성된 재들을 녹여 유리화된 재를 형성했다.

<Bryant Wood, http://www.creation.or.kr/library/itemview.asp?no=4391>

06

이집트 연대기와 성경 : 현장 고고학자 데이비드와의 대화

고고학자인 데이비드 다운(David Down)은 20여년 동안 중동지역의 고고학 유적지들을 발굴해오면서 성경의 신뢰성을 입증하는 많은 발견들을 해왔다. 최근에 그는 성경 연대기에 이집트의 고고학을 연결시키면서, 성경에 등장하는 바로들에 관한 고정관념을 완전히 뒤집어엎는 책을 썼다.

데이비드는 현장 고고학자로서 「고고학적 발굴들」이라는 고대역사와 고고학에 관한 잡지의 편집을 맡고 있다. "나의 잡지는 성경을 지지하는 고고학 잡지입니다"라고 데이비드는 설명했다. "예컨대 '성서고고학' 또는 '성서고고학 리뷰' 등과 같은 고고학 잡지들은 그들의 잡지명에 '성서'라는 단어는 사용하고 있지만, 거기에 실린 기사들 모두가 성경의 정확성을 반드시 지지하는 것은 아닙니다."

문제를 발견하다

과거 기독교인들 사이의 대중적인 의견은 고고학이 성경의 진실성을 증명했다는 것이었다. 그렇지만 대부분의 사람들은 그것을 깨닫지 못했다. 1960년대 들어서서 세속적인 고고학자들이 성경과 충돌되는 이야기들을 말하기 시작하였다. 데이비드는 그가 호주에 있는 한 기독교 대학에서 고고학을 가르쳤을 때 이것을 발견했다. "나는 이집트의 역사를 연구하고 있었고, 표준 이집트 연대기에 의하면 아멘호텝 2세가 출애굽 시기에 애굽을 다스리던 바로(파라오, Pharaoh)였다는 것을 발견했습니다. 나는 이집트에 가보았고, 카이로 박물관에서 아멘호텝 2세의 미라를 보았습니다."

그러나 데이비드는 그것이 그곳에 있어서는 안 된다는 것을 깨달았다. "만약 아멘호텝 2세가 출애굽 당시의 바로였다면 그는 홍해의 밑바닥에 있어야만 했을 것입니다."(출 14:5~9, 28 참조).

데이비드는 미국 최고의 크리스천 고고학자인 지그프리드 혼 박사에게 그가 강의실에서 어떻게 가르쳐야 하는지를 물었다. 혼 박사는 "유감스럽지만 해답이 없군요. 당신이 할 수 있는 최선을 다하십시오"라고 답장을 해왔다.

데이비드가 발견했던 또 다른 문제는 솔로몬 왕과 관련된 것이었다. 고고학자들은 솔로몬이 살았음직한 시기에서 풍요로운 기간을 발견하지 못했다. 대신에 그들은 궁핍함을 발견하고 있었다.

"이것은 문제가 있는 것입니다" 데이비드는 설명했다. "만약 고고학자들이 '철기시대 IB'라고 부르는 곳을 당신이 발굴해 들어간다면, 당신은 오직 겉만 번드르르하게 보이는 도기류만을 발견하게 될 것입니다. 그곳에는 강력한 도시들이나 성벽들이나 요새들이나 그와 비슷한 어떠한 증거도 없을 것입니다. 그리고 그곳에는 어떠한 보석류도 없을 것입니다."

오늘날, 세속적 고고학자들은 솔로몬 왕의 이야기를 지지할 만한 아무런 증거가 없다고 말하면서, 솔로몬 왕에 대한 성경 이야기를 맹렬하게 공격하고 있다. 하지만 그들의 말과 모순되는 솔로몬이 존재했었다는 많은 증거가 있는 것이다. "만약 솔로몬 왕의 이야기가 위조된 것이라면, 성경의 어떤 부분을 신뢰할 수 있겠습니까?" 데이비드는 이러한 문제들에 대해 해답이 있어야 할 것을 알았지만, 2년 동안 그것들을 찾을 수 없었다. "나는 성경이 옳다는 것을 알았지만, 문제가 있다는 것을 인정해야만 했습니다."

연대기의 핵심

그 무렵 어느 날 그는 도노반 쿠르빌 박사가 쓴「출애굽 문제와 그것의 파생 문제들」이란 책을 발견했다. 이 책은 이집트 연대기가 줄어들 필요가 있다는 것을 지적했다. 데이비드는 "그것은 나에게 빛을 비춰 주었습니다"라고 밝게 말했다. "나는 그것이 답이라는 것을 알 수 있었습니다!" 그 때로부터 줄곧 그는 이집트의 '연대기를 개정하기 위한' 헌신적인 사람이 되었다.

오랫동안 고고학자들에게 있어서 이집트 연대기는 '잘려지고 왜곡된' 것이었다고 데이비드는 설명하였다. "이집트 연대기는 천랑성 주기Sothic cycle에 의해 지지되는 것으로 주장되었고, 고고학자들은 그 날짜들이 천문학적으로 고정된 것으로 주장하였습니다." "이집트 역사의 표준 시각을 표시하고 있는 태양의 일식들은 그 연대들이 정확하다는 인상을 주고 있습니다. 그러나 천랑성 주기는 일식들과 아무런 관계가 없는 것입니다" 데이비드는 말한다.

데이비드는 다음과 같이 설명하였다. "천랑성 주기는 기괴하고 놀라운 것입니다. 이집트 역사에서 약간의 언급이 천랑성의 떠오름을 말하고 있지만, 그것으로부터의 모든 것들은 억측입니다. 천랑성(Sothis, Dog Star)은 무엇인가? 시리우스 별인가? 금성인가? 그것에 대한 어떤 동의도 없습니다. '떠오른다'는 것은 무엇을 의미하는가? 언제 그것은 수평선 위로 나오는가? 그것은 전부 추측입니다. 그러나 그것이 표면적으로는 그들의 연대를 지지하기 때문에, 대부분의 고고학자들은 그냥 그것을 받아들입니다."

데이비드는 눈썹을 치켜 올리면서 말했다. "사실, 대부분의 고고학자들은 천랑성 주기를 설명할 수 없습니다. 그러나 그들은 이집트 연대들에 대해서 의문을 갖지 않습니다. 왜냐하면 그것들은 '천문학적으로 확정되었다'고 생각하기 때문입니다."

"이집트 연대기가 단축되어야 하는 이유는 왕조들이 겹치고 있기 때문입니다"라고 데이비드는 설명한다.

"몇몇 왕조들이 동시대적으로 존재하였다는 것을 부인하는 고고학자는 없을 것입니다. 사실 제3 중간기에서도 몇몇 왕조들이 공존했는데, 그 시기에 대해 가장 권위를 가지고 있는 케네쓰 킷첸까지도 같은 시기에 4개의 왕조가 지배하고 있었다는 것을 인정하고 있습니다."

"그래서 문제는 '어떤 왕조들이 동시대적으로 존재했는가?' 라는 것이 아니라, '얼마나 많은 왕조들이 그리고 얼마나 오랜 기간 동안 그러했는가?' 라는 것입니다. 그곳에는 이전에 확인되었던 것보다 훨씬 더 많은 동시대적 왕조들이 있었습니다."

이스라엘 고고학은 이집트 고고학과 연관되어 있고, 그들 자신만의 어떤 연대기도 가지고 있지 않다고 데이비드는 설명했다. "그래서 당신이 만약 이스라엘에서 바로와 관련된 기록이 새겨져 있는 도기 파편들을 발견한다면, 사람들은 그것에 그 바로에 해당하는 연대와 동일한 연대를 부여합니다. 그러나 만약 이집트 바로의 연대가 틀렸다면, 이스라엘에서 발견된 도기류들의 연대도 또한 틀려지게 되는 것입니다. 그것에 문제가 있습니다."

증거들은 아름답게 들어맞다

데이비드는 이집트 연대기가 줄어든다면 증거들은 아름답게 들어맞는다는 것을 발견했다. "그들이 솔로몬에 대한 그 어떤 증거도 발견하지 못했던 이유는 그들이 초기 철기시대에서 그 증거를 찾아보고 있었기 때문입니다. 거기는 틀린 시기입니다. 그러나 중기 청동기시대에서는 솔로몬의 영광스러움을 보여주는 풍부한 증거들이 있습니다."

"그 시기에는 빠른 회전판 위에서 만들어진 아름다운 도기류들이 있습니다. 사람들은 평범한 구리 대신에 청동을 가졌습니다. 그곳에는 아름답고 잘 건축된 도시들을 포함하여 아주 많은 발명들과 대단한 번영이 있었습니다. 어떠한 고고학 서적도 중기 청동기 제2기는 중동지역에서 알려졌던 어떤 시기보다 가장 영향력 있고 강력했던 시기였다고 이야기하고 있습니다. 이 시기는 개정된 연대기에 의하면 솔로몬의 시기입니다"라고 데이비드는 말한다.

데이비드는 또한 세소스트리스 1세(Sesostris I) 때에 살았던 요셉에 대한 많은 증거를 발견하였다. "그는 너그러운 바로였습니다" 데이비드는 생각에 잠겨 말했다. "당신은 카이로 박물관에서 그의 조각상을 볼 수 있습니다. 말쑥하게 보이는 조각상 말입니다."

"그리고 노예의 시기라고 인정되고 있는 시기에 오게 되면, 추잡하게 보이는 성격의 세소스트리스 3세를 보게 되는데, 이 이집트의 새로운 왕은 요셉을 알지 못했습니다(출 1:8). 이것은 제12 왕조였습니다."

고고학 분야에서 표준 이집트 연대기에 과감한 개정이 필요하다고 말하는 것은 데이비드 혼자만이 아니다. 예를 들면, 그는 「시간의 시험(Test of Time)」이라는 책을 쓴 데이비드 롤(David Rohl)을 언급하고 있었다.

데이비드는 개정된 연대기와 성경에 대해서 친숙한 것이 다른 고고학자들이 가지지 못하는 장점이라고 생각하고 있었다. 그는 "발굴현장에서 뭔가를 발견할 때, 나는 그것이 무엇인지를 즉시 알고 연대기적으로 그 물건을 정렬시킬 수 있습니다. 왜냐하면 나는 성경을 알고 있기 때문입니다. 내가 유대인들과 발굴을 할지라도, 그들은 나만큼 성경에 친근하지 못합니다."

그는 새로운 연대틀 안에서 이집트의 역사를 재해석한 최근의 책을 쓰면서 느꼈던 우려를 회상하였다. "나는 표준연대기가 틀렸다는 것을 알았지만, 그러나 처음에는 바로들을 올바른 장소에 두려고 감히 노력하지 못했었습니다." "그러나 그때 나는 출애굽과 솔로몬으로부터 시작했고, 보기 좋게 들어맞는 많은 왕조들의 왕들을 발견했습니다. 그것은 매우 흥분되는 일이었습니다."

데이비드는 그의 작업이 기독교 신앙과 성경을 방어하는 데에 매우 긴요하다는 것을 알고 있었다. "만약 당신이 성경이 역사적으로 틀렸다고 말하게 될 때, 어디에서 그것을 멈출 것입니까?" "전투는 모두 연대기에 관한 것입니다"라고 데이비드는 열정적으로 말한다.

"표준연대기에 의하면 BC 700년 이전의 성경적 기록에 대한 증거는 없게 됩니다. 그러나 개정된 연대기에 의하면 풍부한 증거들이 나타납니다. 그것들은 모두 너무나도 아름답게 들어 맞습니다."

방사성 탄소(C-14) 연대측정법은 성경이 틀렸음을 입증했는가?

"나는 방사성탄소(C-14) 연대측정법을 사용해 왔습니다"라며 데이비드는 재미있어 한다. "솔직히 말해서, 고고학자들 사이에서는 방사성탄소 연대측정법은 하나의 큰 농담입니다. 그들은 연대가 측정될 시료들을 실험실로 보냅니다. 만약 그 결과가 도기류의 형태로부터 이미 결정된 날짜들과 일치하면, "이 시료의 방사성탄소 연대는 우리의 결론을 확증해준다"라고 말할 겁니다. 그러나 그 연대가 일치하지 않으면, 그들은 단지 연구소에서 그것을 잘못 취급했다고 생각합니다. 그리고 그것으로 끝입니다. 그것은 단지 보여주기 위한 것입니다. 고고학자들은 결코 결코 결코 그들이 발견한 것을 방사성탄소 연대측정 결과로 연대를 결정하지 않습니다. 그들은 그것이 그들의 결론과 부합할 때에만 그것을 인용할 뿐입니다."

히타이트 : 성경에 기초한 개정된 연대기에 의해서 풀려진 종래의 연대기적 문제

"대부분의 고고학자들은 이집트 연대기가 문제를 가지고 있음을 알고 있지만, 그냥 넘어가 버립니다. 하나의 예를 들면 히타이트와 같은 것입니다" 데이비드는 말한다. 이스라엘처럼, 히타이트도 그들만의 그 어떤 연대기도 가지고 있지 않다. 히타이트와 이집트 사이에는 시간적으로 동시에 발생했던 일들이 많이 있으며, 그래서 히타이트의 연대는 이집트 연대기의 기초 위에 부여된다. 그렇지만, 삼각형의 세 번째 구성원인 앗수르가 있다.

데이비드는 그 문제점을 요약하였다. "이집트 연대기에 따르면, 히타이트는 BC 1200년에 소멸되어졌지만, 앗수르인들은 BC 8세기와 9세기에 히타이트에 대항하여 싸운 전쟁들을 기록하고 있습니다. 히타이트인들이 소멸되고 난 후 500년이 지났는데 그들은 누구와 전쟁을 하였을까요? 고고학자들은 그것이 무엇을 뜻하든지 간에 "뒤에 남은 광채

(afterglow)"라고 말합니다. 앗수르인들은 8세기와 9세기에 히타이트에 대항하여 전쟁을 했을 뿐만 아니라, 히타이트 기록에 의하면 그들은 500년 전에 살았던 앗수르 왕들과 동일한 이름을 가진 앗수르 왕들과 전쟁을 하고 있었습니다."

문제는 점점 더 악화된다. "작년에 터어키에 있는 히타이트 유적들을 방문했을 때, 나는 공예품에서 그것을 볼 수 있었습니다. 하나는 고왕국 시대에 만들어진 공예품이 있었고, 다른 하나는 후기 시대에 만들어진 것이었습니다. 그렇지만 그것들은 정확하게 꼭 같았습니다. 우리는 왕조가 바뀌고 스타일이 바뀌면 공예품도 바뀐다는 것을 알고 있습니다. 그러나 이들 공예품들은 같은 것이었습니다. 하나는 이집트와 관련해서 연대가 정해진 것이었고, 다른 것은 앗수르와의 관련해서 500년 후로 정해진 것이었습니다."

고고학자들은 이러한 문제점들을 알고 있지만, 그것들을 그냥 묻어 두고자 한다. 그러나 데이비드 다운에게 있어서, 이러한 문제점들은 성경적인 개정된 연대기에 의해서는 풀려지기 때문에 흥미로운 것이었다.

개정된 이집트 연대기

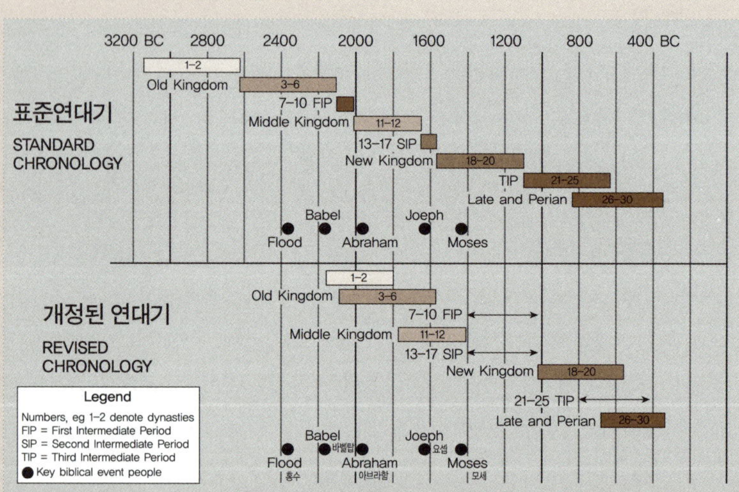

표준 이집트 연대기는 BC 3000년을 넘어서 확장되어 있다. 이것은 전지구적인 노아 홍수가 고왕국 시대 동안 일어났다는 것이 되어 버린다. 또한, 요셉은 제2 중간기 동안 애굽에 놓이게 된다. 그러나 이 시기에는 요셉에 대한 아무런 흔적도 남아 있지 않다. 그리고 모세는 신왕국 시대에 이집트에 놓이게 되지만, 번성했던 왕국에서 애굽 전역을 황폐화시켰던 질병들, 홍해에서 바로 군대의 괴멸 등과 같은 사건들의 영향을 찾아볼 수 없다.

왕조들이 동시대에 존재했었다는 것을 인정함으로써, 개정된 연대기는 극적으로 시간 척도를 무너뜨리고, 성경적인 연대기와 조화된다. 제1 중간기는 제2 중간기와 같은 것이 되며, 여호수아와 사사기의 시기와 부합한다. 제3 중간기 또한 사라지게 되고, 그 왕들은 신왕국과 후기 페르시아 시기의 왕들과 일치하게 된다.

따라서 이집트는 대홍수 이후, 그리고 바벨에서의 분산 이후 미스라임의 후손들에 의해서 자리잡게 되었던 것이다(창 10:6). (현재의 이집트Egypt라는 이름은 미스르Misr에서 나왔다.) 아브라함은 고왕국 시대 동안 이집트를 방문했으며, 요셉은 중왕국 시대 동안 이집트에 있었다. 이스라엘의 출애굽은 중왕국을 몰락시켰고, 한때 장엄했던 땅들에 황폐한 시기를 가져왔다.

<Tas Walker, http://www.creation.or.kr/library/itemview.asp?no=3148>

07

모세를 찾아서

이집트 역사의 전통적 표준연대기에 의하면, 제18대 왕조의 통치는 대략 BC 1550~1320년까지이다. 성경 연대기에 의하면 출애굽은 약 BC 1446년에 있었다. 그런데 표준연대기에서 이 연대에 해당되는 제18대 이집트 왕조의 기록 어디에서도 이집트를 휩쓸었다던 어마어마한 열 가지 재앙의 결과로 생겼을 대대적인 피폐함의 증거들이 발견되지 않는다. 또한 이 기간에 있었다는 이집트 군대의 괴멸의 증거도 찾아볼 수 없다. 뿐만 아니라, 이 시기에 있었을 여호수아 휘하의 군대에 의한 팔레스타인 침공을 증명할 만한 고고학적인 증거물도 없다.

이 문제의 해결은 이집트 연대기를 몇 세기 끌어내려서 찾을 필요가 있음을 인식하는 것이다. 즉, 제12대 왕조를 모세와 출애굽의 시기로 끌어내려서 산정하는 방법이다. 이렇게 하고 보면 모세 당시에 수많은 이스라엘인 노예들의 존재, 피폐한 이집트, 그리고 이스라엘 노예들의 돌연한 출국 흔적 등과 같은 것들을 풍부하게 찾아볼 수 있다.

이집트 연대기의 축소는 이스라엘에 있는 고고학적 유물들의 연대에 대한 해석에서도 고루 반영될 수 있을 것이다. 후기 청동기 말기에 팔레스타인 침공이 있었다는 증거는 거의 없다. 그러나 전기 청동기 말기에 파손된 것으로 보이는 여리고 성벽과 이질적인 문화를 지닌 낯선 민족이 침공한 증거가 있는바, 이 침공자는 여호수아 휘하의 이스라엘 군으로 식별될 수 있다.

성경에 대한 도전

1995.12.18일자 타임지의 표지는 십계명 돌판을 들고 서있는 모세의 그림이 실려져 있었다. 그리고 그 그림 한 복판에 "성경은 사실인가, 아니면 가공인가?"라는 질문이 쓰여 있었다. 이 기사의 주장은 이랬다.

> "구약성경의 여러 내용은 증거들과 상충되든지, 아니면 여전히 부족하다. 이집트에서 살았을 이스라엘인 노예들, 모세의 실존, 출애굽, 가나안 땅에 대한 여호수아의 침공 … 등등에 관한 증거가 그러한 예이다. 족히 6년 동안 여리고 유적을 발굴하였던 캐슬린 케년은 그 당시에 있었을 파괴의 증거를 전혀 발견하지 못했다."

실제로 그녀는 성경의 출애굽 시기에 해당되는 BC 1400년경 당시에는 여리고 현지에 주민들이 살고 있지 않았다고 주장했다.

> "현대의 지식에 비추어 제반 자료들을 분석하여 보면, BC 1580년과 BC 1400년 사이에는 무덤 양식과 고대 건축물에 있어서 양쪽 다 완전한 간격이 있다는 것이 분명해진다."

'당시에'라는 표현은 매우 중요하다. 사실상 이집트의 노예제도, 모세의 실존, 출애굽, 여호수아의 가나안 정복에 관한 증거들은 풍부하다. 가스탠드 교수는 여리고에서 무너진 성벽들을 발굴하면서,

성이 있던 곳에 생겨난 언덕 밑에서 전 지역을 덮고 있는 두터운 잿더미 층을 발견하였는데, 이것은 의도적으로 방화한 화재로 인한 것으로 나타난다는 것이다.

> "외각 성벽이 가장 심하게 손상되었다. 무너진 성벽의 잔해들은 경사를 흘러내렸다… 맹위를 떨친 화재의 흔적은 역력하였다. 붉게 탄 벽돌들, 깨진 암석들, 검게 탄 목재들과 잿더미 등등이 그랬다. 불타 무너진 가옥의 잔해들은 성벽을 따라 땅바닥에 즐비하였다. 가옥 내부의 토기들은 무너져 내린 지붕에 깔려 있었다."

그렇지만 고고학자들이 그 사건이 일어났다고 추정하는 시기는 잘못된 것이었다.

> "초기 발굴에서 발견된 그 방어벽은 후기 청동기 성읍의 것으로서, 그 파괴의 원인은 지진과 화재로 인한 것으로 믿고 있었다. 최근의 발굴은 이 성벽들의 시기가 잘못 산정되어 있었다는 것이 밝혀졌다. 그 성벽들은 실질적으로 초기 청동기 때의 것이었다."

열왕기상 6:1절에서 밝히고 있는 정보로부터 출애굽의 시기가 계산될 수 있다. 이 구절에는 "**이스라엘 자손이 애굽 땅에서 나온 지 사백 팔십년이요 솔로몬이 이스라엘 왕이 된 지 사 년 시브월 곧 둘째 달에 솔로몬이 여호와를 위하여 성전 건축하기를 시작하였더라**"고 기록되어 있다.

대부분의 역사학자들은 솔로몬이 BC 970년경에 즉위하였다는 데 동의한다. 그가 왕이 된 지 4년이 되는 해는 BC 966년에 해당하기 때문에, 그 때를 기점으로 계산하여 480년 전은 BC 1446년경이 될 것이다. 대부분의 고고학자들이 인정하고 있는 전통적인 표준연대기에 따르면, 그 때는 이집트의 제18대 왕조의 시기에 해당한다.

이집트의 연대기에 대한 수정 제안

'그 당시(표준연대기로 제18대 왕조의 시기)에' 모세의 흔적이나, 애굽에 내려진 10대 재앙, 또는 출애굽의 증거가 없다는 것은 사실이다. 하지만 수많은 학자들은 이집트 연대기에 심각한 오류가 있다고 주장하면서, 수 세기를 삭감하여 계산해야 한다고 주장한다. 그와 같은 수정된 연대기에 의하면, 모세의 시기로 끌어내려져서 산정될 수 있는 왕조는 제12대 왕조이다. 그런데 이 왕조 기간에는 성경 기록을 지지하는 상황 증거들이 풍부하다.

제12대 왕조의 말기에 재위하였던 왕들 중에 세소스트리스Sesostris 3세가 포함된다. 그의 석상에 묘사된 인상으로 보아, 그는 능히 백성들에게 냉엄한 노예제도를 시행하고도 남았을 잔악한 독재자로 생각된다. 그의 아들 아메넴헷Amenemhet 3세도 그 못지않게 잔악한 성격의 소유자였던 것 같다. 그의 통치는 46년간이나 계속되었다. 그리고 모세는 그의 통치 초기 어느 때에 탄생했을 것이다.

아메넴헷 3세한테는 아메넴헷 4세로 불리던 아들이 하나 있었던 것 같다. 이 왕자는 수수께끼 같은 인물로 부왕을 추종했든지, 아니면 부왕과 공동섭정을 했던 것 같다. 만일 후자의 경우라면, 아메넴헷 4세는 모세였을 가능성이 농후하다. 아메넴헷 4세는 아메넴헷 3세의 서거 이전에 신비롭게도 종적이 묘연해졌다.

아메넴헷 3세한테는 소벡네페루Sobekneferu라는 딸이 하나 있었다. 이 공주는 아이가 없었던 것으로 알려져 있다. 만약에 그녀가 목욕하러 강가로 내려갔던 바로의 딸이었다면, 강가로 갔던 이유는 쉽게 이해된다. 그것은 공주의 방에 목욕시설이 없어서가 아니었을 것이기 때문이다. 그녀는 세정 의식을 거행하고, 다산을 가져다주는 강의 신 하피에게 기도를 드리려고 그곳에 내려갔을 것이다. 아기를 못 가졌던 그녀로서는 그와 같은 의식이 필요했었을 것이다. 아름다운 아기 모세를 그곳에서 발견하였을 때, 그녀는 그 아기가 그녀의 기도에 대한 응답으로 쉽게 믿었을 것이다(출 2:5~6).

그러나 나이 들어 스스로의 정체성을 이스라엘 사람으로 인식한 모세는 이집트를 도망쳐야만 했다. 이 일로 인해 왕위에 공백이 생겨 아메넴헷 3세가 서거하였을 때에는 대를 이을 왕자가 없었다. 공주 소벡네페루가 바로로 즉위하여 8년 동안 통치하였다. 그러나 그녀의 죽음과 더불어 왕조도 끝나고, 뒤이어 제13대 왕조가 출현하였다.

이스라엘 노예들

데이비드는 지난 15년간 이집트 연대기를 수정하기 위하여 노력해 왔다. 그 결과로 페이윰의 카훔에 있는 12대 왕조의 피라미드들 건설에 동원되었던 노예들이 출애굽기에서 이스라엘 노예로 언급된 셈족임을 확인하게 되었다. 15년 전만해도 그는 고고학적 현실과는 거리가 먼 사람으로 간주되었었다. 그러나 시간이 그 모든 것을 바꿔놓은 것이다.

데이비드보다 먼저 그의 수정 내용과 동일한 수정을 임마누엘 벨리코브스키 박사가 주장했었다. 그리고 도노빌 쿠빌 박사도 같은 수정을 제안했었다. 그러나 그들은 고고학자들이 아니라는 이유로 그들의 주장은 적절하지 못한 것으로 무시되었다. 하지만 그 때 이후에도 인정을 받는 고고학자들이 한 목소리로 표준연대기의 수정을 제안하고 있다.

1991년에 피터 제임스는 「암흑의 세기들」이라는 책을 펴냈다. 그는 이 저서에서 이집트 연대기는 250년을 삭감해야 한다고 주장했다. 제임스는 저명한 학자이다. 그리고 그의 저서는 캐임브리지 대학교의 콜린 렌프루 교수의 머리말을 싣고 있는데, 렌프루 교수는 "연대기 개정이 진행 중"이라고 인정하면서 "역사는 새로 편찬돼야만 한다"고 주장하고 있었다. 데이비드 롤은 1995년에 출판한 자신의 저서 「시간의 시험A Test of Time」에서 이집트의 연대기는 350년 삭감되어야 한다고 주장했다. 이러한 주장들이 의미하는 바는 이집트의 제12대 왕조의 종말은 BC 15세기로 산정되어야 한다는 것과 마찬가지다. 그 때가 대략 성경 출애굽기의 시기에 해당된다. 그 때 카훈에 거주하면서 제12대 왕조의 피라미드 건설에 동원된 것으로 알려진 노예들이 이스라엘인들이었다.

성경연구학회 소속 브라이언 우드 교수는 카훈에 살고 있던 셈족 노예들이 틀림없는 이스라엘 사람들이었다고 결론짓고 있었다. 그는 이 결론에 이르는 데 다른 시각에서 출발했지만 결과는 같았다. 그는 출애굽기 12:40절에서 언급된 430년이라는 기간이, 갈라디아서 3:17절에서 암시하는 것처럼 아브라함의 시대부터 출애굽 당시까지의 전체 기간이 아니고, 이스라엘 백성들이 이집트에서 노예생활을 하였던 실질적인 기간이라고 결론 맺었다. 이 추정도 앞에서의 예와 마찬가지로 이스라엘인의 이집트 노예시대를 제12대 왕조기간으로 산정하는 것이다. 이때의 증거들은 성경 기록과 잘 들어맞는다.

> "요셉을 알지 못하는 새 왕이 일어나 애굽을 다스리더니 그가 그 백성에게 이르되 이 백성 이스라엘 자손이 우리보다 많고 강하도다 자, 우리가 그들에게 대하여 지혜롭게 하자 두렵건대 그들이 더 많게 되면 전쟁이 일어날 때에 우리 대적과 합하여 우리와 싸우고 이 땅에서 나갈까 하노라 하고 감독들을 그들 위에 세우고 그들에게 무거운 짐을 지워 괴롭게 하여 그들에게 바로를 위하여 국고성 비돔과 라암셋을 건축하게 하니라" (출 1:8~11)

플린더 페트리 경은 페이윰에 있는 도시 카훈을 발굴했다. 그리고 로잘리 데이비드 박사는 그의 발굴 내용을 책으로 펴냈다. 그 책에서 그녀는 이렇게 말했다 :

"이 도시에는 상당수의 아시아인들이 있었던 것 같다. 이집트의 다른 곳에서도 이 사실이 반영되었을 것이다… 시리아나 또는 팔레스타인 지방에 있었을 그들의 고국은 정확하게 확인할 길이 없다… 그들이 이집트에 와서 살게 된 정확한 이유는 명확하지 않다."

로잘리 데이비드나 플린더 페트리도 이 셈족 노예들이 이스라엘 사람들이라는 걸 확인할 수 없었다. 그들은 성경의 사건을 제12대 왕조보다 수 세기 이후로 산정하는 전통적 표준연대기를 고수하고 있었기 때문이었다.

페트리는 또 다른 한 가지 흥미진진한 사실을 발견하였다.

"아마도 원래는 옷가지나 다른 소유물들을 보관하는 데 사용했던 것으로 보이는 대형 나무상자들이 카훈에 있던 많은 가옥들의 방바닥 밑에서 발견되었다. 이 상자들은 아기들의 유골들이 담겨 있었는데, 때로는 한 상자 안에 2명 또는 3명의 유해가 발견되기도 하였다. 죽을 당시 아기들의 나이는 몇 개월을 넘지 못하는 것으로 보였다."

이에 대한 설명은 성경에서 찾아볼 수 있다. 바로는 히브리인 산파들에게 이런 명령을 내린 적이 있었다는 기록이 그것이다. "이르되 너희는 히브리 여인을 위하여 해산을 도울 때에 그 자리를 살펴서 아들이거든 그를 죽이고 딸이거든 살려두라" (출 1:16). 산파들은 이 명령을 무시하였고 그 결과 "그러므로 바로가 그의 모든 백성에게 명령하여 이르되 아들이 태어나거든 너희는 그를 나일 강에 던지고 딸이거든 살려두라 하였더라" (출 1:22). 수많은 산모들은 품속에서 빼앗긴 아기들이 죽임을 당하는 것을 보면서 비탄의 눈물을 삼켰을 것이다. 그들은 죽은 아기들을 상자에 넣어 살던 집 방바닥 밑에 묻었던 것 같다.

페트리가 발견한 것 중에 또 하나 놀라운 사실은, 노예들이 돌연히 현장에서 그 자취를 감추었다는 사실이다. 로잘리 데이비드는 이렇게 기록하고 있었다 :

> "카훈 주민들이 연장과 가재도구를 일터나 집에 내버려둔 채 끝내 그 도시를 떠나야했던 이유가 피라미드 건설의 완공이 아니었다는 것은 분명해 보인다."

> "이 최초의 카훈 거주가 어떻게 막을 내리게 되었는가에 대한 의견은 분분하다… 가옥들 안에 내버려진 일상용품들의 수량, 그리고 그 용도의 범위나 형태들의 다양성은 능히 그들의 이탈이 돌발적이며, 사전에 계획된 바 없는 것임을 암시하고 있다."

그들의 이탈은 사전에 계획되지 않은 돌발적인 것이었다! 이보다 더 성경의 기록과 부합하는 기사는 없을 것이다. "사백삼십 년이 끝나는 그 날에 여호와의 군대가 다 애굽 땅에서 나왔은즉" (출 12:41).

애굽에 내려진 열 가지 재앙

바로는 이집트 땅에 내려진 열 가지 파괴적인 재앙과 악질로 인해서, 모세의 요구대로 그의 노예들을 놓아주었다(출 7~12장). 성스러운 나일강은 핏물로 변하였고, 모든 생축은 악질로 죽었으며, 번갯불은 가연성 물질들을 모두 태워버렸고, 우박은 밭에 있는 모든 채소들을 쳤고 과일나무를 꺾었으며, 메뚜기가 지면을 덮어 지상의 남아 있던 모든 식물들을 먹어치웠다. 이집트의 경제가 그토록 피폐했었다면, 어디엔가 그와 같은 국가적 대재난에 관한 기록이 남아 있어야만 할 것이다. 그런데 사실상 그런 기록이 존재한다.

네덜란드의 라이덴 박물관에는 한참 나중에 기록되었을 파피루스 기록이 보관되어 있다. 하지만 대부분의 학자들은 그 파피루스 기록은 어떤 초기 왕조 때의 파피루스 기록을 복사한 것으로 인식하고 있다. 대재앙이 휩쓸고 간 이후에 있었을 상황을 묘사하고 있는 그 기록은 제13대 왕조 때의 것일 가능성이 충분하다. 그 기록은 이렇다 :

> "아니, 그보다는 심정이 광포하다. 재앙이 땅을 휩쓸었고 방방곡곡은 유혈이 낭자하다… 아니, 그 뿐이랴. 강은 핏물이 범람한다. 사람이 그걸 마실까? 인간으로서는 못 마시리라. 목이 말라 죽을 지경이다… 아니, 그 뿐이랴. 지체 높은 집 아들도 알아보는 이가 없다… 외지에서 낯선 사람들이 애굽으로 들어왔으니… 아니, 그 뿐이랴. 곡식은 곳곳에서 말라죽는다. 사람들은 옷조차 걸치지 못한 알몸이고 향수나 기름은 어림도 없다. 사람들은 입을 떼면, "더는 못 참겠네." 다들 한숨이다. 곡간마다 텅텅 비었다… 일이 이 지경에 이르렀다. 곤궁한 백성들은 마침내 왕을 끌어내렸다."

출애굽기의 바로는?

제12대 왕조의 말기를 통치하던 왕들의 기록이 남아있다. 그들은 세소스트리스 3세, 아메넴헷 3세, 그리고 소벡네페루 여왕이다. (소벡네페루를 앞서 아메넴헷 4세로 알려진 모호한 인물을 여기에 포함시키는 사람들도 없지 않다). 소벡네페루 여왕의 죽음과 함께 제12대 왕조도 막을 내렸음은 그녀한테 아들이 없었기 때문이다. 그녀의 양자인 모세마저도 미디안으로 도망쳤던 것이다.

제12대 왕조의 몰락과 더불어 한참동안 불안정한 기간이 이어졌다. 14명의 왕이 숨가쁘게 대를 바꿨다. 초기에 속하는 왕들은 아마도 제12대 왕조의 몰락 이전부터 나일강의 삼각주 지역을 통치하고 있었던 것 같다. 제13대 왕조의 왕들은 삼각주의 북동 지역을 이미 통치하기 시작했다. 그러던 그들이기에 12대 왕조가 몰락하자, 곧 권력의 공백을 메우고 제13대 왕조를 열었다. (왕조라는 개념은 당시의 이집트의 개념이 아니었다. 그 개념은 나중에 마네토가 창안한 개념이다. 마네토는 BC 3세기에 살던 이집트의 승려로서 이집트 역사라는 기록을 남기고 왕들을 왕조별로 분리시켜 계보를 만들었다).

온 이집트에 대한 통치권을 얻기 위하여, 왕들 간에는 치열한 정권쟁탈전이 전개되었고, 한 나라의 군주로서는 짧은 통치기간으로 이어지는 결과들을 초래케 했다. 이와 같은 정권쟁탈전은 네페르호텝 1세의 즉위와 함께 가라앉아, 그의 재위 11년의 기간동안 상당부분 안정을 회복하였다.

나는 모세가 이스라엘 민족의 해방을 요구하였던 상대자였던 바로를 카섹엠르-네페르호텝Khasekemre-Neferhotep 1세로 산정한다. 내가 그렇게 믿는 이유는 페트리가 발견한 카훈에 있던 예전 왕들의 장신구들을 보았기 때문이다. 그런데 페트리가 그곳에서 마지막으로 발견한 장신구들은 네페르호텝의 것이었다. 이 네페르호텝은 힉소스족이 이집트를 '전투 없이' 점령하기 전에 이집트를 마지막으로 통치했던 왕이었다. 전투 없이 점령했다고? 이집트 군대는 어디에 있었을까? 홍해 바다의 밑바닥에 있었던 것이다(출 14:28). 카섹엠르-네페르호텝 1세는 아마도 출애굽 당시의 바로였을 것이다. 그의 미라는 지금껏 발견되지 않고 있다.

우드 교수는 창 47:11절과 출 1:11, 12:37절에서 언급되는 라암셋의 이름을 '도로의 출입문'이라는 뜻을 가진 이집트의 단어 'RW3TY'에 연관시켰다. 그는 그것을 텔엘다바(힉소스족의 수도인 아바리스)에 있는 새로운 인구 중심지의 Stratum d/2에 연결시킨다. 이곳은 오스트리아의 고고학자 맨프레드 비텍에 의해서 발굴되고 있는 현장이다. 비텍에 의하면 이 지층에는 이스라엘인들에 대한 확실한 증거가 있다는 것이다. 우드 교수는 Stratum d/2를 이집트에 있었던 이스라엘인들과 연관시키고 있다.

출애굽기에 등장하는 바로를 라암세스(람세스) 2세로 말하는 사람들은 '라암셋'의 이름을 포함하고 있는 성경 구절들을 인용하면서, 성경의 바로가 이 라암세스와 동일인임을 지지하는 증거라고 말한다. 그러나 만약에 라암세스가 출애굽기의 바로라고 하면, 그의 시체는 카이로 박물관이 아닌 홍해의 해저 바닥에 누워 있어야 할 것인데, 그의 시체가 현재 카이로 박물관에 있다. 우드의 주장은 라암세스의 이름을 성경의 구절에 연결시켜야 할 필요성을 거부한다.

결론

만일 우리가 그 때 당시를 올바르게(맞게) 들여다본다면, 이집트에는 이스라엘 노예의 증거들이 풍부하다는 것을 알 수 있을 것이다 – 이스라엘 노예들의 돌연한 실종, 열가지 재앙으로 인한 이집트의 피폐, 이집트 군대의 괴멸, 등등. 그래서 고대의 역사를 해석하는 데는 당시(시점, time)가 중요한 요소이다.

만약 성경이 역사적으로도 믿을 수 있는 기록이라면, 일반적으로 해석되고 있는 이집트 연대기는 오류가 있음이 분명하며, 따라서 수 세기를 삭감하여 산정할 필요가 생기는 것이다.

이 사안은 명백하다. 현재 통용되는 이집트 연대기를 인정하고 성경 연대기를 거부하는 것은 6일 만에 창조하셨다는 창조의 기록을 포함하여, 성경의 다른 기록들에 대한 회의론에 문을 열어주는 결과를 초래할 것이다. 그러나 이집트 연대기의 오류가 증명된다면, 성경의 기록을 인정하는 데 중요한 장애물의 하나가 제거될 것이며, 창세기 역사가 진실이었음이 드러나게 될 것이다.

<David Down, http://www.creation.or.kr/library/itemview.asp?no=1412,1413>

08

여리고 성의 성벽은 정말로 무너져 내렸다

'여리고Jericho'라는 지명은 이스라엘 백성들의 행진, 나팔소리, 무너지는 성벽을 연상케 한다. 그것은 믿음과 승리의 놀라운 이야기이지만, 그 일이 정말로 일어났을까? 회의론자들은 실제적 사건이 아니라고 말하며, 단지 여리고의 유적을 설명하고자 하는 사람들이 지어낸 이야기일 뿐이라고 말한다. 이러한 부정적인 시각의 주된 이유는 1950년대에 영국의 고고학자 캐슬린 케년이 지휘하여 수행한 현장발굴의 결과 때문이다. 그녀는 다음과 같이 결론을 내리고 있었다 :

> "이스라엘 민족의 공격이 있었음에 틀림없는 후기 청동기 시대에 도시성벽의 흔적이 전혀 남아 있지 않다는 것은 슬픈 일이다. 여리고의 발굴에서 여호수아서에서 그렇게 생생하게 기술되어 있는 여리고 성벽의 파괴에 대한 어떠한 단서도 보이지 않는다."

캐슬린 케년의 발굴 보고서를 편집하고 공동 저술했던 토마스 홀란드는 나타난 결과를 다음과 같이 요약했다:

> "군사적 정복설과 후기 청동기 시대의 성벽에 대한 참고자료들을 가지고 캐슬린 케년이 내린 결론은, 청동기 말기(BC 1400년경)에 도시가 성벽으로 둘러싸여 있었다는 설을 뒷받침할 만한 어떠한 고고학적 자료도 없다는 것이다"

그러나 금세기 동안 계속 수집되어온 고고학적 증거들을 주의깊게 조사해보면, 이것과는 매우 다른 결론에 도달하게 된다.

요새였던 여리고

이스라엘 백성이 약속의 땅에 들어가기 전에, 모세는 그들이 이제 요단강을 건너 강대한 나라들로 들어가서 성벽이 하늘에 닿는 큰 성읍들을 얻게 될 것이라고 말했다(신 9:1). 케슬린 케년의 세심한 조사는 여리고가 정말로 강력한 요새였고 그것이 불탔었음을 나타내고 있었다. 그러나 불행히도 그녀는 그 유적들의 연대를 잘못 추정한 결과, 고고학적 발견과 성경의 기록이 불일치하는 것처럼 보이는 결과를 가져왔던 것이다. 청동기 시대의 여리고성은 BC 1550년경에 이집트에 의하여 파괴되었다고 그녀는 결론을 내렸던 것이다. 그러나 증거물들을 더 심층 분석해 본 결과, 파괴는 BC 1400년경에 (후기 청동기 1기 말에) 발생했고, 이것은 성경에서의 정복 연대와 정확하게 일치하는 것이었다.

여리고 성이 있던 구릉은 아래쪽에 돌로 된 옹벽(기초성벽)을 가지고 있는 거대한 토벽으로 둘러싸여 있었다. 옹벽은 무려 4~5m의 높이에 달했다. 이 옹벽 위로 폭 2m, 높이 6~8m의 진흙벽돌로 된 성벽(외벽)이 있었다. 이 진흙벽돌의 제방(둑) 위로는 유사한 진흙벽돌로 된 성벽(내벽)이 있었는데, 그 내벽의 기저부위는 외벽의 바깥쪽 땅에 비해서 14m나 높았다(그림 참조). 이것이 바로 이스라엘이 7

캐슬린 케년의 서쪽 발굴지에 근거한 요새화된 여리고 성벽의 단면 개념도

월 동안 매일 성 주위를 돌면서 행진할 때 그들 위에 아스라이 보였던 것이었다. 인간적으로 말하면, 이스라엘 백성이 여리고의 이 굳건한 요새를 통과하는 것은 불가능했다.

내벽 안쪽의 도시 면적은 약 6에이커(환산하면 약 200×120m) 정도이지만, 안쪽 도시와 요새화된 성벽들이 차지하는 면적들을 다 합하면, 전체 면적은 50%가 더 넓어져서 약 9에이커 정도가 된다. 고고학자들이 추정하는 에이커 당 200명을 기준으로 하면, 상부 도시의 인구는 대략 1,200명 정도였을 것이다. 그러나 금세기초 독일팀의 발굴 결과에 의하면, 사람들이 외벽과 내벽 사이의 제방에서도 살았다. 또한, 성 주변 마을에 살았던 가나안 사람들도 성 안으로 피난했을 것이다. 따라서 우리는 이스라엘 백성이 여리고 성을 공격했을 때 수천 명이 성 안에 있었을 것으로 추정할 수 있다.

무너진 성벽

여리고 성의 주민들은 이스라엘 백성들의 포위에 대해 잘 대비하고 있었다. 고대는 물론이었고 현재에도 여리고 성내에는 충분한 물을 공급할 수 있는 샘이 성벽 안쪽에 있다. 공격 시점은 수확이 막 끝난 시기였으므로(수 3:15), 그들은 충분한 식량도 준비하고 있었다. 이것은 1930년대에 존 가스탕의 발굴자료와 또한 캐슬린 케년의 발굴에서, 가나안인들의 집들에서 곡식이 가득 들어있는 항아리들이 발견된 사실로 입증된다. 풍부한 식량 공급과 충분한 물이 있었으므로 여리고 백성들은 아마 몇 년 동안 버틸 수 있었을 것이었다.

성경 기록에 의하면, 7일째에 성 주위를 일곱 번 돌고 난 후에, "성벽이 무너져 내린지라(fell down flat)"로 기록되어 있다(수 6:20). 여기서 히브리어의 의미는 성벽이 "성벽 아래로 무너졌다(fell beneath itself)"는 뜻을 가지고 있다. 여리고에 그러한 사건이 일어났었다는 증거가 있는가? 여리고 성이 종말을 맞았을 때, 흙벽돌 성벽이 무너져 내려서 외벽의 아래 부분에 쌓여졌다는 충분한 증거들이 있는 것으로 밝혀졌다.

케년의 조사는 가장 상세한 것이었다. 성이 있던 구릉의 서쪽 부분에서 그녀는 외벽의 거의 꼭대기에 쌓여있었던 붉은 벽돌들이 외벽의 기저부에 떨어져서 쌓여있는 것을 발견했다. 이것은 아마도 제방의 정상부 또는 외벽 위쪽의 흙벽돌들이 무너져 내림으로서 쌓이게 된 것으로 추정된다. 바꾸어 말하면 케년은 성벽이 무너져 내려 쌓인 벽돌더미를 발견한 것이었다! 1997년에 성이 있던 구릉의 남쪽 끝에서 발굴작업을 한 이탈리아팀도 정확하게 같은 것을 발견했다.

1907~1909년의 독일팀의 발굴결과를 근거로 한 고대 여리고 북편 성벽의 추정도. 가옥들이 돌로 된 옹벽 위에 놓여 있는 진흙벽돌 성벽을 의지하여 지어졌음에 유의하라. 성경은 라합의 집이 성벽 위에 지어졌다고 기록하고 있다(수 2:15).

성경에 따르면, 라합의 집은 요새화된 성벽의 일부분으로 되어 있었다(수 2:15). 만일 성벽이 무너졌다면, 라합의 집은 어떻게 남아 있을 수 있었을까? 알다시피 정탐꾼들은 라합에게 그녀의 가족들을 그녀의 집안으로 대피시키면 구해주겠다고 약속했다. 이스라엘 백성들이 도시를 점령했을 때, 약속대로 라합과 그녀의 가족들은 구조되었다(수 2:12~21, 6:17, 22~23). 여리고 성의 둔덕 북쪽 끝에서 고고학자들은 라합에 관련된 것으로 보이는 놀라운 것들을 발견했다.

1907~1909년 독일팀의 발굴에서, 북쪽 성벽의 짧은 구간은 다른 부분과는 달리 무너지지 않았음이 발견되었다. 그 진흙벽돌 성벽의 일부분은 아직도 2m 이상의 높이로 서 있었다. 더구나 이 성벽에 잇대어 집들이 지어져 있었다! 이곳에 라합의 집이 있었을 가능성이 크다. 성벽이 집의 후면 벽을 형성하고 있었으므로 정탐꾼은 쉽게 도주할 수 있었다. 도시의 북쪽인 이 위치로부터 정탐꾼이 3일간 숨어 있었던(수 2:16, 22) 유대 광야의 산까지는 가까운 거리였다. 위쪽의 내벽과 아래쪽의 외벽 사이의 제방에 위치한 이곳은 전쟁이 났을 때는 살기에 적당하지 않은 곳이므로 집값이 쌌을 것이다. 이 지역은 도시 내부에서 밀려난 사람들이 사는 가난한 지역으로 아마도 빈민촌이었을 것이다.

성벽이 무너지고 난 후에 이스라엘 백성들은 어떻게 5m 높이의 하부 옹벽을 넘어갈 수 있었을까? 발굴결과에 의하면 무너져 내린 진흙벽돌들이 옹벽 옆에 쌓여서 이스라엘 백성들이 위로 올라갈 수 있는 경사로를 형성했던 것을 보여준다. 성경은 이스라엘 백성이 도시에 들어갔던 방법을 정확하게 묘사하고 있다 : "… 성벽이 무너져 내린지라 백성이 각기 앞으로 나아가(즉, 똑바로 위로 넘어서, straight up and over) 그 성에 들어가서 그 성을 점령하고" (수 6:20). 이스라엘 백성은 올라가야만(go up) 했고, 그것이 바로 고고학이 밝혀낸 것이다.

브라이언 우드 박사가 1997년에 여리고 성의 남쪽 끝에서 이탈리아 고고학자에 의해 발견된 돌로 된 외벽의 기초부분(옹벽)을 가리키고 있다. 이스라엘 백성들은 여호수아 6장에 설명된 바와 같이 성을 공격했을 때 이 외벽 주위를 행진했다.

그들은 도시로 들어가기 위해서 구릉의 바닥 부분인 지상에서 방어벽 위로 올라가야만 했다. "…그 성벽이 무너져 내리리니 백성은 각기 앞으로 올라갈지니라 하시매" (수 6:5).

화재에 의한 파괴

이스라엘 백성들은 도시와 그 안의 모든 것들을 불태웠다. "무리가 그 성과 그 가운데에 있는 모든 것을 불로 사르고…" (수 6:24). 다시 한 번 고고학적 발견은 이 기록이 사실임을 확인했다. 이스라엘 백성에 의해 파괴된 성의 동편 일부분이 발굴되었는데, 어디에서든 발굴이 일정 깊이에 도달하면 1m 정도 두께의 재와 불에 탄 잔해들이 발견되었다. 케년은 이 철저한 파괴를 다음과 같이 기술했다 :

> "파괴는 철저했다. 벽과 바닥들은 화재로 인해 검거나 붉게 타 있었고, 방마다 쏟아진 벽돌, 목재들, 가재 집기들로 가득 차 있었다. 대부분의 방에 떨어져 있는 파손된 잔해들은 심하게 불탔지만 동쪽 방들의 벽은 화재의 영향을 받기 전에 붕괴되었던 것처럼 보인다."

가스탕과 케년은 둘 다 불에 의해서 파괴된 곡물로 가득한 많은 저장 항아리들을 발견했다. 이것은 고고학적 기록에서 매우 특별한 발견이다. 곡물은 단지 식품의 근원일 뿐만 아니라, 다른 상품으로 교환하기 위한 수단으로서의 가치도 있었다. 정상적인 상황에서 곡물과 같은 귀중품은 정복자에 의해 약탈되는 법이다. 여리고 성에서는 왜 곡물이 그대로 남겨져 있는 것일까? 그 해답은 성경에 있다. 여호수아는 이스라엘 백성들에게 성읍과 그 안의 모든 것들을 여호와께 바치라고 명령했다(수 6:17).

여리고 성에 남아 있어서 현대 고고학자들에 의해 발견된 곡물은 3500년 전의 이스라엘 백성들의 순종을 생생하게 증언하고 있는 것이었다. 단지 아간만이 순종하지 않았고, 그 결과로 여호수아 7장에 기록된 대로 아이성에서의 참패로 이어졌던 것이다.

그러한 많은 곡물들을 손대지 않고 남겨둔 것은 성경기록의 또 다른 면의 진실을 조용히 증언하고 있다. 풍부한 식량과 물의 공급이 있었고 강력하게 요새화된 성을 정복하는 데에는 통상 몇 달, 심지어는 몇 해가 걸릴 수도 있는 일이었다. 그러나 성경은 여리고가 단지 7일 후에 함락되었다고 말한다. 여리고 성의 폐허에서 발견된 곡물 항아리들이 가득 차 있었던 것은 성 안의 백성들이 곡물을 소비할 시간이 없었고, 포위기간이 짧았던 것을 나타낸다.

여리고의 교훈

고고학과 성경 사이의 외견상 불일치 때문에, 여리고 성은 한때 성경속의 이야기로만 여겨졌었다. 그러나 정확한 고고학적 해석을 했을 때에는 정반대임이 밝혀지게 된 것이다. 고고학적 증거들은 모든 세부사항에서 성경의 기록과 역사적으로 정확하게 일치한다. 고고학적 발견은 여리고 성에 관한 모든 이야기가 실제로 있었던 역사적 사실이었음을 입증했던 것이다.

여리고의 성벽이 어떻게 무너졌는가에 대하여 여러 가지 해석들이 있다. 가스탕과 케년은 둘 다 도시가 종말을 맞았을 때에 지진 활동이 있었다는 증거를 발견했다. 만일 하나님께서 그 날 하나님의 목적을 달성하시기 위해서 지진을 사용하셨더라도, 지진이 필요한 정확한 시점에 지진이 일어났고, 라합의 집을 보호했던 것은 여전히 기적이다. 하나님께서 어떤 방법을 사용하셨든지, 그것은 결국 이스라엘 백성의 믿음을 통해 하나님께서 성벽을 무너뜨리신 것이다. 백성들이 7일 동안 성벽 주위를 행진하고 난 후에, 여리고의 성벽은 믿음으로 인해 무너졌던 것이다(히 11:30).

여리고 성은 세속적 학문의 결과가 성경과 일부 불일치하더라도 성경의 기록을 무시해서는 안 된다는 것을 결정적으로 보여주고 있으며, 오늘날에도 하나님의 백성들에게 놀라운 영적 교훈이 되고 있다. 우리도 때로는 우리 힘으로는 도저히 극복할 수 없는 거대한 요새와 같은 성벽에 직면하곤 한다. 만약 우리가 하나님을 믿고 그의 계명을 따른다면, 하나님께서는 크고 비밀한 일을 행하셔서(렘 33:3) 우리에게 승리를 안겨주실 것이다.

<Bryant Wood, http://www.creation.or.kr/library/itemview.asp?no=3872>

09

예언자 발람의 존재를 증명할 고고학적 증거가 있는가?

1967년 요르단의 데이르 알라에서 한 획기적인 발견이 있었다. 그것은 한 고대 텍스트에 발람Balaam이라는 이름을 가진 예언자의 활동이 기록되어 있었던 것이다. 이 예언자(선지자)가 구약의 발람일 가능성이 있을까?

그 텍스트는 그가 구약의 발람임을 명확하게 밝히고 있었다. 처음 4줄에서 3번이나, 그는 성경에 있는 '브올의 아들 발람Balaam son of Beor'이라고 정확하게 언급하고 있었다. 이것은 성경의 고향에서 무덤이나 유골이 아니라 기록으로 발견된 최초의 구약의 예언자였음을 의미한다. 또한 그 텍스트는 구약성경 밖에서 발견된 고대 서셈족의 세계를 알 수 있게 하는, 그리고 자기 동족의 파멸을 선포한 한 예언자에 대한 최초의 성경 밖의 사례임을 의미한다.

발람은 이스라엘 사람이 아니었다. 그는 모압 왕 발락에 의해서 이스라엘 사람들을 저주할 목적으로 고용된 사람이었다. 이스라엘 사람들은 약속의 땅으로 역사적인 진입을 앞두고 요단강 건너편 곧 여리고 맞는 편에 진을 쳤다. 발람은 하나님의 간섭으로 이스라엘 사람들을 저주하지 않고 오히려 그들을 축복했다(민수기 22~24장).

"이스라엘 자손이 또 길을 떠나 모압 평지에 진을 쳤으니 요단 건너편 곧 여리고 맞은편이더라 십볼의 아들 발락이 이스라엘이 아모리인에게 행한 모든 일을 보았으므로 모압이 심히 두려워하였으니 이스라엘 백성이 많음으로 말미암아 모압이 이스라엘 자손 때문에 번민하더라 미디안 장로들에게 이르되 이제 이 무리가 소가 밭의 풀을 뜯어먹음 같이 우리 사방에 있는 것을 다 뜯어먹으리로다 하니 그 때에 십볼의 아들 발락이 모압 왕이었더라 그가 사신을 브올의 아들 발람의 고향인 강 가 브돌에 보내어 발람을 부르게 하여 이르되 보라 한 민족이 애굽에서 나왔는데 그들이 지면에 덮여서 우리 맞은편에 거주하였고 우리보다 강하니 청하건대 와서 나를 위하여 이 백성을 저주하라 내가 혹 그들을 쳐서 이겨 이 땅에서 몰아내리라 그대가 복을 비는 자는 복을 받고 저주하는 자는 저주를 받을 줄을 내가 앎이니라" (민 22:1~6)

그 후에 발람은 민수기 25장에 기록된 것처럼, 이스라엘 사람들이 모압과 미디안 여인들과 음행을 하고, 모압 신인 바알 브올에게 경배하는 범죄의 원인이 되었던 것으로 보여진다(민 31:16).

"보라 이들이 발람의 꾀를 따라 이스라엘 자손을 브올의 사건에서 여호와 앞에 범죄하게 하여 여호와의 회중 가운데에 염병이 일어나게 하였느니라" (민 31:16)

발람은 모세가 미디안 사람들을 치러 이스라엘 사람들을 보냈을 때 마침내 살해되었다(민 31:8). 그는 이후 성경 기록에서도 저주를 받았는데, 베드로후서 2:15절("그는 불의의 삯을 사랑하다가"), 유다서 1:11절("삯을 위하여 발람의 어그러진 길로 몰려 갔으며"), 요한계시록 2:14절("… 네게 발람의 교훈을 지키는 자들이 있도다 발람이 발락을 가르쳐 이스라엘 자손 앞에 걸림돌을 놓아 우상의 제물을 먹게 하였고 또 행음하게 하였느니라") 등이다.

데이르 알라에서 발견된 놀라운 텍스트는 검정색과 붉은색 잉크로 새겨진 119개의 석고 파편들로 구성된 것이었다. 그것은 지진으로 파괴된 건물의 잔해 가운데 있었다. 그것은 회벽에 전시되었던, 최소한 50줄로 된 하나의 긴 칼럼이었던 것으로 보인다. 발굴자들의 연대 계산에 따르면, 그 재앙은 BC 760년경인 웃시아 왕과 선지자 아모스가 있었던 시기에 발생했던 강력한 지진(암 1:1, 슥 14:5)과 매우 유사하였다. 그 텍스트의 아랫부분은 마모된 흔적을 보여주는데, 그것은 지진이 있기 전 상당 기간 동안 벽 위에 있었음을 암시하고 있었다.

아람어로 쓰여진 그 텍스트는 "브올의 아들인 발람으로부터의 경고들. 그는 신들의 예언자였다"라는 제목으로 시작하고 있었다. 강조하고자 하는 텍스트의 다른 부분들처럼, 그 부분은 붉은 잉크로 쓰여 있었다. 「발람의 책Book of Balaam」에 대한 참고문헌들은, 그 텍스트가 이전부터 있었던 문서 기록의 한 부분이었음을 시사하고 있다. 그러므로 그 원본 자료의 연대는 석고로 된 텍스트 자체보다 훨씬 이전의 연대를 가리킨다. 발람은 신들에 의한 임박한 심판에 관한 환상을 계속 언급하면서, 그의 청중들과 논쟁을 벌이고 있었다.

그 텍스트와 성경 민수기의 발람에 관한 기록 사이에는 많은 유사점들이 있다. 우선 민수기 22~24장에 기술된 사건은 그 텍스트가 발견된 곳과 같은 지역에서 발생했던 사건이라는 것이다. 민수기 22~24장의 사건들이 있던 시대에, 이스라엘 사람들은 여리고 맞은편인 요단강 건너 모압 평야에 진을 쳤다. 데이르 알라는 이 지역으로부터 북쪽으로 25마일 거리에 위치해 있는 곳이다. 그곳은 얍복강이 요단 계곡 안으로 흐르고 있다. 발람은 '아람'(민 23:7, 신 23:4)에 있는 '강 가(강변)' '브돌Pethor' 출신이다(민 22:5).

아람Aram에 대한 참고문헌들은 대부분의 학자들에게 발람이 유프라테스 강 인근의 북 수리아(시리아) 출신이었다고 결론짓도록 인도한다. 그러나 그것은 성경의 설명과는 잘 맞지 않는다. 왜냐하면 발람의 고향은 이스라엘 사람들이 진을 치고 있었던 곳에서 가까웠던 것처럼 보이기 때문이다(민 22:1~22, 31:7~8).

발람이 데이르 알라에서 숭배를 받았다는 점에서, 데이르 알라가 그의 고향이었을 것으로 예측될 수 있다. 이것은 윌리암 셰이가 데이르 알라에서 발견한 한 새겨진 점토판에서 브돌Pethor이라는 이름을 판독한 것에 근거해서 제안했던 바로 그것이다. 이 경우에 민수기 22:5절의 강은 얍복강일 것이고, 신명기 23:4절의 '나하라임(naharaim, two rivers, 메소보다미아로 번역됨)이 가리키는 두 강은 얍복강과 요단강일 것이다.

아람에 대한 참고 자료들을 고려하여, 윌리암 셰이는 원래의 지명은 아담Adam이었을 것으로 제안하고 있다. 고대 히브리어에서 두 글자(d와 r)는 거의 동일하기 때문에, 'd(달렛)'를 'r(레쉬)'로 잘못 필사하여 아람(아담이 아니라)이 되었을 것이라는 것이다. 아담은 요단강 동쪽 제방(강변)에 있는, 데이르 알라에서 남서쪽으로 약 8마일 지점에 위치하는 마을로서, 그곳에서 얍복강이 요단강과 만난다.

발락이 이스라엘을 저주할 목적으로 발람을 특별히 초빙했던 것을 보면(민 22:6), 발람은 분명코 '저주하는 예언자'로 알려져 있었다. 많은 데이르 알라의 텍스트들은 예언자가 언급했던 저주들을 담고 있었다. '샤다이-갓스(Shadday-gods)'라는 단어는 텍스트에서 두 경우에 사용되었다. 샤다이는 구약성경에서, 특히 욥기에서 주로 사용된 하나님에 대한 이름들 중의 하나이다. 욥에 대한 이야기는 트랜스요르단(요르단의 옛 이름, 우스 땅)에서 있었던 일이기 때문에(욥 1:1~3), 이 지역에서 샤다이는 신격에 대해 사용된 이름이었던 것 같다. 발람은 그의 축복의 말에서 이 이름을 두 차례 사용했는데(민 24:4,16), 거기서 샤다이는 '전능자'로 번역되었다.

데이르 알라의 텍스트는 이스라엘 백성들의 출애굽, 광야에서의 방황, 가나안 정복 등에 대한 성경의 기록을 하나의 전설로서 취급하는(오늘날의 학문적 경향) 사람들에게 하나의 문제를 야기시킨다. 발람이 요단강 동쪽에서 활동했던 실존했던 인물이었음은 확실하다. 그는 저주하는 예언자로 알려져 있었고, 죽은 지 수백 년 후까지도 계속 숭배를 받고 있었다. 데이르 알라의 텍스트에서 드러난 그의 인물됨은 민수기 22~24장에서 기록되어 있는 발람의 그것과 정확하게 들어맞는다.

만약 발람이 실존했던 인물이었다면, 발락이나, 모세, 여호수아, 그리고 성경에 거명된 모든 다른 사람들도 실존했던 인물들이 아니겠는가? 물론 그들도 실존했음에 틀림없다. 그리고 그들과 관련된 사건들도 당연히 믿을 수 있는 인증된 실제로 있었던 역사적 사건들이었던 것이다.

<ChristianAnswers.net, http://www.creation.or.kr/library/itemview.asp?no=4390>

10

블레셋 신전을 무너뜨린 삼손에 대한 고고학적 증거

성경에 기록된 삼손의 이야기에 보면, 그는 신전을 통째로 무너뜨렸다고 한다. 고고학자들이 이런 설명에 관련된 어떤 정보를 밝혀낸 일이 있었는가? 이스라엘이 블레셋(Philistines, 팔레스타인) 사람들과의 전쟁에서 승패를 가른 핵심적인 전환점은 삼손의 죽음이었다. 그는 들릴라의 속임수에 빠져 포로가 되었다. 블레셋 사람들은 삼손의 눈을 빼고, 그들의 주요 도시들 중의 하나인 가사(Gaza, 가자)로 데려갔다.

거기에서 그들은 감옥 안에 있는 곡식을 찧는 맷돌을 돌리게 했다. 고고학적 발굴을 통해 이런 형태의 감옥이 실제로는 '방앗간'이었다는 것이 밝혀져 있다. 고대에 시간이 가장 많이 걸리는 일 중의 하나는 곡식을 빻는 일이었다. 일반 가정에서 이 일은 가사를 맡은 여성들의 몫이었다. 그러나 관료적 귀족정치는 특권층에게 곡물을 공급하기 위하여 방앗간을 세웠다. 이곳에서 노예와 죄수들은 노역을 하였다. 도구는 단순한 수동식 맷돌이었다. 삼손은 그의 무릎 위에 올려놓고 앞뒤로 비비는 수동식 절구로 곡식을 빻으며 세월을 보내고 있었던 것으로 보인다.

어느 날 블레셋의 지도자(방백)들은 그들의 대적을 이긴 승리를 자축하기 위하여, 그들의 신 다곤에게 제사를 드리는 종교축제를 열었다. 그들은 삼손을 군중이 모여 있는 신전으로 데려왔다. 삼손은 그들을 즐겁게 해줄 수 있었다. 신전 안에서 삼손은 자기를 군중들에게 데려가는 소년에게 집을 버틴 기둥이 어디 있느냐고 물었다. 그래서 그는 기둥을 의지하고 기댈 수가 있었다.

"삼손이 집을 버틴 두 기둥 가운데 하나는 왼손으로 하나는 오른손으로 껴 의지하고 삼손이 이르되 블레셋 사람과 함께 죽기를 원하노라 하고 힘을 다하여 몸을 굽히매 그 집이 곧 무너져 그 안에 있는 모든 방백들과 온 백성에게 덮이니 삼손이 죽을 때에 죽인 자가 살았을 때에 죽인 자보다 더욱 많았더라" (삿 16:29~30).

단 한 번에 삼손은 모든 블레셋 지도자들을 전멸시켰다. 이것은 이스라엘과 블레셋과의 분쟁에 있어서 하나의 주요한 역전이었고, 전환점이 되었다. 이때부터 이스라엘 사람들은 블레셋에 대하여 우위를 점하게 되었다. 그러나 그런 일이 실제로 일어났을까? 한 사람이 혼자의 힘으로 신전을 통째로 무너뜨릴 수가 있었을까? 고고학은 우리들에게 놀라운 해답을 제공해 준다.

두 개의 블레셋 신전들이 고고학자들에 의해 발굴되었다. 하나는 북부에 있는 텔 카실에서, 다른 하나는 텔아비브 남부 21마일 지점의 고대 에글론이었던 텔 미크네에서였다. 두 신전 모두 하나의 독특한 설계를 가지고 있었는데, 지붕은 두 개의 중심 기둥으로 지지되어 있

이스라엘의 텔 카실에 있는 블레셋 신전의 두 기둥을 지지했던 돌 기초

었던 것이다! 그 기둥들은 나무로 만들어져 있었고, 돌로 된 기초 위에 놓여 있었다. 그 기둥들은 서로 1.8m 간격이었고, 초인적 힘을 가진 사람이 나무기둥을 돌 기초로부터 이탈시킨다면 지붕 전체를 내려앉게 할 수도 있었을 것이었다. 고고학적 발굴들은 성경의 이야기와 완벽하게 들어맞으며, 성경의 기록에 대한 신뢰성을 확증해 주고 있는 것이다.

삼손은 비록 결점들을 가지고 있었지만, 그는 하나님의 사람이었고, 신약성경에 "…믿음으로 나라들을 이기기도 하며… 연약한 가운데서 강하게 되기도" 했던 위인들 중의 하나로 기록되어 있는 것이다(히 11:32~34).

<ChristianAnswers.net, http://www.creation.or.kr/library/itemview.asp?no=4385>

11

다윗과 솔로몬의 역사적 사실성

세속적 고고학은 다윗과 솔로몬의 역사를 거부하려고 한다

이것은 최근 고고학계에서의 추세이다. 그리고 세속적 세상은 이들 성경 속 인물들의 역사적 실재성을 거부하기에 바쁘다. 심지어 호주의 파이낸셜 리뷰지는 '틀린 성경'이란 제목의 기사에서, 고고학이 어떻게 성경의 역사성을 해체시켰는지를 설명한 다니엘 라자르의 글을 여러 페이지에 걸쳐서 싣고 있었다. 그리고 만일 우리가 통상적으로 확립된 세속적 고고학 연대를 받아들인다면, 논쟁은 매우 강하게 일어나는 것처럼 보인다.

성경 기록의 역사적 사실성에 대한 비판은 두 개의 중요한 주장을 포함하고 있다. 첫째, 다윗과 솔로몬의 이야기를 지지할 만한 고고학적 기록이 없다는 것이며, 둘째 고고학적 지층들이 명백히 성경의 기록과 모순된다는 것이다. 첫 번째 주장은 단순히 증거가 발견되지 않았기 때문에 부적절하다는 주장이다. 고고학에서 자주 말하는 것처럼 "증거의 결여는 부재의 증거가 아니다." 성경적 역사의 많은 부분들이 "고고학적 증거가 없다"는 이유로 꾸며낸 이야기로 폄하되었는데, 나중에 증거들이 발견되고 나서 고고학자들이 망신을 당했던 것이다. 그러나 실제로 다윗 왕의 실존을 지지하는 비문의 증거가 있다.

그러나 두 번째 주장은 더 설득력이 있다. 고고학이 어떻게 작동되는지 설명해 보자.

성서적 시대의 사람들은 대부분 구릉지에서 살기를 선호했다. 예수님은 "…산 위에 있는 동네가 숨겨지지 못할 것이요"라고 말씀하셨다(마 5:14). 주거지의 잔해들이 쌓여감에 따라 조금씩 조금씩 이 구릉지의 높이는 올라만 갔다. 폭풍, 지진, 침략 등은 이들 도시를 파괴했고, 뒤이은 점유자들은 단순히 그 지역을 평평하게 하고, 그 위에 건축물을 쌓았다.

고고학자들은 이제 30m 아래로 또는 구릉지(소위 '텔'이라고 불리는)의 원래 높이보다 약간 위까지 주거지 잔해들을 파들어 가게 되었다. 그들은 이 잔해들을 잘라 들어가면서, 연속적인 주거층에 포함되어 있던 도자기들의 형태를 확인함으로써 지층들을 구별할 수 있었다. 이들 층은 초기청동기, 중기청동기, 후기청동기, 철기시대라고 불려져 내려왔다. 비록 어느 누구도 이 구분에 이의를 제기하지는 않지만, 이 연속된 지층들에 부여된 연대는 문제가 되고 있는 것이다.

성경적 정보들을 무시하면서, 이 유식한 고고학자들은 글뒤의 표에서 제시된 것과 같은 대략적인 연대기를 정해 왔다. 이 연대기에 따르면, 다윗과 솔로몬은 제2기 철기시대의 초기에 생존했어야 한다. 그러나 뒤에서 살펴보겠지만, 그것은 문제가 있다.

성경에 반대되는 사실들?

솔로몬의 건축사역에 관해서 열왕기상 9:17~19절에는 다음과 같이 기술되어 있다. "솔로몬이 게셀과 아래 벧호론을 건축하고 또 바알

랏과 그 땅의 들에 있는 다드몰과 자기에게 있는 모든 국고성과 병거성들과 마병의 성들을 건축하고 솔로몬이 또 예루살렘과 레바논과 그가 다스리는 온 땅에 건축하고자 하던 것을 다 건축하였는데".

또한 성경은 솔로몬의 영화로움을 다음과 같이 묘사하고 있다. "왕이 예루살렘에서 은금을 돌 같이 흔하게 하고 백향목을 평지의 뽕나무 같이 많게 하였더라" (대하 1:15).

그러나 제1기 철기시대와 제2기 철기시대 초기에서 발견되는 건축물 잔해를 살펴보면, 이 시기는 극도의 가난, 적은 인구, 빈약한 건축 활동으로 점철된 시기임을 알 수 있다. 이것이 비평가 라자르가 "그러한 왕국이 존재하였다는 것을 가리키는 하나의 술잔, 하나의 벽돌도 남아 있지 않다"라고 말하며 인정하지 않았던 이유이다.

그래서 만약 일반적인 고고학 연대기가 정확하다면, 우리는 성경에 기록된 역사에 대한 신뢰감을 버려야만 한다는 현실에 직면하게 된다. 이 모든 연대들은 대략 6천년 전의 이 세계의 창조와 노아 홍수의 연대와 관련되어 있다. 노아 홍수의 성경적 연대는 BC 2500년경이지만, 초기 청동기 시대는 대개 BC 3100년경에 시작한다.

또 다른 면을 보라

약간의 근본적인 사고가 요구되지만, 다행히도 이 어둠을 통과할 수 있는 빛이 있다. 실제로 고고학 연대기가 옳게 맞추어질 때, 성경이 증거하는 역사는 깜짝 놀랄 만하게 들어맞는다. 그러나 그것은 전통적인 고고학 연대기를 수백 년을 깎아서 이야기해야 한다.

성경의 이스라엘 역사는 확고한 고고학적 증거가 제시되어야만 하는 4개의 뚜렷한 시대로 나눠진다.

첫 번째, 출애굽과 가나안(팔레스타인) 땅의 군사적 점령은 사사시대에 앞서서 일어났다. 따라서 반드시 (가나안 문명의) 파괴와 화재의 증거가 있어야만 하고, 무엇보다 새로운 도기류 형태, 상이한 장례의식과 제조기술을 가진 새로운 민족(이스라엘 사람들)의 등장이 있어야한다(출 35:30~35).

이것은 바로 우리가 정확히 초기 청동기시대 말과 제1기 중기 청동기시대 초에서 발견한 것이다. 여리고 성을 발굴했던 캐슬린 캐년은 그녀의 책에 다음과 같이 기술하고 있다.

> "초기 청동기 문명의 마지막 끝은 완전한 격변적 사건에 의해 이루어졌다. 초기 청동기시대 말에 건축된 여리고 성벽의 마무리 공사는 낡고 부서진 벽돌로 서둘러서 급하게 진행되었으며, 화재로 파괴될 당시에도 아마도 완성되지 않았던 것으로 보인다. 성벽 안쪽의 도시는 뒤이은 표면 침식에 의해 거의 모두 사라졌는데, 이는 모든 출토물들이 연대기 상에서 완전히 소실되었고, 새로운 민족이 초기 거주민의 자리를 차지했음을 보여주기 때문이다. 지금까지 조사된 모든 팔레스타인의 도시들은 동일한 연대에 소실되었음을 보여준다. 새로운 거주자들은 도시생활에 흥미가 없는 유목민들이었고, 이들은 이미 유약해지고 쇠퇴한 그 전의 거주자들을 완전히 내쫓았거나 흡수해서, 초기 청동기 문명의 모든 흔적들은 사라져 버렸다"

"완전히 소실되었고… 새로운 민족이… 모든 팔레스타인의 도시들은 동일한 연대에서 소실되었음을… 새로운 거주자들은 도시생활에 흥미가 없는 유목민들이었고… 그전의 거주자들을 완전히 내쫓았거나 흡수해서…" 등과 같은 표현들을 숙고해 보라. 도시생활에 애당초 흥미가 없었던 사막의 유목민이었던 이스라엘 사람들의 침입을 보여주는 이러한 표현보다 더 적절한 표현을 기대할 수 있을까?

아직도 더 많은 관련성

두 번째, 이스라엘 왕들이 다스렸던 풍요와 권력의 시대가 있었다. 제2-B 중기 청동기 시기와 관련해서 저명한 이스라엘의 고고학자인 마자르 박사는 다음과 같이 기술했다.

> "중기 청동기의 건축물들은 대부분 혁신적이고 독창적이다. 이 시기의 대규모 요새화와 함께 이것은 번영하는 그리고 부유한 도시 문화를 입증하고 있다. 궁전과 사원의 규모는 이 시기의 전제정치와 신권정치에 의한 부와 권력이 집중되어 있었음을 분명하게 보여준다."

세 번째, 많은 사람들이 앗시리아와 바벨론에 포로로 끌려갔던 국외추방의 시대가 있었다. 앗시리아의 이스라엘 정복이 있은 직후, 이사야 선지자는 다음과 같이 기술했다. "너희의 땅은 황폐하였고 너희의 성읍들은 불에 탔고 너희의 토지는 너희 목전에서 이방인에게 삼켜졌으며 이방인에게 파괴됨 같이 황폐하였고" (사 1:7). 따라서 우리는 그 다음 지층인 후기 청동기 지층에서 인구감소의 증거를 찾아야만 했고, 결국 찾게 된다.

이스라엘의 고고학자인 핑클스타인은 다음과 같이 기술했다.

> "제2-B 중기 청동기 시기에 전 국가는 번창하였고… 요새화된 도시들, 마을들, 개인 농가들이 전 지역에 건설되었다… 제2 중기 청동기의 엄청난 번영과는 대조적으로, 후기 청동기 시대는 정착하는 데 심한 위기가 있었음을 특징적으로 보여준다… 게다가 거주가 지속되었던 장소들의 크기가 자주 줄어들었다."

네 번째, 많은 이스라엘 사람들이 추방지로부터 그들의 원거주지로 돌아오는 귀환의 시대가 있었다. "온 회중(돌아온 자)의 합계가 사만 이천삼백육십 명이요" (스 2:64). 핑클스타인은 "제1기 철기시대는 다시 한 번 구릉지에 자리한 국가의 극적인 인구변화를 목격케 하는데, 이번에는 정반대 방향으로의 변화이다"라고 말한다. 그리고는 고고학자들의 잘못된 연대기 때문에 직면하게 되는 딜레마를 강조하고 있었다.

> "… 제2기 중기 청동기, 후기 청동기, 제1기 철기시대… 에는 만족할 만한 답변을 요구하는 두 개의 심각한 질문이 제기된다. 하나는 제2기 중기 청동기시대의 인구들, 즉 사실상 구릉지대의 모든 주민들이 왜 그리고 어디로 '사라졌는가?'라는 것이다. 그리고 다른 하나는 제1기 철기시대에 수백 개의 장소에 자리잡은 사람들은 어디로부터 '나타나게' 된 것인가?"

만일 핑클스타인이 그의 연대기를 끌어내렸다면, 곧 그 답을 알 수 있었을 것이다.

그것은 위험과 고난의 시기였다. 건축 활동은 느렸다. "성을 건축하는 자와 짐을 나르는 자는 다 각각 한 손으로 일을 하며 한 손에는 병기를 잡았는데" (느 4:17). 그런데 이 시기는 라자르가 가난의 시기라고 주장하던, 그래서 솔로몬의 왕국과는 적합하지 않다고 그토록 크게 나팔을 불어대던 초기 철기시대였다. 라자르의 말은 어떤 면에서 맞는다. 그것은 솔로몬의 통치 시기와는 일치하지 않지만, 그의 연대기를 수정한다면 포로생활로부터의 귀환한 시기와 정확히 들어맞는 것이다.

바르게 이해하기

물론 하나님은 절대 실수가 없으신 분이기 때문에, 그 분의 말씀을 기초로 인간들의 부정확한 견해를 변경해야 하는 것은 타당하다. 그러나 이러한 연대기의 개정은 이와는 독립적으로 정당화될 수 있고, 어떤 임의적인 '속임수' 같은 도전에 대한 답변이 될 수 있다. 다음의 세 가지 관점을 고려해 보라.

1. 수정된 연대기는 분산된 많은 지역들에서의 성경적 기록과 매우 현저한 일관성을 보여주는데, 이로써 연대기 수정의 타당성을 더 한층 확인해 준다. '해결하는 방법'이란 제목의 아래 글을 보라.
2. 고고학적 지층들에 관한 '표준'연대기는 지층들 자체 정보로부터 정해진 것이 아니라, 단순히 이집트 왕조와의 대비를 통해 결정된 것이다.
3. 일부 학자들이 이제 이 표준연대기에 도전하고 있다.

피터 제임스가 쓴 책 「어둠의 세기」라는 책의 서언에서, 저명한 케임브리지 교수인 콜린 렌푸르는 다음과 같이 기술했다.

> "인류 역사상 중요한 국면에 대한 기존의 연대기들은 수 세기 동안 오류투성이였다. 따라서 역사는 다시 기술되어야만 할 것이다. 나는 이 책에서 혁명적인 제안을 하고자 한다… 나는 그것에 대한 결정적인 분석이 옳으며, 현재 연대기의 혁명이 진행되고 있는 중임을 느끼고 있다."

그렇다면 고고학의 역사는 다시 쓰여야 한다. 그리고 그것은 성경의 기록을 지지하는 훌륭한 역할을 수행할 것이다. 다윗과 솔로몬은 실제 존재하였고, 팔레스타인과 주변 지역을 지배했던 한 위대한 국가의 성공적인 건설자들이었다.

다윗왕에 대한 유물

아브라함 비란은 27년 동안 북이스라엘의 고대 댄(Dan) 지역에서 발굴을 했던, 경험이 풍부하고 인정받는 이스라엘 고고학자이다. 그는 1994년에 쓴 그의 책「성서의 댄(Biblical Dan)」에서, 아람어로 쓰여진 부서진 석비(stela, 비문 따위가 있는 돌기둥)를 발견했다고 보고했다. 이 석비의 연대는 BC 8세기의 3/4이 지난 시점으로 추정되며, 벽의 충전물로 단순히 사용되었는데, 필적 형태로 보아 원래 글씨는 BC 9세기에 새겨진 것으로 제안되었다.

이 비문에는 '다윗의 집(House of David)'으로 해석될 수 있는 'BTH DWD'란 표현이 있었다. 이것은 다윗과 그의 집(가족)이 BC 9세기에 존재했다는 상세한 성서적 역사기록을 명백하게 확증하는 것이었다. 비평가들은 당황하게 되었다. 처음에 그들은 그것이 벧세메스 또는 베들레헴과 같은 단순히 장소의 명칭이라고 말했었다. 이 제안에서 유일하게 파악할 수 있는 것은 벧세메스와 베들레헴은 알려진 장소이지만, 벧스데이비드(Bethdavid)라고 불리는 도시는 없다는 것이었다. 따라서 필사적으로 성경을 불신하기 위해서, 일부 비평가들은 비란이 석비를 위조했다고 비난했었다. 그러나 그러한 주장을 지지하는 어떠한 증거도 없다.

해결하는 방법

성경은 상세한 연대기를 포함하고 있는 하나의 역사적 문서이다. 그러한 하나의 문서가 다른 출처의 (예를 들어 4개의 분리된 지역에서의) 연대기 정보들과 '시기가 동일하지 않을' 때, 한 지역의 연대를 다른 연대기에 맞추어 조정하여, 이들 네 지역이 모두 동시에 잘 조화되게 들어맞는다면, 이것은 조정의 타당성을 지지하는 강력한 증거가 되는 것이다.

사건 1을 상황 1에 맞추기 위해서는, 연대기 2를 'x' 년 만큼 앞당길 필요가 있다. (아래 그림 참조).

3개의 추가적인 짜맞추기가 이루어지고 더 이상의 불일치가 없으므로, 이것은 수정의 필요성을 확증하는 강력한 독립적인 증거가 되는 것이다.

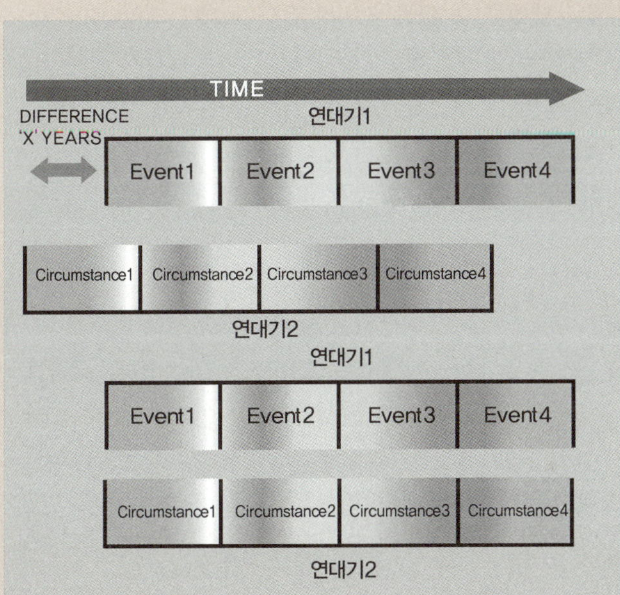

<David Down, http://www.creation.or.kr/library/itemview.asp?no=3233>

솔로몬 왕이 건설했을 가능성이 있는 성벽이 예루살렘에서 발견되었다.

PhysOrg(2010. 2. 22) 등의 언론 매체들은 솔로몬 시대(BC 10 세기)로 연대가 평가되는 커다란 성벽이 발견되었다고 보도하였다. 고고학자인 마자르는 성전산 남동쪽 끝에서 발견된 그 구조물을 열왕기상 3:1절의 성경 구절과 연결시키고 있었다. "솔로몬이 애굽의 왕 바로와 더불어 혼인 관계를 맺어 그의 딸을 맞이하고 다윗 성에 데려다가 두고 자기의 왕궁과 여호와의 성전과 예루살렘 주위의 성의 공사가 끝나기를 기다리니라" (왕상 3:1). 그 성벽은 길이가 약 46m, 높이가 거의 6m나 되었다. 조각된 돌들로 이루어진 커다란 망루도 확인되었는데, 방이 있는 문루였을 가능성이 있다.

성경을 비판하는 일부 고고학자들은 다윗과 솔로몬은 철기시대 II에 있었던 작은 부족의 족장들이었다고 오랫동안 주장해 왔었다. 그래서 커다란 도시들을 건설할 수 없었을 것이라는 것이었다. 그러나 이러한 발견은 그렇지 않음을 보여주고 있었다. 그 건축물은 대규모적이었고 복잡했다. 이것은 강력한 중앙집권 국가가 번성했음을 가리키고 있으며, 성경의 기록과 일치하는 것이다.

<CEH, 2010. 2. 22. http://www.creation.or.kr/library/itemview.asp?no=4852>

12

스바의 여왕 :

솔로몬은 이집트 바로의 방문을 받았는가?

스바의 여왕(Queen of Sheba, 시바의 여왕)의 정체는 고고학자들과 역사학자들에게 있어서 하나의 미스터리로 여겨져 오고 있었다. 2006년에 데이비드 다운과 존 애쉬톤은 「파라오들을 벗기며: 이집트의 고고학은 성경적 시간 틀을 어떻게 확증하는가?」라는 책을 썼는데, 이 책에서 저자들은 이집트 역사와 구약 성경의 역사를 조화시키는 수정된 연대기를 제안하고 있었다. 수정된 연대기에 의하면, 성경에 나오는 스바의 여왕은 이집트에서 가장 유명했던 여왕이었던 하트셉수트 여왕Queen Hatshepsut과 동일인물이라는 상당한 량의 정황적 증거들이 존재한다.

카이로 박물관에 진열되어 있는 하트셉수트(이집트의 전설적인 여왕, BC 1495~1475)의 얼굴이 조각된 스핑크스

다운과 애쉬톤만이 이집트 역사를 대폭적으로 수정해야 한다고 주장한 것은 아니었다. 「시간의 시험」이라는 책의 저자이며, 세속적 고고학자인 데이비드 롤은 "람세스 2세는 전통적인 연대표에서 그가 위치하는 시기보다 약 350년이 늦은

BC 10세기의 인물"이라고 주장했다. 피터 제임스와 다른 4명의 학자들은 「암흑의 세기들」이라는 책을 발간했다. 그들은 이집트 왕조, 특히 21~24대 왕조의 연대들이 몇백 년씩 단축될 필요가 있다고 주장했다. 캐임브리지 대학의 고고학 교수인 렌프류 박사는 이 책의 서문에서 다음과 같이 썼다 :

> "이 두근거리게 하는 책은… 세계사의 한 중요한 시기에 대해서, 그리고 매우 흔들리는 연대들과, 전체 연대기적 틀, 그리고 우리의 현대적 해석 기반에 대해서 이목을 끌고 있다… 인류 역사의 중요한 시기에 대한 존재하는 연대기가 수 세기씩이나 틀리고 있다. 결국 역사는 다시 쓰여야만 할 것이다"

창세기로 시작하는 성경의 역사적 신뢰성은 오늘날 기독교 교회가 당면하고 있는 가장 중요한 사안들 중 하나이다. 만일 우리가 과거의 실제적 사건들에 대한 역사적 고증에서 성경의 정확성이 신뢰받을 수 없다면, 성경이 어떻게 영적인 문제에서 신뢰를 받을 수 있겠는가? 주 예수 그리스도께서는 요한복음 3:12절에서 니고데모에게 다음과 같이 말씀하셨다. "내가 땅의 일을 말하여도 너희가 믿지 아니하거든 하물며 하늘의 일을 말하면 어떻게 믿겠느냐"

스바의 여왕은 고대 이집트의 역사 기록, 구약성경, 1세기 역사가 요세푸스의 기록, 신약성경 등을 상호 대조함으로써 정확하게 확인될 수 있다. 모든 증거들이 대조 평가된다면, 스바의 여왕은 이집트를 통치했던 가장 강력한 여자였던 하트셉수트 여왕이었을 가능성이 매우 높다.

하트셉수트의 가계 배경

투트모시스 1세(Thutmosis I)의 딸인 하트셉수트 여왕은 약 22년 동안 전성기의 이집트(애굽)를 통치했다. 전통적 연대기에서 하트셉수트 여왕은 BC 15세기에 살았으나, 수정된 연대기로는 BC 10세기에 살았고 이집트를 통치했다는 것이다. 하트셉수트는 그녀의 이복 오빠인 투트모시스 2세와 결혼했다. 그러나 이 사이에서 아들이 없었다. 그래서 투트모시스 2세는 재혼을 했고, 그 사이에서 투트모시스 3세가 태어났다. 투트모시스 3세가 약 12살이었을 때, 그의 아버지인 투트모시스 2세는 죽었고, 의붓어머니인 하트셉수트가 이집트를 섭정하게 되었다. 이 사건은 이집트 역사에서 가장 당황스러운 사건들 중 하나로서, 투트모시스 3세가 법적으로 왕위 계승권을 가지고 있었음에도 하트셉수트가 결과적으로 자신을 이집트의 왕으로 선포했다는 사실이다. 에모리 대학의 미술사 교수인 게이 로빈스는 "우리는 왜 하트셉수트가 전통을 무시하고 왕이 되었는지, 또한 남성 위주의 관료정치 체계가 이런 탈선을 용인했는지 결코 확신할 수가 없다"라고 썼다. 하트셉수트는 오랜 기간 풍요로운 통치를 한 후 죽었고, 투트모시스 3세가 뒤를 이어 왕이 되었다. 투트모시스 3세는 마침내 이집트를 세계에서 가장 강력한 제국 중의 하나로 만들었다.

하트셉수트의 영화

하트셉수트는 "매력적인 달걀형 얼굴의 가냘픈 몸매, 높은 이마, 아몬드 모양의 두 눈, 섬세하고 뾰족한 아래 턱… 확실히 여성다운 상냥함 등을 갖춘 것으로 조각상에서 묘사되어 있었다. 전형적인 왕다운 자만심 속에서, 그녀는 자신을 바라보기에 너무 좋고, 신의

이집트 웨스트 테베 다이르 알바리에 있는 파라오 하트셉수트의 기념 사원

형상과 영혼을 가지고 있는… 아름다운 독신녀, 신선하고, 침착한 본성, 총체적으로 신성하다"라고 기록하고 있었다.

그녀는 카르낙 신전에 두 쌍의 오벨리스크를 세웠다. 이 중 하나는 기록적인 29m 높이로 오늘날까지도 이집트에 서 있다. 그녀는 또한 나일강 서쪽 제방의 다이르 알바리에 훌륭한 사원을 세웠다. 이 장엄한 사원의 벽 위에, 미술가들은 하트셉수트가 '푼트의 땅Land of Punt'으로 갔던 역사적인 원정을 그려 놓았다. 이 원정 여행은 스바의 여왕이 솔로몬 왕을 방문했다는 성경의 기록으로 우리를 데려간다(왕상 10:1~13, 대하 9:1~12).

"스바의 여왕이 여호와의 이름으로 말미암은 솔로몬의 명성을 듣고 와서 어려운 문제로 그를 시험하고자 하여 예루살렘에 이르니 수행하는 자가 심히 많고 향품과 심히 많은 금과 보석을 낙타에 실었더라… 스바의 여왕이 솔로몬의 모든 지혜와 그 건축한 왕궁과 그 상의 식물과 그의 신하들의 좌석과 그의 시종들이 시립한 것과 그들의 관복과 술 관원들과 여호와의 성전에 올라가는 층계를 보고 크게 감동되어 왕께 말하되 내가 내 나라에서 당신의 행위와 당신의 지혜에 대하여 들은 소문이 사실이로다… 이에 그가 금 일백이십 달란트와 심히 많은 향품과 보석을 왕에게 드렸으니 스바의 여왕이 솔로몬 왕에게 드린 것처럼 많은 향품이 다시 오지 아니하였더라" (왕상 10:1~10)

푼트와 스바라는 지명에 대한 미스터리

역사가들은 푼트라는 곳의 정확한 위치에 대해서 오랫동안 논쟁을 벌여 왔다. 다이르 알바리에 있는 사원의 양각조각에 묘사된 동식물들을 근거로 하여, 많은 학자들은 푼트가 동아프리카에 있는 한 지역(지금의 소말리아와 지브티 지역)이거나 국가라고 믿고 있다. 마찬가지로 학자들은 스바Sheba의 실체와 위치에 대해서도 논쟁을 벌여 왔다. 어떤 학자들은 에티오피아나 예멘에 위치하고 있는 한 왕국이었다고 믿고 있다. 그러나 몇 개의 이집트 비문들, 구약성경, 요세푸스의 역사책, 그리고 신약성경은 우리에게 푼트와 스바의 위치에 대해 더 큰 명쾌함을 준다.

풀려진 미스터리

하트셉수트의 비문들에서 그녀는 '푼트의 땅'을 '하나님의 땅God' s Land'이라고 언급하고 있었다. 최소한 하나의 이집트 비문에서, 푼트 지역은 이집트의 북쪽인 팔레스타인에 있는 지역임을 언급하고 있었다. 이것은 그녀가 예루살렘에 있는 솔로몬을 방문했다는 성경의 기록과 일치한다. 1세기의 유명한 역사가인 요세푸스는 다음과 같이 쓰고 있었다 :

> "그때 이집트와 에티오피아의 여왕인 한 여자가 있었다… 이 여왕이 솔로몬의 덕행과 사려 깊음에 대해 들었을 때, 그녀는 그를 만나보고자 하는 마음이 간절했다… 그래서 그녀는 매우 화려하고 고급스런 예물들을 가지고 예루살렘으로 왔다"

마태복음 12:42절에서 예수 그리스도께서는 다음과 같이 말씀하

셨다 :

> "심판 때에 남방 여왕이 일어나 이 세대 사람을 정죄하리니 이는 그가 솔로몬의 지혜로운 말을 들으려고 땅 끝에서 왔음이거니와 솔로몬보다 더 큰 이가 여기 있느니라" (또한 누가복음 11:31절도 참조)

아프리카산 식물들과 동물들

많은 사람들은 하트셉수트 사원의 양각조각에 새겨져 있는 토종 동물들 때문에, 푼트가 동아프리카 국가여야 한다고 주장한다. 양각조각들은 장대로 운반되는(여왕이 선물로 받아 온) 나무들, 유향, 몰약, 황금, 향료, 상아, 흑단, 원숭이들을 보여주고 있다. 솔로몬은 예루살렘에 살았는데, 어떻게 이런 값비싼 아프리카 물품들과 동물들을 스바의 여왕에게 줄 수 있었을까? 성경 본문을 더 자세히 읽어보면 이런 외견상의 모순점이 해결된다. 분명히 솔로몬 왕은 황금, 백단목, 보석, 금과 은, 상아, 공작새, 원숭이(잔나비)들을 이스라엘 밖에서 수입했던 해군 함대를 소유하고 있었다(왕상 10:11,22 참조). 어떤 학자들은 솔로몬 왕이 이런 동식물들과 물품들을 아프리카의 북쪽 지방에서 수입해 왔다고 믿고 있다. 하트셉수트의 양각 조각에는 "세상이 존재한 이래 어떤 왕에게서도 결코 그와 같은 것들을 가져올 수 없었다"라고 쓰여 있다. 이것은 다음과 같은 성경 구절을 확증하는 것이다 :

> "솔로몬 왕이 왕의 규례대로 스바의 여왕에게 물건을 준 것 외에 또 그의 소원대로 구하는 것을 주니 이에 그가 그의 신하들과 함께 본국으로 돌아갔더라" (왕상 10:13)

성경의 기록을 검증할 기회가 주어졌을 때, 성경은 놀랍도록 정확한 역사서임이 증명된다. 호주 고고학회의 전 책임자인 클리포드 윌슨은 언젠가 다음과 같이 말한 바 있다. "성경은 세상이 지금까지 보아 온 것 중에서 가장 정확한 역사 교과서이다." 성경의 역사적 신뢰성은 종종 역사가들과 고고학자들을 놀라게 만든다. 그리고 성경의 권위는 창세기로부터 시작한다. 최근 창조에 대한 역사적 기술, 인간의 타락, 죽음과 고통의 기원, 전 지구적 홍수, 그리고 바벨탑 사건에 대한 역사적 기술들은 세계의 참 역사를 이해하는 데 결정적으로 중요하다.

일반 백과사전에는 스바의 여왕을 다음과 같이 설명해놓고 있다 :

시바의 여왕(Queen of Sheba) : BC 1,000년경 아라비아 남서부 예멘과 말라위에 살고 있던 시바족의 여왕이다. 그녀는 솔로몬왕의 명성을 듣고 예루살렘으로 많은 금, 보석, 향료 등을 선물로 준비하여 가지고 그를 방문하였다. 솔로몬의 지혜와 영화를 직접 확인한 후 그에게 많은 선물을 주고 귀국하였다. 그후 그녀는 솔로몬의 아들 메넬리크를 낳았는데, 그 아들이 자라서 에티오피아를 건국했다는 전설이 있다. 그리하여 에티오피아의 지배자들은 그러한 자손으로 자부심을 가지고 있으나 역사적 근거는 없는 것으로 보인다.

<Ryan Jaroncyk, http://www.creation.or.kr/library/itemview.asp?no=4329>

13

이집트 왕 시삭에 대한 어떤 증거가 발견된 적이 있는가?

성경에 구체적 이름이 언급된 최초의 이집트 왕

약 BC 1010~970년까지 재위했던 이스라엘 제2대 왕 다윗David의 이름은 BC 9세기 경의 2개의 기록, 즉 텔 단 비문Tel Dan Inscription과 모압 비석Moabite stone에 나타나 있다. 시삭Shishak은 성경에 이름이 언급되는 최초의 이집트(애굽) 왕이고, 우리가 성경 밖의 증거를 가지고 있는 성경 안의 첫 번째 외국 왕이다.

BC 10세기 이전의 이집트 왕들에 대한 호칭은 '바로Pharaoh'라고 간단하게 언급되는 것이 상례였다. 그러나 BC 10세기 이후에는 고유 이름이 직위에 포함되어 언급되었다. 이런 관행은 성경에서도 뒤따른다. 개인적인 이름이 확인된 첫 번째의 바로가 시삭인데, 그는 솔로몬과 그의 아들 르호보암의 통치 기간에 이집트를 통치했다. 우리는 열왕기상 11:40절에서 시삭을 처음으로 만나게 된다. 솔로몬 왕의 우상숭배 때문에, 하나님은 선지자 아히야를 통해 솔로몬에게서 열 지파를 빼앗아 솔로몬 궁정의 관리였던 여로보암에게 그 지파들을 주겠다고 선포하셨다(왕상 11:26~39). 마침내 솔로몬은 여로보암을 죽이려 했고, 그래서 여로보암은 애굽으로 도망했고, 거기서 시삭은 그에게 피난처를 제공했다(왕상 11:40).

솔로몬이 죽은 후, 여로보암은 귀환하여 분단된 북왕국의 왕이 되었고, 한편 르호보암은 남왕국 유다를 통치하였다(왕상 12:1~17). 바로 그 후에 애굽 왕 시삭이 그의 군대를 이끌고 와서 유다와 이스라엘을 침공하였다. 성경 기록은 다음과 같이 간단하다 :

> "르호보암 왕 제오년에 애굽의 왕 시삭이 올라와서 예루살렘을 치고 여호와의 성전의 보물과 왕궁의 보물을 모두 빼앗고 또 솔로몬이 만든 금 방패를 다 빼앗은지라" (왕상 14:25~26).

역대기 기자는 다음과 같이 기록함으로써 이 사건에 대하여 부연 설명을 하고 있었다 :

> "그에게 병거가 천이백 대요 마병이 육만 명이며 애굽에서 그와 함께 온 백성 곧 리비아와 숙과 구스 사람이 헤아릴 수 없이 많더라 시삭이 유다의 견고한 성읍들을 빼앗고 예루살렘에 이르니" (대하 12:3~4).

유다의 지도자들이 여호와 앞에서 스스로 겸비하였으므로 예루살렘은 유일하게 파멸당함을 면하였다(대하 12:5~8). 이집트의 기록에서 시삭의 이름의 철자는 '셰숑크Sheshonq'라고 되어 있다. 나중에도 또 다른 셰숑크들이 있는 것이 밝혀졌기 때문에, 성경의 시삭은 셰숑크 1세로 알려지게 되었다.

시삭은 신왕국 말기에 이집트에 정착했던 고대 리비아의 매쉬애쉬 부족의 족장 계열의 후손이었다. 그는 21대 왕조의 마지막 바로인 프수세네스 2세 휘하의 이집트 군대사령관으로 있으면서 두각을 나타냈다. 시삭은 그의 아들 오소르콘이 프수세네스 2세의 딸과 결혼함으로써 왕권과 연결되게 되었다. 프수세네스가 그의 자리를 이어받을 아들 없이 죽자, 시삭이 왕위에 올라 BC 약 945~924년 동안 이집트를 통치했고, 230년 간의 리비아인의 통치(제 22대 왕조)가 시작되었다.

시삭의 통치하에 이집트는 제2의 전성시대를 맞이했다. 그는 델타, 멤피스, 헤라크레오폴리스, 테베에서 주요한 건축물들을 건축했다.

시삭은 한동안 북쪽에 있는 인접 국가를 주목하고 있었음에 분명했다. 여로보암에게 피난처를 제공함으로써, 이스라엘 분단의 원인을 제공했다. 분열이 일어났을 때, 그에게는 이제 2개의 국가로 약화된 왕국에 결정적 타격을 가할 수 있는 절호의 기회였다. 그래서 그는 군사적 침공을 개시했다. 우선적인 이유는 그 지역을 합병하기보다는 북쪽에서 이스라엘의 상업적 독점권을 분쇄하고, 필요한 전리품들을 많이 획득하려 했던 것 같다.

시삭의 군사적 침공은 성경에는 물론 이집트의 기록에도 남아있다. 귀환 후에, 그는 이집트 남쪽의 테베에 있는 거대한 아문 대신전 앞에 축제 광장을 건설했다. 그 공사의 재정은 의심의 여지없이 유다와 이스라엘로부터의 약탈품으로 충당되었다. 시삭은 그 광장의 한쪽 벽면 위에 그의 팔레스타인 원정을 기념하는 양각 부조를 만들도록 했다. 불행하게도 후에 그것은 많은 손상을 입었다. 그러나 남아 있는 것들은 그가 성경의 기록대로 유다뿐만 아니라, 북왕국 이스라엘까지도 침략했음을 보여주기에 충분했다.

그 장면에는 시삭이 부조의 글에 있는 이스라엘 사람들로 보이는 일단의 외국인들을 매질하는 모습이 오른쪽 측면에 그려져 있다. 시삭의 인물 모습은 거의 파괴되었다. 왼쪽 측면에는 포로로 잡힌 도시들을 밧줄로 끌고 가는 이집트의 주신 아문이 묘사되어 있다.

위쪽이 묶인 죄수와 함께 각 도시는 그 도시의 이름을 포함하는 타원형 테두리로 표현되어 있었다. 그 목록은 유다 지역의 이름들이 있는 부분은 거의 완전히 지워진 채로, 주로 이스라엘 성읍들의 이름을 포함하고 있었다. 이스라엘 성읍들 중의 하나는 므깃도인데, 1926년 동방연구소의 발굴에 의해서 므깃도의 한 장소에서 시삭의 기념비가 발견되었다. 그의 이름은 선명하게 읽을 수 있었고, 그 석비는 의심할 여지없이 BC 925년의 정벌로 유래한 것이었다.

시삭의 손자인 셰숑크 2세의 견고한 은제 관. 이것은 1939년 피에르 몽테에 의해서 이집트 삼각주의 타니스에서 발견되었다. 관을 만드는 데 사용된 은은 아마도 BC 925년 시삭의 정벌의 전리품으로서 유다와 이스라엘에서 가져왔을 것이다.

시삭의 군사침공 이야기에 대한 각주 : 시삭의 아들인 오소르콘 1세가 왕위에 올랐을 때, 이집트의 신전들에 엄청난 양의 금과 은(386톤)을 나누어 주었다. 더더욱 그는 그의 아들인 셰숑크 2세를 순 은으로 된 관 속에 넣어 매장했다. 이 모든 재물은 어디에서 왔겠는가? 신빙성 있는 유일한 설명은 BC 925년 시삭의 군사침공 때 예루살렘의 성전과 왕궁, 그리고 유다와 이스라엘의 다른 도시들로부터 가져왔다는 것이다(왕상 14:26).

<ChristianAnswers.net, http://www.creation.or.kr/library/itemview.asp?no=4383>

14

악명 높은 왕비 이세벨의 인장이 발견되었다

한 구약 학자의 연구 결과에 의하면 1964년에 발견되었던 한 고대의 인장은 악명 높은 왕비 이세벨Queen Jezebel의 것으로 확인되었다고 사이언스데일리지(2007. 10. 29)가 보도하였다. 네덜란드 유트레히트 대학의 구약학 전문가인 마르조 코펠은 최근 BC 9세기 경의 한 인장에 대한 연구를 수행했는데, 그 인장은 아합왕의 페니키아인 부인 이세벨의 것으로 결론지었다.

고대 히브리어로 새겨진 'yzbl'이라는 이름을 포함하고 있는 그 인장은 1964년 나흐만 아비가드에 의해서 이스라엘에서 발굴됐었다. 발견 초기에 그 인장은 이세벨 왕비의 것으로 추정되었지만, 연구자들은 같은 이세벨이라는 이름을 가진 다른 여성의 것일 가능성을 검토하였다.

코펠은 인장에 새겨져 있는 상징들을 분석하였다. 그 표시는 여성의 것일 뿐만이 아니라, 특별히 "왕실 여성 소유자"임을 가리키고 있다는 결론을 내렸

다. 또한 평민들의 인장들과 같지 않은 이례적으로 커다란 인장의 크기는 왕비 이세벨의 것일 가능성을 지지한다는 것이다.

코펠은 또한 유사한 도장들과의 비교를 통하여, 인장의 깨어져 나간 윗부분 조각에 "이세벨이 소유주임을 가리키는, 이세벨의 정확한 이름 철자를 가리키는" 두 글자가 포함되어 있었음에 틀림없다고 생각하고 있었다.

아이로니컬하게도 성경은 이세벨이 편지를 위조하기 위해서 그녀 남편의 인장을 도용했다는 기록을 남기고 있다.

> "그의 아내 이세벨이 그에게 이르되 왕이 지금 이스라엘 나라를 다스리시나이까 일어나 식사를 하시고 마음을 즐겁게 하소서 내가 이스르엘 사람 나봇의 포도원을 왕께 드리리이다 하고 아합의 이름으로 편지들을 쓰고 그 인을 치고 봉하여 그의 성읍에서 나봇과 함께 사는 장로와 귀족들에게 보내니" (왕상 21:7~8).

사이언스데일리 기사는 이것을 인정하고 다음과 같이 언급하고 있었다 : "그럼에도 불구하고 그녀는 이제 그녀 자신의 인장을 갖고 있었던 것으로 나타났다. 이것은 그녀가 아합왕으로부터 독립적으로 일을 처리할 수 있었음을 가리키는 것이다." 그의 글에서 기술되고 있는 그녀의 성격은 분명히 열왕기상의 기록을 벗어나는 것이 아니었다.

이와 같은 고고학적 발견들은 성경의 신뢰성을 결코 부정하지 않으며, 성경의 내용과 다르게 독립적으로 확인되지도 않는다. 오히려 그것들은 성경이 하늘의 일을 말할 때에도 정확할 뿐만 아니라, 땅의 일을 말할 때에도 정확하다는 것을 우리에게 상기시켜 주고 있다.

<AiG News, 2007. 11. 3. http://www.creation.or.kr/library/itemview.asp?no=4071>

15

느부갓네살 왕의 내시장 살스김의 이름이 새겨진 점토판이 발견되었다

예레미야는 내시장(환관장) 살스김Nebo-Sarsekim과 느부갓네살 왕에 대해서 언급하고 있었다. 그리고 바벨론의 어떤 기자도 그렇게 언급하고 있었다. 2007년 7월 12일자 온라인 타임지는 "대영박물관은 어제 소장하고 있던 한 고대의 점토판에서 성경적 고고학의 커다란 발전을 가져올 한 발견을 했는데, 이것은 구약성경의 정확성에 대한 극적인 증거가 되고 있다"라고 보도하였다. 텔레그라프지는 그것을 "환상적이며, 세계적인 발견"으로 불렀다. 그리고 사진과 작은 점토판의 전체 번역문을 게재하고 있었다.

바벨론의 위대한 왕 느부갓네살은 성경 외의 기록에서도 알려져 왔다. 그러나 내시장 살스김은 아직까지 알려져 있지 않았었다. 그는 예레미야 39:3절에서 바벨론에 의해 BC 586년 예루살렘성이 함락될 때에 느부갓네살의 각료 중 한 사람으로 언급되어 있었다.

> "바벨론의 왕의 모든 고관이 나타나 중문에 앉으니 곧 네르갈사레셀과 삼갈네부와 내시장 살스김이니…" (렘 39:3).

예레미야는 그 사건의 목격자였다. 이제 같은 이름이 바그다드에서 1.6km 떨어진 시파르에서 발굴된 한 점토판에서 해독되었다. 그곳은 바벨론 사람들의 거대한 태양사원이 있던 곳이다. 이 점토판은 예루살렘성이 포위되기 10년 전에(BC 595년) 수메르 설형문자로 쓰여진 것으로서, 느부갓네살 왕의 내시장인 살스김이 바벨론 사원에 금을 기부했다고 기록하고 있었다.

대영박물관은 이 작은 점토판을 1920년에 소장하게 되었지만, 지금까지 번역하지 못했었다. 설형문자를 해독할 수 있는 몇 안 되는 학자들 중 한 사람인 오스트리아 비엔나 대학의 미카엘 유르사 박사는 연구 여행 중에 대영박물관의 점토판들을 번역하다가 이러한 발견을 하게 되었다. "성경에 기록되어 있는 사람이 바벨론 사원에 일상적인 기부를 하고 있었다는 것을 정확한 날짜와 함께 기록하고 있는 이러한 점토판을 발견한 것은 매우 놀랄 만한 일입니다" 그가 말했다. 대영박물관의 어빙 핀켈은 덧붙였다. "만약 살스김이 실제로 존재했었다면, 구약성경에 기록된 다른 작은 인물들도 실제로 존재하지 않았겠는가? 구약성경에 가볍게 기록된 세부적인 사항들도 정확한 사실임이 밝혀진 것이다. 나는 이것이 예레미야서 전체 기록에 대한 새로운 종류의 강력한 신뢰성을 부여하고 있다고 생각한다."

타임지는 "성경의 이야기는 모두 만들어진 것은 아니었다"라는 한 학자의 말을 인용하여 보도하고 있었다. 성경의 이야기는 조금도 꾸며낸 이야기가 아니다. 점점 더 많은 증거가 발견되면서 자유주의적 회의론자들의 비판은 그 근거를 잃어가고 있는 중이다. 지금은 예레미야서를 다시 읽어볼 좋은 시점인 것 같다.

구약성경의 이야기는 역사라는 느낌을 주고 있다. 확실히 거기에는 모험, 음모, 관계, 업적, 영웅들, 악인들에 관한 위대한 이야기가 있다. 그것은 꾸며서 만들어진 이야기들이 아니다. 등장하는 상세한 내용들(이름들, 장소들, 날짜들, 사건들…)의 양은 꾸며낸 이야기에서 예상되는 것보다 훨씬 많고 방대하다. 기록된 세부적 사항들은 실제 일어났던 진정한 사실들을 나타내고 있다. (예를 들어 역대상에 기록된 다윗의 고관들, 제사장들, 관련인물들의 목록을 보라). 어떠한 독자도 이것을 꾸며낸 것으로 보지 않을 것이다. 그것은 공식적인 문서로 보이며 그렇게 생각되고 있다.

성경에 기록된 이름들은 이집트, 모압, 바벨론, 이스라엘의 비문들에 기록되어 있음이 밝혀져 왔다. 고려해야 할 또 하나의 흥미로운 점은 성경은 영웅들의 모든 인간적인 약점까지도 기록하고 있다는 것이다. 이스라엘 외의 다른 왕국들의 비문은 대부분 그들의 승리를 과장하고, 그들의 낭패를 지워버리고 있다. 그러나 성경은 그렇지 않다. 심지어 다윗과 솔로몬의 범죄와 모든 추함까지도, 그들의 승리와 위대함 바로 다음에 기록되어 있는 것이다. 기록의 상세함과 고고학적 증거들을 고려해볼 때, 이것은 고대 기록에서는 전례가 없는 것이다.

박물관 구석의 먼지 속에 놓여 있던 한 점토판에 관한 이 뉴스는 성경이 실제 사람들과 실제 사건들에 대한 실제 역사를 기록하고 있었다는 것을 다시 한번 증거하고 있는 것이다. 다른 어떠한 고대의 경전도 이와 같은 내부적 · 외부적으로 확인된 증거들을 가지고 있지 못하다. 이스라엘과 주변 왕국들은 수없이 약탈되고 파괴되었다. 따라서 증거는 흩어졌고, 단편적이라는 것을 이해해야만 한다. 사해사본, 시내사본, 모압석비(금이 포함되어 있다고 생각되어 유목민들에 의해 거의 파괴됨) 등과 같은 뜻하지 않은 발견들을 생각해보라. 많은 유물들이 먼지 속에 숨겨져 있다. 그러나 성경의 기록을 믿는 정직한 탐구자들에게 이것은 강한 신뢰성을 주기에 충분하다.

솔로몬은 예레미야보다 360년 전에 살았다. 시간을 거슬러 올라가면 갈수록, 더 많은 증거의 조각들이 발견되고 있다. 그런데 왜 성경은 우선적인 증거로서 간주되지 않는가? 성경의 기록은 시대와 맞아 떨어지며, 우리가 가지고 있는 물리적 증거들과도 일치한다. 알란 밀라드는 성경비판가들의 주장이 편견에 의한 것이며, 왜 학술적인 것이 아닌지 그 이유를 설명하고 있었다.

성경을 확증하는 흥미로운 많은 유물들이 지난 10여년 동안에 새롭게 발굴되고 있다. 고고학적 조각들은 완벽히 맞아 떨어지고 있고, 이제 성경비판가들은 긴 침묵에 빠져들고 있다. 아직도 대영박물관의 어두운 선반 위에는 번역되지 않은 130,000개의 점토판들이 더 많은 발견을 위해 기다리고 있다.

<CEH, 2007. 7. 11. http://www.creation.or.kr/library/itemview.asp?no=3974>

16

느헤미야서에 기록된 데마의 인장이 발견되었다

예루살렘에서 발견된 또 하나의 돌 인장에도 구약성경 속에 언급된 이름이 새겨져 있었다. 이것은 성경의 고고학적 정확성을 입증하는 또 하나의 발견이 되고 있다. 예루살렘 포스트 지(2008. 1. 17)에 의하면, 고고학자 마자르 박사(그녀는 느헤미야의 성벽 발굴도 이끌었다)가 이끄는 발굴팀은 예루살렘의 성전산 남쪽 구시가의 오물성문 근처 성벽 바로 바깥쪽에서 '데마Temech'라는 이름이 새겨진 검은 색의 돌 인장(2.1×1.8cm)을 발굴하였는데, 그 인장은 BC 538~445 년 사이의 것으로 연대가 평가되었다는 것이다. 데마라는 이름은 특별히 바벨론으로 포로로 잡혀 갔다가 예루살렘으로 돌아와 제1성전(솔로몬의 성전)의 재건에 참여했던 가계들 중 하나로서, 구약성경 느헤미야 7:55절과 에스라 2:53절에 언급되어 있다.

"바르고스 자손과 시스라 자손과 데마 자손과" (느 7:55).

데마의 가계는 BC 586년에 바벨론으로 끌려갔고, 느헤미야와 에스라서에 기록된 것과 같이 후에 귀환하게 되었다. 그의 인장은 바벨론에서 구입하여 예루살렘으로 가져왔을 수 있다.

그러나 인장에는 바벨론 종교에서 유래된 것으로 보이는 '이교적 장면'이 새겨져 있었다. 인장에는 두 명의 턱수염을 기른 사제들이 향을 피우는 제단 앞에 서서, 바벨론의 주요 신인 '신Sin'의 상징물 초승달(인장 가장 위쪽에 새겨져 있음)에 경배하고 있는 모습이 새겨져 있었다. '데마'라는 이름은 아래쪽에 새겨져 있었는데, 이것은 어느 정도 바벨론 종교와 혼합되었음을 가리키는 것처럼 보인다. 이것은 놀라운 일이 아니다. "유대인들은 바벨론 신이 문양으로 새겨져 있는 인장을 자신의 인장으로 사용하는 것을 꺼려하지 않았던 것처럼 보인다"고 마자르는 그 기사에서 말했다. 우리는 에스라와 느헤미야서에서 이스라엘 백성들이 이교도의 문화와 생활습관에서 돌이키도록 여러 번 질책받았음을 알고 있다.

마자르는 발견의 중요성을 논평하면서 다음과 같이 설명했다. "데마 가계의 인장은 고고학과 성경 기록 사이에 직접적인 관련이 있음을 보여주고 있으며, 성경에 언급된 가계들이 실제로 존재했었음을 입증하고 있는 것이다. 우리들은 고고학적 발견들이 보여주고 있는 것처럼, 성경 기록의 신뢰성에 놀라지 않을 수 없다."

실제로, 고고학적 발견에 뒤이은 발견들은 성경의 역사적 기록들이 정확하며 권위를 가지고 있음을 우리에게 상기시켜 주고 있다. 그리고 이것은 성경 기록이 고고학적 발견들과 모순되지 않음을 보여주는 단 하나의 발견이 아니다. 성경이 하나님의 말씀임을 믿고 있는 우리들에게 이것은 놀라운 일이 아니다!

이 발견이 주는 또 하나의 교훈이 있다. 시대마다 그 시대의 유행하는 우상들을 제거해버리는 일은 쉬운 일이 아니라는 것이다. 미래의 역사학자들이 21세기 교회의 모습들에서 어떠한 혼합된 모습들을 발견할지 궁금하다. 당신 자신이 소유하고 있는 물건들에서 우상의 상징물은 없는가? 팝스타, 해리 포터, 외계인, 다른 비기독교적 상징물이 당신의 액세서리나 소장품들에 새겨져 있지는 않은가? 이러한 것들이 미래의 고고학자들에 의해서 발굴된다면, 그들은 무엇이라고 말할까? 한 가지 분명한 것은 바벨론의 초승달 신이 오늘날에는 찰스 다윈이라는 것이다.

<CEH, 2008. 1. 17. http://www.creation.or.kr/library/itemview.asp?no=4148>

느헤미야의 성벽이 발견되었다.

고고학자 마자르에 의해서 2007년 11월에 발견됐던 고대 다윗성에 있는 한 오래 된 성벽의 잔해는 BC 445년 느헤미야에 의해서 지어진 성벽의 잔해였음이 밝혀졌다(예루살렘 포스트지, 2007. 12. 3). 느헤미야의 성벽이라는 확인은 바벨론 포로기 이후로 연대가 평가된 도자기 파편들에 기초하고 있었다. 구약의 역사를 알고 있는 사람들은 요르단의 아락 엘에미르에 있는 한 비문에 특별히 도비야(Tobiah)가 언급되어 있다는 사실에 매우 흥미를 가질 수 있다. 이 사람은 느헤미야 4장에 기록된 성벽 재건을 방해했던 '암몬 사람 도비야'와 동일 인물일지도 모른다. 지금은 기념비적인 고고학적 발견들로 인해 흥분되는 시기이다.

<CEH, 2007. 11. 30. http://www.creation.or.kr/library/itemview.asp?no=4100>

17

예수님의 고향 마을이 발굴되었다

예수님이 자라셨던 마을인 나사렛에서 1세기경의 집이 발굴되었다. 이스라엘 문화재청은 그 발견을 발표했다. AP(2009. 12. 21) 통신의 글과 사진을 보라. 이것은 예수님이 사셨던 시기를 포함하여 초기 로마 시대에 최초로 발굴된 거주 장소이다. Bible Places에서 토드 보렌 교수는 이렇게 말했다 :

> "이 발견은 나사렛이 신약성경에서 1세기경 언급된 이후, 그러한 도시는 그 당시에 존재하지 않았었다고 주장했던 사람들(적어도 한 사람)의 이론을 잠재우는 것이다. 요세푸스와 동시대의 다른 문헌들에서 나사렛이 언급되어 있지 않은 것은 사실이다. 그러나 그것은 단지 그 도시가 별로 중요하지 않았음을 가리킬 뿐이다."

크리스토퍼 히친스(「신은 위대하지 않다」의 저자)와의 논쟁에서, 윌리엄 크레이그는 예수 그리스도는 인류 역사의 시간선상에서 지금까지 살았던 모든 인류의 2%가 살았던 시점에 오셨다는 것을 지적했었다. 이것은 갈라디아서 4:4절에서 "때가 차매 하나님이 그 아들을 보내사 여자에게서 나게 하시고…"라고 바울이 말한 것을 설명하는 데에 도움이 된다. 복음 이전에 많은 사람들이 살았었기 때문에, 히친스가 주장했던 것처럼 인류의 역사에서 예수님이 너무 늦게 오신 것이 아니다. 그리고 그 시기는 로마제국이 전 세계로 뻗어나가는 도로망과 연결망을 가지고 있어서, 복음이 로마제국을 통해서 그 당시의 문명들에게 빠르게 확산될 수 있었던 시기였다.

예수 그리스도 이전에(before Christ, BC) 살았던 사람들은 구세주가 오실 것이라는 하나님의 약속을 아담의 시기까지 거슬러 올라가서 가지고 있었다(창 3:15). 바울이 말했던 것처럼, 아브라함은 하나님의 약속을 믿었고 의롭다 하심을 받았다. 약속된 메시야가 오시기 이전이든지 이후이든지, 아브라함은 하나님을 신뢰하는 모든 사람들의 아버지가 되었다. 이에 반해 진화론자들은 사람 이전에 오래된 세계가 있었으며, 수백만년 동안의 진화를 거쳐서 사람이 되었다고 가정한다. 당신이 원한다면, 그러한 주장은 비과학적이며, 자기모순적이며, 증거들과도 일치하지 않는, 어리석은 신화라는 것을 쉽게 확인할 수 있다. 둘 중에 하나이다. 당신의 믿음을 어디에 둘 것인지를 결정해야 한다. 가치 있고 영원한 것을 선택하기 바란다.

<CEH, 2009. 12. 21. http://www.creation.or.kr/library/itemview.asp?no=4804>

성경에 기록된 사건들이 성경 밖에서도 확인되고 있다.

- 애굽 왕(이집트 바로) 시삭이 이스라엘을 침공한 사건(왕상 14:25~26)이 이집트 테베에 있는 아문 신전의 벽 위에 기록되어 있다.
- 이스라엘에 대한 모압의 배반사건(왕하 1:1, 3:4~27)이 메사 비문에 기록되어 있다.
- 사마리아가 앗수르의 왕 사르곤 2세에게 함락된 사건(왕하 17:3~6,24, 18:9~11)이 그의 궁전 벽에 기록되어 있다.
- 사르곤 2세에 의한 아스돗의 점령사건(사 20:1)이 그의 궁전 벽에 기록되어 있다.
- 앗수르 왕 산헤립의 유다 침공(왕하 18:13~16)이 테일러 프리즘(니느웨의 폐허에서 발견된 육각형의 구운 점토 프리즘)에 기록되어 있다.
- 산헤립 왕에 의해 라기스가 포위된 사건(왕하 18:14,17)이 라기스의 양각들에 기록되어 있다.
- 산헤립 왕이 그의 친 아들들에게 피살된 사건(왕하 19:37)이 그의 아들인 에살핫돈의 사료에 기록되어 있다.
- 선지자 나훔과 스바냐가 예언한 니느웨의 함락(습 2:13~15)이 나보폴라살 왕의 토판에 기록되어 있다.
- 바벨론 왕 느브갓네살에게 예루살렘이 함락된 사건(왕하 24:10~14)이 바벨론 역대기에 기록되어 있다.
- 유대 왕 여호야긴이 바벨론에 포로가 된 사건(왕하 24:15~16)이 바벨론 사람들의 배급 장부에 기록되어 있다.
- 메대와 파사(페르시아)에게 바벨론이 패망한 사건(단 5:30~31)은 고레스 기둥(Cyrus Cylinder)에 기록되어 있다. (페르시아 제국의 건설자인 고레스는 그가 점령한 수메르의 여러 도시마다 기둥을 세우고 그의 업적을 새겨놓았다).

- 바벨론에 포로가 되었던 이스라엘 백성들이 고레스 왕에 의해 방면된 사건(스 1:1~4, 6:3~4)이 고레스의 기둥에 기록되어 있다.
- 예수 그리스도의 실존하심은 요세푸스, 수에토니우스, 탈루스, 소플리니우스(비두니아의 총독), 탈무드, 루시안 등에 기록되어 있다.
- 글라우디오(AD 41~54)의 통치기간 중에 유대인들을 로마에서 강제로 퇴거시킨 사건(행 18:2)이 수에토니우스에 의해 기록되어 있다.

성경에 언급된 건축물들이 고고학적 발굴로 확인되고 있다.

- 에글론(모압 왕)이 에훗(삿 3:15~30)에 의하여 암살당했던 여리고에 있던 궁전 (삿 3:15~30).
- 가알과 스불이 성읍으로 접근하던 아비멜렉의 군대를 보았던 세겜의 동쪽 문 (삿 9:34~38).
- 세겜에 있던 바알/엘브릿 신당. 그곳의 자금은 아비멜렉의 왕권을 위해 조달되었고, 아비멜렉이 성읍을 공격하였을 때, 세겜의 백성들은 그곳을 피난처로 택했다 (삿 9:4, 46~49).
- 다윗과 이스보셋의 군대가 이스라엘의 왕권을 놓고 다투는 동안 싸웠던 기브온의 못 (삼하 2:12~32).
- 술람미 여인의 눈 같았던 헤스본의 못 (아 7:4).
- 이스라엘 왕들이 살았던 사마리아에 있던 왕궁 (왕상 20:43, 21:1,2, 22:39, 왕하 1:2, 15:25).
- 아합 왕이 죽은 후에 그의 병거에서 흘린 피를 씻어내었던 사마리아의 연못 (왕상 22:29~38).
- 앗수르의 포위공격 동안에 물의 공급을 위해 히스기야 왕에 의해서 파여진 예루살렘 아래에 수로 터널 (왕하 20:20, 대하 32:30).

- 벨사살 왕이 연회를 배설하고, 손가락이 나타나서 벽에 쓰여진 글자를 다니엘이 해석했던 바벨론에 있던 왕궁 (다니엘 5장).
- 에스더가 페르시아의 아하수에로 왕의 왕비였을 때 수산에 있던 왕궁 (에 1:2, 2:3,5,9,16).
- 에스더의 사촌인 모르드개가 앉아 있었던 수산에 있던 대궐 문 (에 2:19,21, 3:2,3, 4:2, 5:9,13, 6:10,12).
- 모르드개가 하닥(아하수에로 왕의 내시)을 만났던 수산에 있던 대궐 문 앞 광장 (에 4:6).
- 예수님께서 귀신들린 사람을 치료하셨던(막 1:21~28), 그리고 생명의 떡에 관한 설교를 하셨던(요 6:25~59) 가버나움에 있던 회당 터.
- 예수님이 베드로의 장모와 다른 많은 사람들을 고쳤던 가버나움에 있던 베드로의 집 (마 8:14~16).
- 예수님이 사마리아 여인에게 말씀하셨던 야곱의 우물 (요 4:5~30).
- 예수님이 38년 된 병자를 고치셨던 예루살렘의 베데스다 못 (요 5:1~14).
- 예수님께서 장님의 눈을 고치셨던 예루살렘의 실로암 못 (요 9:1~4).
- 바울이 재판을 받았던 고린도에 있던 법정 (행 18:12~17).
- 은장색들의 폭동이 일어났었던 터키의 에베소에 있던 극장 (행 19:29).
- 바울이 갇혀 있던 가이사랴에 있던 헤롯 궁 (행 23:33~35).

<Bryant Wood, http://www.creation.or.kr/library/itemview.asp?no=4394>

18

가장 위대한 책, 가장 위험한 책

베드로후서 3:16절에서 베드로는 바울이 하나님께서 주신 지혜로 서신서들을 기록했다고 말하면서 "…그 중에 알기 어려운 것이 더러 있으니 무식한 자들과 굳세지 못한 자들이 다른 성경과 같이 그것도 억지로 풀다가 스스로 멸망에 이르느니라"고 했다.

성경은 하나님의 말씀이므로, 신령한 책이고, 가장 위대한 책이다. 그리고 이러한 이유 때문에 베드로가 말했듯이 우리가 성경을 잘못 읽어서 그것을 억지로 풀다가는 스스로 멸망에 이를 수 있는 것이다.

예를 들면, 베드로는 사도 바울의 가르침에 관하여 몇몇 사람들이 가졌던 오해에 대하여 말했다. 로마서에서 바울은 믿음으로 구원을 받는다는 자신의 가르침을 두고 어떤 이들이 비방을 했다고 말했다. 어떤 이들은 믿음으로 구원을 받으므로 우리 마음이 원하는 대로 죄를 지을 수 있다고 바울이 가르쳤다고 거짓 주장을 했다. 고린도서에서 바울은 그가 장차 일어날 일로서 말했던 부활이 이미 일어났다고 몇몇 사람들이 주장한다고 경고하고 있었다. 데살로니가서에서는 어떤 이들은 주의 날이 이미 온 것으로 바울이 가르쳤다고 주장했던 것을 말하고 있었다. 베드로는 이러한 사람들이 모두 성경을 억지로 풀거나 왜곡하다가 스스로 멸망에 이르고 있다고 설명하고 있는 것이다.

성경은 우리가 누구이며, 어디서 왔는지, 우리 모두 죄인인 것과 구원의 필요성, 구원의 방법, 미래의 심판 등을 말씀해 주시는 하나님의 계시이므로, 사람들이 그것을 잘못 읽으면 성경을 왜곡하게 되고 스스로 멸망에 이르게 된다는 것이다. 이것을 생각해 보라. 몰몬교의 예배에서도 성경이 인용된다. 그러나 그들은 성경을 잘못 읽은 결과 그것을 억지로 풀다가 스스로 멸망에 이르렀다. 정통 유대교도 구약을 인용했다. 그러나 그들도 역시 성경을 억지로 풀다가 스스로 멸망에 이르렀고, 결국 예수를 메시야(구약성경에서 예언되고 말씀된)로 인정하기를 거부했다.

성경은 구원받는 유일한 길을 이렇게 설명하고 있다. "네가 만일 네 입으로 예수를 주로 시인하며 또 하나님께서 그를 죽은 자 가운데서 살리신 것을 네 마음에 믿으면 구원을 받으리라" (롬 10:9). 그러므로 이 메시지가 믿어지지 않는다면, 그것은 가장 위험한 책이다. 결국 구원의 메시지에 순종하지 않는다면, 그 메시지는 각 사람을 멸망으로 이끌 것이다. 그리스도의 구원을 신뢰하지 않는 사람들은 하나님으로부터 끊어져서 영원히 지옥에 있게 될 것이라고 성경은 경고하고 있다.

창조과학 사역은 단순히 창조/진화 이슈만을 다루는 사역이 아니다. 오히려 이 세상과 교회가 태초부터 계셨던 하나님의 말씀을 신뢰하도록 하는 데에 도전을 주고 있는 것이다. 슬프게도 교회 안에 진화론과 수십억 년이라는 연대와의 너무도 많은 타협이 있었기 때문에, 여러 세대에 걸쳐 성경이 잘못 읽혀졌고 가르쳐져 왔다. 그러한 일이 더 많이 일어날수록, 성경의 가르침은 더 많이 왜곡되었고, 성경은 모순과 오류투성이의 책으로 전락하였고, 더 이상 성경을 경외하지 않는, 그래서 스스로 멸망의 길로 걸어가는 젊은이들의 수가 증가하고 있는 것이다.

우리가 제시하고자 하는 주요한 메시지 중의 하나는, 하나님의 말씀을 잘못 이해하여 그것을 세상의 이론 또는 우리 자신의 생각과 합치시키려 해서는 안 된다는 것이다. 우리는 겸손한 영을 가지고 성경 앞에 나와야 하며, 성경을 억지로 풀다가 스스로 멸망의 길로 이르지 않도록 하나님께서 당신의 말씀(성경)을 통하여 우리에게 말씀하시도록 해야 하는 것이다.

> "몸은 죽여도 영혼은 능히 죽이지 못하는 자들을 두려워하지 말고 오직 몸과 영혼을 능히 지옥에 멸하실 수 있는 이를 두려워하라"
> (마 10:28)

<Ken Ham, http://www.creation. or.kr/library/itemview.asp?no=3931>